SYMBOLE UND ABKÜRZUNGEN

Blattform

Immergrün

- schmale Blätter
- ganzrandige breite Blätter
- gezähnte breite Blätter
- schuppenförmige Blätter

Sommergrün

- ganzrandige schmale Blätter
- ganzrandige breite Blätter
- gezähnte schmale Blätter
- gezähnte breite Blätter

Sommergrün oder immergrün

- handförmig gelappte Blätter
- fiederteilige Blätter
- dreizählige Blätter
- handförmig zusammengesetzte Blätter
- gefiederte Blätter
- doppelt gefiederte Blätter
- blattlose rutenförmige oder sukkulente Pflanzen mit grünen Sprossen

Verbreitung in Europa

- Norden (N.-Europa)
- Norden und mittleres Europa
- mittleres Europa (C.-Europa)
- Westen und Südwesten
- Osten und Südosten
- Süden und Mittelmeergebiet
- Süden und mittleres Europa
- in ganz Europa weit verbreitet

Abkürzungen im Text

B.	Blatt, Blätter
Bl.	Blüte, Blüten
N.	Nadel, Nadeln
♀	weiblich
♂	männlich

BLV Bestimmungsbücher

1 Pilze
2 Farbige Pflanzenwelt
3 Meeresfische
4 Süßwasserfische
5 Aquarienfische
6 Heilpflanzen
7 Steine + Mineralien
8 Sterne + Planeten
9 Tierspuren
10 Pflanzen- und Tierwelt der Alpen
11 Bäume + Sträucher
12 Blumen am Mittelmeer
13 Pflanzen Europas
14 Hunderassen der Welt
15 Insekten + Weichtiere
16 Muscheln + Schnecken
17 Edelsteine und Schmucksteine
18 Katzenrassen der Welt
19 Säugetiere Afrikas
20 Wetterkunde für alle
21 Die Höhlen Europas
22 Bäume und Sträucher Europas
23 Vögel
24 Pferderassen der Welt
25 Orchideen Europas
26 Tierische Schädlinge
27 Aquarienpflanzen
28 Farne – Moose – Flechten
29 Gräser
30 Pflanzen der Tropen
31 Pilzführer
32 Tiere und Pflanzen an Mittelmeerküsten
33 Amphibien und Reptilien
34 Säugetiere

BLV Intensivführer

Bezzel, Vögel, Band 1: Singvögel
Bezzel, Vögel, Band 2: Spechte, Eulen, Greifvögel, Tauben, Hühner u. a.
Gerhardt, Pilze, Band 1: Lamellenpilze, Täublinge, Milchlinge und andere Gruppen mit Lamellen
Wendelberger, Alpenpflanzen

Weitere BLV-Naturbücher

Bateman, Tiere in der Landschaft
Bergmann/Helb, Stimmen der Vögel Europas
Bianchini/Corbetta/Pistoia, Der große BLV Heilpflanzenatlas
Cetto, Der große Pilzführer, Band 1–4
Edlin/Nimmo, BLV Bildatlas der Bäume
Eisenreich (Hrsg.), Der große BLV Naturführer
Keith/Gooders, BLV Vogelführer
Mottana/Crespi/Liborio, Der große BLV Mineralienführer
Nielsen/Hancke, Heilpflanzen in Farbe
Pacioni, Das neue BLV Pilzbuch
Schauer/Caspari, Der große BLV Pflanzenführer
Schütt u. a., So stirbt der Wald
Schuhmacher, Korallenriffe

BLV Bestimmungsbuch

Ehlert

Bäume und Sträucher Europas

Oleg Polunin

Zeichnungen von Barbara Everard

Übersetzt und bearbeitet
von Dr. Klaus Jürgen Lang

1009 farbige Fotos
und Zeichnungen

Dritte, durchgesehene Auflage

BLV Verlagsgesellschaft
München Wien Zürich

Bildnachweis

B. C. Fleming-Williams: 29d, 66d, 66e, 113e, 115b, 116c, 116d, 121a, 146b, 181c, 181e; C. R. Lancaster: 3a, 4a, 6d, 37a, 114b, 118a, 125c, 126c; C. Silic: 33b, 83a, 83b, 95e, 130d, 131b, 134d, 153d; Dr. M. Fischer: 19b, 131a, 165a; Sir C. Barclay: 126e, 169d, 183e, 184a; Prof. A. Baytop: 159b; Fr. J. I. Byatt: 89a; R. C. Crow: 109b; W. R. Sykes: 104c; Fr. A. Woodbridge: 142c.
Alle anderen Aufnahmen stammen vom Autor.

CIP-Kurztitelaufnahme der Deutschen Bibliothek

Polunin, Oleg:
Bäume und Sträucher Europas / Oleg Polunin.
Zeichn. von Barbara Everard. Übers. u. bearb. von
Klaus Jürgen Lang. – 3., durchges. Aufl. – München;
Wien; Zürich: BLV Verlagsgesellschaft, 1984.
(BLV Bestimmungsbuch; 22)
Einheitssacht.: Trees and bushes of Europe ⟨dt.⟩
ISBN 3-405-11983-9

NE: Lang, Klaus Jürgen [Bearb.]; GT

BLV Bestimmungsbuch 22

Titelbild: Arve (links oben), Bergulme (rechts oben),
Gemeine Roßkastanie (links unten), Sanddorn (rechts unten).
Fotos von W. Schacht, Frasdorf

Titel der englischen Originalausgabe »Trees and Bushes of Europe«

Druck des Farbteils: Heraclio Fournier S. A., Vittoria, Spanien
Buchbinder: Ludwig Auer, Donauwörth

ISBN 3–405–11983–9

Inhalt

↓ im Text bedeutet, daß die Art nach Europa eingeführt wurde
◇ im Text verweist auf die Abbildungen der Rinden
* im Text besagt, daß die Nutzungsmöglichkeiten der Art im entsprechenden Abschnitt aufgeführt sind.

Alle Abbildungen zu einer Art stehen – wenn nicht anders angegeben – auf derselben Seite und in gleicher Höhe wie der dazugehörige Text.

Die Zeichnungen geben – wenn nicht anders vermerkt – die Verhältnisse in halber natürlicher Größe wieder

Einleitung

Dieses Buch will den Benutzer in die Lage versetzen, alle in Europa natürlich vorkommenden Bäume und Sträucher über 2 m Höhe zu erkennen. (Die Unterscheidung zwischen Baum und Strauch ist nicht streng wissenschaftlich, i. d. R. besitzt ein Baum einen einzelnen Stamm, ein Strauch schon dicht über dem Boden mehrere verholzte Hauptachsen.) Neben den einheimischen werden auch fremdländische Holzarten berücksichtigt, sofern sie in Europa in Wäldern, Obstgärten oder als Straßen- bzw. Alleebäume eine Rolle spielen, ebenso eingebürgerte Arten, die sich natürlich vermehren und in der jeweiligen Vegetation behaupten. Arten, die ausschließlich in Parks und Gärten anzutreffen sind, bleiben unberücksichtigt. Nach Europa eingeführte Bäume oder Sträucher sind im Text mit ↓ gekennzeichnet.
Es ist bei vielen ausländischen Holzarten schwer, sich für oder gegen eine Aufnahme in den Text zu entscheiden, daher werden in Anlehnung an das Standardwerk „Flora europaea“ die meisten der dort angeführten Arten, die eine entsprechende Größe aufweisen, auch in diesem Buch beschrieben. Bei Gattungen mit vielen sehr ähnlich aussehenden Vertretern (z. B. Eiche, Vogelbeere, Weißdorn, Tamariske) sind nur die häufigsten und auffallendsten berücksichtigt. Einige Arten, denen der Autor auf seinen Reisen begegnete, sind zusätzlich aufgenommen worden.
Die ausschlaggebende Höhe von 2 m ist weitaus weniger willkürlich als es auf den ersten Blick scheinen mag, fällt sie doch bei vielen Arten mit einer „natürlichen“ Grenze zwischen niedrigen und deutlich höheren Arten zusammen, ab der alle krautigen und viele holzigen Pflanzen überragt und überschattet werden. In wenigen Fällen wie z. B. bei den Heiden ist die Abgrenzung in der Tat willkürlich. Hier werden von 16 Arten unter natürlichen Bedingungen nur 4 höher als 2 m, einige andere erreichen diese Höhe nur unter günstigen Umweltbedingungen; sie wurden mit aufgenommen. Wieder andere werden nur in Kultur etwa 2 m hoch, sie werden i. d. R. nicht berücksichtigt. Höhenangaben sind im Normalfall der Flora europaea entnommen. Die Aufnahme kleinerer Sträucher, Zwergsträucher usw. hätte eine starke Zunahme des Umfangs zur Folge und damit das Ziel, ein Buch, das leicht überallhin mitgenommen werden kann, zu schreiben, unmöglich gemacht. Die Abgrenzung Europas, wie sie in der Flora europaea getroffen wird, unterscheidet sich etwas von der sonst üblichen. Die Azoren, die Sowjetunion östlich des 30. Längengrades, die Krim und der Kaukasus werden im vorliegenden Buch nicht berücksichtigt, wohl aber der europäische Teil der Türkei und die Inseln der östlichen Ägäis einschließlich Rhodos.
Die Reihenfolge, in der die einzelnen Familien behandelt werden, steht mit der „natürlichen Ordnung“, wie sie von den meisten europäischen Botanikern anerkannt wird, in Einklang. Die wichtigsten Familien werden kurz beschrieben und ihre hervorstechenden Merkmale abgebildet. Bei mehreren wichtigen Gattungen innerhalb einer Familie (z. B. *Crataegus, Malus, Prunus, Pyrus* usw. bei den Rosaceae) führen illustrierte Bestimmungsschlüssel zur richtigen Gattung. Wo Gattungen viele in Europa vorkommende Arten aufweisen (z. B. *Pyrus communis, P. pyraster, P. amydaliformis* usw.) helfen weitere Schlüssel beim Bestimmen der Art. Der Gebrauch der Schlüssel wird auf Seite VII erklärt.
Die Abbildungen sollen einen möglichst umfassenden Eindruck einer Pflanze vermitteln. Obwohl die Farben der Fotografien naturgetreu sind, dürfen sie nicht als völlig verbindlich angesehen werden, da z. B. die Blattfarbe mit der Witterung, der Stellung an der Pflanze, dem Alter, dem Boden, dem Klima usw. variieren

kann. Auf sieben Seiten sind zum Vergleich Rinden verschiedener Baumarten abgebildet; diese sind im Text mit ◇ gekennzeichnet. Die Zeichnungen geben, wenn nicht anders vermerkt, die Verhältnisse in halber natürlicher Größe wieder. Ein Anhang informiert über Verwendungsmöglichkeiten einer Reihe von Arten; sie sind im Text mit * gekennzeichnet.

Zum Gebrauch dieses Buches

Zweifellos wird oft sorgfältiges und wiederholtes Studium der Bilder und Zeichnungen am schnellsten zum Ziel führen. Sollten Sie eine Pflanze an Hand der Bilder nicht wiedererkennen, so helfen die Symbole für die Blattform und das Vorkommen in Europa sie aufzufinden. (Die Bestimmung von Bäumen und Sträuchern im Winterzustand ist schwierig. Manche Arten sind leicht, andere nur mit viel Mühe und Erfahrung zu erkennen. Die oft nur geringen Unterschiede hinsichtlich Rinde, Knospe, Lentizellen, Haaren usw. lassen sich nur schwer in einen einfachen Bestimmungsschlüssel fassen.) Haben Sie die Blattform der zu bestimmenden Pflanze festgestellt (S. VIII–IX), so führt Sie das entsprechende Symbol zu einer von mehreren Gruppen von Gattungen und Arten (S. XIII–XVI); durch sorgfältiges Vergleichen der Pflanze mit den betreffenden Bildern, Zeichnungen und Beschreibungen ist nun ein Erkennen der Artzugehörigkeit möglich.
Bei umfangreichen Gattungen helfen Bestimmungsschlüssel weiter. Sie bestehen aus fortlaufend numerierten Fragenpaaren, wobei jeweils eine der beiden Alternativen für die fragliche Pflanze zutrifft (vorausgesetzt Sie verwenden den richtigen Schlüssel). Entscheidend ist die im jeweiligen Falle zutreffende Alternative des Fragenpaares. Sie verweist entweder direkt auf die Art (rechts daneben) oder führt zum nächsten Fragenpaar (unmittelbar darunter). Sind Sie mit Hilfe des Schlüssels zu einer Art gelangt, vergleichen Sie Ihr Objekt an Hand möglichst vieler Merkmale mit der Beschreibung und den Abbildungen.
Einige der Bestimmungsschlüssel sind nicht leicht zu handhaben. Mangelnde Kenntnis der verwendeten Fachausdrücke oder fehlende Blüten oder Früchte können eine exakte Bestimmung erheblich erschweren, zudem ist bei Gattungen wie *Crataegus, Sorbus, Quercus* oder *Pinus* viel Erfahrung notwendig, um eine richtige Bestimmung durchzuführen. Es ist notwendig, das Aussehen der Pflanzen zu verschiedenen Jahreszeiten zu beobachten. Ebenso sollten nach Möglichkeit mehr als eine Probe untersucht werden, bevor ein Urteil gefällt wird. Denken Sie im übrigen auch daran, daß Bastarde, die beiden Eltern ähneln oder Lokalrassen mit den Schlüsseln dieses Buches nicht bestimmbar sind.
Bei der Interpretation der Symbole für die Blattform und die Verbreitung ist ebenfalls Vorsicht geboten. Die Symbole stellen in jedem Falle nur Hinweise dar, die nicht zu eng ausgelegt werden dürfen. Eine Reihe von Arten ließen sich zwanglos auch in mehrere Kategorien einordnen. So kann man den Stechginster als blattlos bezeichnen, seine Dornen könnten aber auch als Nadeln angesehen werden. Während im Text nur ein Symbol verwendet wird, werden in der Aufstellung der Arten nach der Blattform (S. XIII–XVI) beide Möglichkeiten berücksichtigt, so daß auf jeden Fall ein Erkennen ermöglicht wird. Auch die Blätter von Schößlingen der Aspe führen im Vergleich mit Blättern an Hauptästen zu einem falschen Ergebnis. Machen Sie sich unbedingt die Unterschiede in der Bedeutung der Symbole klar, z. B. zwischen den einfachen Blättern des Buchsbaumes und den gefiederten der Robinie oder sommergrünen und immergrünen Blättern. Während erstere im Herbst abgeworfen werden, bleiben letztere über Winter und gewöhnlich auch mehrere Jahre an den Zweigen. Die Blätter der vorangegangenen Jahre sind u. a. nicht nur an der Farbe und der

Dichte zu erkennen, sondern auch daran, daß sie an älteren Zweigen sitzen, die sich ihrerseits farblich von den jüngsten Teilen der Zweige unterscheiden. Zweijährige Zweige besitzen eine dickere und dunklere Rinde und oft markieren die Narben der Knospenschuppen die Grenze zwischen dem Holz aufeinanderfolgender Jahre. Die letzten der unten aufgeführten Blattsymbole gelten für sommergrüne und immergrüne Blätter. Pflanzen, die mit diesen Symbolen gekennzeichnet sind, sind, wenn im Text nicht anders beschrieben, sommergrün (laubabwerfend).

Die Symbole sind der Bequemlichkeit halber auf der ersten Umschlagseite abgedruckt und haben folgende Bedeutung:

Schmale, immergrüne Blätter Mehr als doppelt so lang wie breit. Oft nadelförmig und schmaler als 5 mm; rund, vierkantig oder dreikantig; oft flach mit deutlicher Ober- und Unterseite. Spitze zugespitzt, stachelspitzig, stumpf oder gekerbt. Wenn breiter als 5 mm, dann zwischen breit lanzettlich, verkehrt lanzettlich, länglich oder linear schwankend; immer flach mit deutlicher Ober- und Unterseite. Blattrand glatt, kleine Zähnchen oder flache Kerben sind jedoch möglich.

Ganzrandige, breite, immergrüne Blätter Bis doppelt so lang wie breit; nierenförmig, herzförmig, rundlich, oval, eiförmig oder elliptisch; Spitze zugespitzt, stumpf oder gekerbt; Basis herzförmig, abgerundet, gerade oder keilförmig; Blattrand ohne regelmäßige Zähnung oder Einschnitte.

Gezähnte, breite, immergrüne Blätter In der Form wie bei dem vorangehenden Symbol, der Rand jedoch gezähnt oder eingeschnitten. Zähne grob oder fein, abgerundet, sägezähnig oder dornig; Einschnitte nicht tiefer als $^1/_4$ der Strecke vom Rand zur Mittelrippe.

Schuppenförmige, immergrüne Blätter Winzige dreieckige oder eiförmige Blätter, nicht länger als 5 mm mit breiter, den Trieb eng oder teilweise umfassender Basis; die Triebe erscheinen grün und gerippt. Schuppenblätter in Reihen, Triebe daher dreieckig, viereckig usw. . . .

Ganzrandige, schmale, sommergrüne Blätter Mehr als doppelt so lang wie breit; von sehr lang und dünn bis länglich-eiförmig. Spreite vorne spitz, stumpf oder eingekerbt, an der Basis keil- bis herzförmig. Ränder ohne deutliche Zähne und Einschnitte. Die Grenze zum folgenden Symbol ist oft verwischt und Blätter aus beiden Kategorien können an derselben Pflanze oder an Pflanzen derselben Art unter verschiedenen Umweltbedingungen vorkommen.

Ganzrandige, breite, sommergrüne Blätter Höchstens doppelt so lang wie breit; von eiförmig, elliptisch, herzförmig, rundlich bis nierenförmig. Blattrand ohne Zähne oder Einschnitte. Spitze und Basis der Spreiten variiert wie bei dem vorangehenden Symbol.

Gezähnte, schmale, sommergrüne Blätter Mehr als doppelt so lang wie breit. Ränder mit groben oder feinen, spitzen oder stumpfen Zähnen, doppelt gezähnt oder mit Einschnitten bis zu einer Tiefe von $^1/_4$ der Strecke vom Blattrand zum Mittelnerv. Formen wie bei den ganzrandigen, schmalen, sommergrünen Blättern.

Gezähnte, breite, sommergrüne Blätter Höchstens doppelt so lang wie breit; mit Zähnen oder Einschnitten wie bei der vorigen Kategorie. Formen wie bei den ganzrandigen, breiten, sommergrünen Blättern.

Handförmig gelappte Blätter – sommergrün oder immergrün Seicht oder tief in 3, 4, 5 oder 7 Abschnitte geteilt, die zur Spitze hin oft breiter werden oder bei denen der Mittellappen länger ist als die übrigen. Die Blattlappen können ihrerseits gezähnt oder gelappt sein. Blätter, die nicht mindestens bis zu $^1/_4$ der Strecke Rand-Mittelnerv eingeschnitten sind, sind hier nicht berücksichtigt.

Fiederteilige Blätter – sommergrün oder immergrün Blätter bis über $^1/_4$ der

Strecke Blattrand-Mittelnerv eingeschnitten, mit gegenständigen Paaren abgerundeter oder spitzer Lappen, die ihrerseits gezähnt oder gelappt sein können; auch bis fast zum Mittelnerv eingeschnittene Blätter sind mit diesem Symbol gekennzeichnet. Blätter, die an der Mittelrippe völlig voneinander getrennte Abschnitte (Fiederblättchen, Blattfiedern) aufweisen, sind gefiedert.

Dreizählige Blätter – sommergrün oder immergrün Mit drei gestielten oder ungestielten Fiederblättchen, die gezähnt oder gelappt sein können. (Fiederblättchen: siehe Gefiederte Blätter.)

Handförmig zusammengesetzte Blätter – sommergrün oder immergrün Mit 5, 7 oder mehr getrennten, gestielten oder ungestielten Fiederblättchen am Ende des Blattstiels. (Fiederblätter: siehe Gefiederte Blätter.)

Gefiederte Blätter – sommergrün oder immergrün An einer Rhachis (der Fortsetzung des Blattstiels) sitzen paarweise gestielte oder ungestielte, gezähnte oder gelappte Fiederblättchen. Blätter mit oder ohne Fiederblättchen an der Spitze. Fiederblättchen und echte Blätter lassen sich an ihrer Ansatzstelle an der Rhachis bzw. am Sproß unterscheiden. Echte Blätter haben in der Achsel eine Knospe (bisweilen sehr klein und schwer zu sehen), die Basis des Blattstiels kann verdickt oder verbreitert sein und schuppenförmige bzw. blattartige Nebenblätter tragen; der echte Blätter tragende Sproß endet mit einer Knospe. Fiederblättchen weisen an der Ansatzstelle weder Knospen noch Nebenblätter auf, die Rhachis endet mit einem einzelnen Fiederblättchen, einer Spitze oder einer Ranke.

Doppelt gefiederte Blätter – sommergrün oder immergrün Die Fiederblättchen sind ihrerseits wieder gefiedert. An der Rhachis stehen paarige Abzweigungen, die zahlreiche paarig angeordnete kleine Fiederblättchen tragen. Diese können ganzrandig, gezähnt oder gelappt sein.

Blattlose, rutenförmige oder sukkulente Pflanzen mit grünen Sprossen Rutenförmige Pflanzen besitzen i. d. R. zahlreiche dünne, aufrechte, grüne Zweige. Zu bestimmten Jahreszeiten können an den jungen Trieben kleine einfache oder dreizählige Blätter vorhanden sein, die jedoch oft bald abfallen, so daß die Zweige die längste Zeit blattlos sind. Auch sukkulente Pflanzen können kleine, meist fleischige Blätter tragen, die früh abfallen, dazu grüne, fleischige, verdickte, bisweilen flache Sprosse. In beiden Fällen übernehmen die grünen Sprosse die Aufgabe der Blätter (Photosynthese).

Norden Kann Großbritannien, Skandinavien und die Niederlande umfassen.

Norden und mittleres Europa

Mittleres Europa Umfaßt häufig Pyrenäen, Apenninen, Karpaten, Mazedonisches Hochland, Alpen und dazwischen liegende Gebiete.

Westen und Südwesten Kann England, Frankreich, Italien und die Iberische Halbinsel umfassen

Osten und Südosten Kann sich auf Italien, Österreich, Ungarn, Rumänien, den Balkan und die Griechischen Inseln erstrecken.

Süden und Mittelmeergebiet Kann im Einzelfall die südlichen Alpen und Karpaten einbeziehen.

Süden und mittleres Europa

In ganz Europa weit verbreitet Schließt oft den äußersten Südwesten, Südosten und Norden aus.

Verzeichnis der Fachausdrücke

Achsel, achselständig Der Winkel zwischen Blatt und Sproß (Zweig); demnach: achselständige Blüte, Achselknospe (3a).
anliegend Eng an einer Unterlage anliegend (41).
Anthere Staubbeutel; der Teil des Staubblattes, der die Pollenkörner enthält (23a).
Areal Verbreitungsgebiet einer Pflanzenart (oder Tierart).
Arillus Anhängsel am Samen oder den Samen äußerlich umgebendes Gewebe, das fleischig sein kann (42a).

Beere Fleischige Frucht, gewöhnlich mit hartem Samen (43).
bewimpert Am Rande mit Haaren besetzt (5).
Blattfiedern siehe Fiederblättchen.
Blütenblätter, Blütenkronblätter (Petalen) Meist lebhaft gefärbte Blattorgane, die die Staubblätter und die Fruchtblätter (den Fruchtknoten) umgeben (36a).
Blütenkrone (Corolla) Gesamtheit der Blütenblätter, oft zu einer Röhre verwachsen (24b).
Braktee siehe Tragblatt.

Cupula Fruchtbecher, der z. B. Eicheln und Bucheckern teilweise umgibt (50).

Dolde Blütenstand, bei dem die Stiele der einzelnen Blüten von einem Punkt ausgehen und die Blüten etwa in einer Ebene stehen (39).
Drüse, drüsig Sekretionsorgane, oft an der Spitze von Haaren; Drüsenhaare (29).

eiförmig Im Umriß oval, zur Basis hin breiter als an der Spitze, abgerundet (15).

Fiederblättchen Einzelblättchen eines zusammengesetzten Blattes, meist mit eigenem Stiel (9a).
Flügel Trockenhäutige, dünne Auswüchse z. B. an Früchten (56a). Die beiden seitlichen Blütenblätter in der Blüte der Schmetterlingsblütler.
Frucht Der reife Fruchtknoten, beinhaltet die Samen; andere Blütenteile können an der Fruchtbildung beteiligt sein (7, 37, 48, 49, 50, 56).
Fruchtblatt Weiblicher Bestandteil einer Blüte; die Fruchtblätter sind entweder zu einem Fruchtknoten verwachsen (35) oder frei (44a).
Fruchtknoten Der Teil der Blüte, der die Samenanlagen und später die Samen enthält. Gewöhnlich mit einem oder mehreren Griffeln und Narben (34a, 35). Mittelständiger Fruchtknoten in einer Grube, auf deren Rand die übrigen Blütenorgane stehen (31).

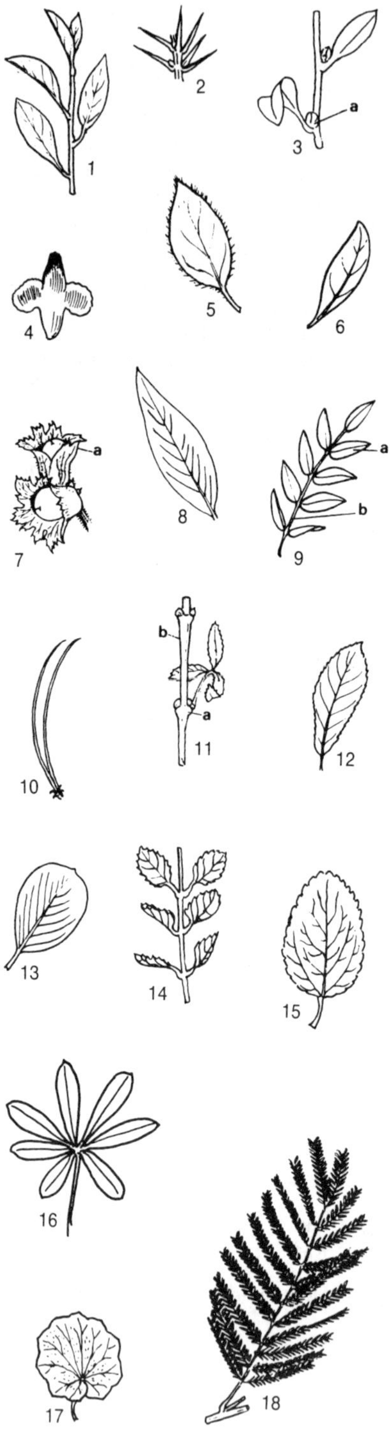

Oberständiger Fruchtknoten auf dem Receptaculum über den Ansatzstellen der Staub-, Blüten- und Kelchblätter (38a). Unterständiger Fruchtknoten unterhalb der Ansatzstelle der Staub-, Blüten- und Kelchblätter (30).

Galle Wucherung durch Insekten verursacht, an allen Teilen einer Pflanze möglich.
ganzrandig Blattrand glatt, ohne Einschnitte, Zacken, Zähne usw. (6).
gefiedert Regelmäßige Anordnung von Fiederblättchen beiderseits der Rhachis (9), doppelt gefiedert (18), fiederspaltig, fiederteilig (19).
gegenständig Zwei Organe (z. B. Blätter) entspringen am gleichen Knoten, in gleicher Höhe, auf entgegengesetzter Seite des Sprosses (14).

handförmig Hand- bzw. fingerförmig geteilt (16).
herabgeschlagen Nach unten gebogen (26a).

Infloreszenz Blütenstand, einschließlich der Tragblätter (Brakteen), Blütenstiele und Blüten (32).
Involucrum Kranz aus Tragblättern um eine Blüte bisweilen bei der Fruchtreife verholzend (7a).

Kapsel Trockene Frucht aus 2 oder mehr verwachsenen Fruchtblättern, öffnet sich bei der Reife (44, 48).
Karpell siehe Fruchtblatt.
Kätzchen Ähriger Blütenstand mit dicht gedrängten, sehr kleinen Blüten, hängend und als ganzes abfallend (25).
Kelch Gesamtheit der Kelchblätter, oft zu einer Kelchröhre verwachsen (24a).
Kelchblätter (Kelch, Calyx, Sepalen) Äußere, sterile Blütenorgane, meist grün, selten gefärbt (30a).
Klappe Teile, mit Hilfe derer sich eine Kapsel bei der Reife öffnen kann (55a).
Knoten Die Stellen eines Sprosses, an denen ein oder mehrere Blätter entspringen (11a).

lanzettlich, lanzettförmig Schmal zugespitzt, lanzenförmig (8).
Lentizelle, Korkwarze Verkorkte „Atemporen“ in der Rinde, an Zweigen, z. T. auf Früchten.
Liane Holzige Kletterpflanze, vornehmlich in tropischen Wäldern.

Maccie Gestrüpp aus niedrigen Sträuchern und vereinzelten Bäumen; in charakteristischer Ausbildung im Mittelmeerklima.
männliche Blüte Blüte nur mit fruchtbaren Staubblättern (33a).

Nadel Dünnes nadelförmiges Blatt (z. B. bei Kiefern) (10).

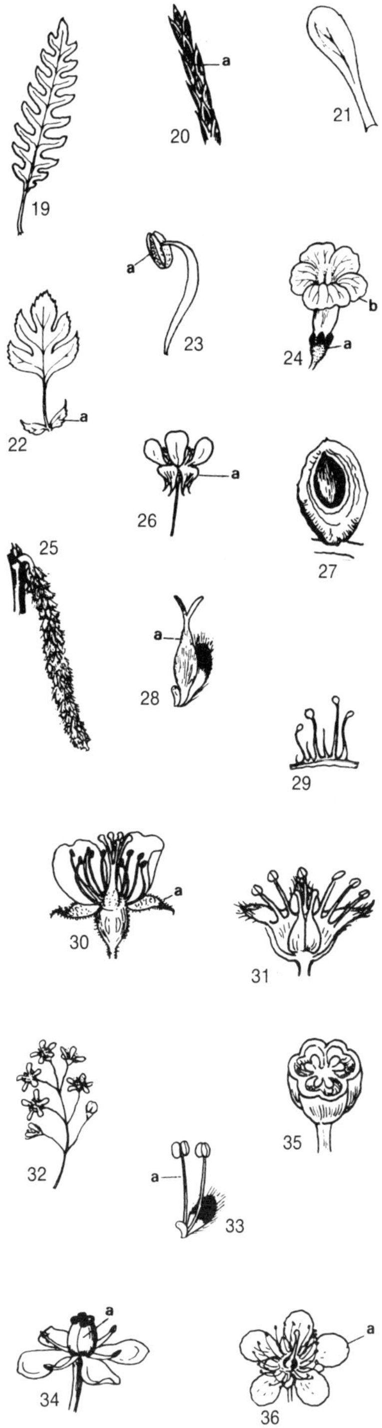

Nebenblätter (Stipulae, Stipeln) Gewöhnlich paarige Blattorgane an der Basis der Blattstiele (z. B. bei den Rosaceae), schuppenförmig oder als kleine grüne Blättchen ausgebildet (22a).
Nuß Einsamige Frucht mit harter äußerer Schale (50, 51).

peltat Flaches Organ (Blatt), bei dem der Stiel auf der Unterseite ansetzt (17).
Perikarp Fruchthülle, die den oder die Samen umgibt. Sie kann außen fleischig und innen hart sein, aber auch ganz fleischig (Beere) oder völlig trocken (Nuß) (52).
pfriemlich Mit breiter Basis, in einer langen Spitze auslaufend (2).

Quirl, Wirtel Mehr als 2 gleichartige Organe (z. B. Blätter) entspringen am selben Knoten (2).

Receptaculum, Blütenachse Der oberste Teil des Blütenstieles, der die Blütenorgane trägt (37a).
Rhachis Verlängerung des Blattstiels, der die Fiederblättchen trägt (9b).

Samen Entsteht nach der Befruchtung aus einer Samenanlage, bleibt bis zur Reife vom Fruchtknoten umschlossen; besteht aus der Samenschale, dem Embryo und dem Nährgewebe (54).
Schuppe Dünnes, trockenes, blattähnliches Organ; gewöhnlich ein umgewandeltcs oder reduziertes Blatt (20a); siehe auch Zapfen (45, 46).
spatelförmig Blattform ähnelt einem Löffel (21).
Staubblätter Männliche Blütenorgane, enthalten den Pollen (Blütenstaub) (33a, 23).
Steinfrucht Fleischige Frucht mit hartem Steinkern, der den Samen enthält (27).

Tragblatt Kleines Blattorgan oder schuppenähnliches Gebilde, in dessen Achsel häufig eine Blüte entspringt (4).
Trieb Jüngste, im laufenden Jahr gebildete Teile der Äste (11b).

überlaufen Mit einem weißlich-bläulichen Überzug versehen.

verkehrt eiförmig „Verkehrt" bedeutet hier: die breitere Stelle ist in der Nähe der Blattspitze und nicht wie gewöhnlich an der Basis (12, 13).

wechselständig Blätter einzeln an den Knoten, um den ganzen Zweig verteilt (1).
weibliche Blüte Blüte nur mit fruchtbarem Fruchtknoten (28a).

Zapfen Rundliches oder längliches Gebilde mit vielen, sich überlappenden Schuppen (46), die Pollen, Samenanlagen bzw. Samen bergen (45).

37

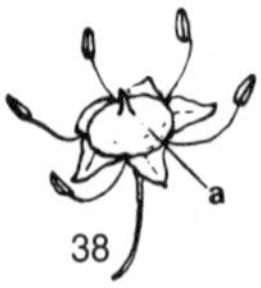
38

39

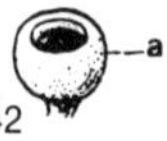
42

41

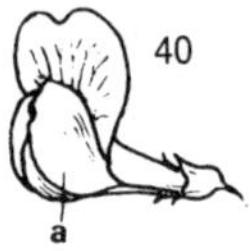
40

43

45

44

46

48

47

49

51

50

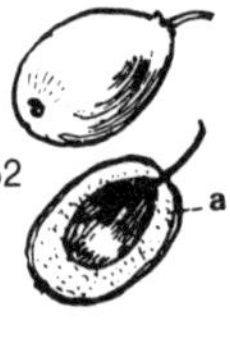
52

54

53

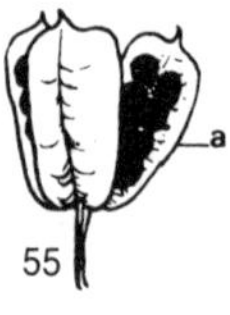
55

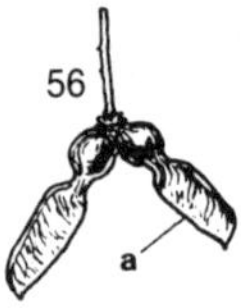
56

Bestimmungstabelle nach Blattmerkmalen

Blattgrößen und Blattformen können variieren und sich überschneiden. Demzufolge sind die in Frage kommenden Bäume und Sträucher in mehr als einer Kategorie aufgeführt.

Schmale, immergrüne Blätter – mehr als doppelt so lang wie breit

Tannen 2; Douglasie 4; Tsuga 5; Fichten 6; Zedern 10; Kiefern 12; *Sequoia* 21; Mammutbaum 22; Sicheltanne 23; Wacholder (z. T.) 26; Eibe 30; Stein-Eiche 52; Lorbeer 70; *Pittosporum* 70; *Eriobotrya* 84; Kirsch-Lorbeer 98; Akazien 101; Ginster 110; *Citrus* (z. T.) 115; Buchsbaum 132; *Cistus* 144; *Myrtus* 147; *Eucalyptus* 148; Heiden 155; *Bupleurum* 155; Ölbaum 166; *Phillyrea* 167; Oleander 167; Rosmarin 170; *Teucrium* 170; *Viburnum tinus* 176; *Smilax* 180; Agave 181; *Cordyline* 181; Drachenbaum 181; *Yucca* 181; *Arundo donax* 182; Bambus 182.

„Nadeln" – schmaler als 5 mm

Im Querschnitt rundlich, viereckig oder dreieckig
Douglasie; Fichten (z. T.); Zedern; Kiefern; Mammutbaum; Sicheltanne; Ginster; Heiden.

Im Querschnitt flach
Tannen; *Tsuga*; Fichten (z. T.); *Sequoia*; Sumpfzypresse; Wacholder (z. T.); Eibe; Rosmarin.

Breitere Blätter – breiter als 5 mm

Blätter länger als 5 cm
Lorbeer; *Pittosporum*; *Eriobotrya*; Kirschlorbeer; Akazien; *Citrus* (z. T.); *Cistus*; *Eucalyptus*; *Bupleurum*; Ölbaum; *Phillyrea*; Oleander; *Viburnum tinus*; *Smilax*; Agave; *Cordyline*; Drachenbaum; *Yucca*; *Arundo donax*; Bambus.

Blätter kürzer als 5 cm
Stein-Eiche; Buchsbaum; *Myrtus*; Ölbaum; *Phillyrea*; *Teucrium*; *Smilax*.

Blätter unterseits grau, weiß oder braun behaart
Stein-Eiche; *Eriobotrya*; *Cistus*; Ölbaum; Rosmarin; *Teucrium*; *Viburnum tinus*.

Blätter aromatisch (zerrieben)
Tannen; Douglasie; Fichten; Kiefern; Wacholder; Lorbeer; *Citrus*; *Cistus*; *Myrtus*; *Eucalyptus*; Rosmarin.

Ganzrandige, breite, immergrüne Blätter –bis doppelt so lang wie breit

Stein-Eiche 52; *Citrus* 114, 115; *Acer sempervirens* 126; Buchsbaum 132; *Aucuba* 154; Efeu 154; Rhododendron 157; *Phillyrea* 167; *Teucrium* 170; *Viburnum tinus* 170; *Lonicera* (z. T.) 177; *Smilax* 180.

Blätter kürzer als 5 cm
Stein-Eiche; *Acer sempervirens*; Buchsbaum; Efeu; *Phillyrea*; *Teucrium*; *Lonicera*.

Gezähnte, breite, immergrüne Blätter

Stein-Eiche 52; *Quercus rotundifolia* 53; Kork-Eiche 53; *Quercus coccifera* 54; Feuerdorn 86; *Prunus lusitanica* 98; Zitrone 116; *Citrus limetta* 116; *Ilex* 129; *Rhamnus alaternus* 134; *Aucuba* 154; *Arbutus* 158; *Phillyrea* 167.

Blätter länger als 5 cm
Prunus lusitanica; Zitrone; *Citrus limetta*; *Ilex*; *Rhamnus alaternus*; *Arbutus.*

Schuppenförmige, immergrüne Blätter

Zypressen 24; *Chamaecyparis lawsoniana* 25; *Thuja plicata* 26; Wacholder (z. T.) 26; *Tetraclinis* 29; Tamarisken 144; *Myricaria germanica* 146.

Ganzrandige, schmale, sommergrüne Blätter –mehr als doppelt so lang wie breit

Lärchen 9; Sumpfzypresse 22; Weiden (z. T.) 31; Birnen (z. T.) 74; Mispel 86; *Prunus webbii* 92; Ginster (z. T.) 108; *Lygos* 109; *Coriaria* 118; Sanddorn 143; Ölweide 143; Granatapfel 151; *Fuchsia* 151; Hartriegel (z. T.) 152; *Rhododendron luteum* 157; *Diospyros* 159; Flieder 164; Liguster 165; *Aranjia* 168; *Lycium* 171; *Cestrum* 172; *Lonicera* (z. T.) 177; Banane 185.

Bäume – meist höher als 5 m
Lärchen; Sumpfzypresse; Birnen; Ölweide; *Diospyros.*

Ganzrandige, breite, sommergrüne Blätter – bis doppelt so lang wie breit

Buchen 50; *Maclura* 65; Quitte 74; Birnen (z. T.) 75; *Cotoneaster* 85; *Cercis* 99; *Coriaria* 118; Perückenstrauch 119; Pistazie 121; *Acer tataricum* 124; *Fuchsia* 151; Hartriegel (z. T.) 152; Kornelkirsche 153; *Diospyros* 159; *Styrax* 160; Flieder 164; *Periploca* 168; *Cynanchum* 169; *Nicotiana glauca* 172; *Paulownia* 173; *Catalpa* 173; *Lonicera* (z. T.) 177; Schneebeere 180.

Bäume – meist höher als 5 m
Buchen; *Maclura*; Birnen; *Cercis*; *Acer tataricum*; *Diospyros*; *Paulownia*; *Catalpa*

Kletterpflanzen
Periploca; *Cynanchum*; *Lonicera* (z. T.)

Gezähnte, schmale, sommergrüne Blätter

Weiden (viele) 31; Edelkastanie 51; Eichen (wenige) 52; Mandel 91; Pfirsich 92; Kirschen (z. T.) 95; Pfaffenhütchen 130; *Zizyphus* 134; *Vaccinium* 159; *Buddleja* 172.

Bäume – meist höher als 5 m
Salix alba, fragilis, x chrysocoma; Edelkastanie; *Quercus trojana, faginea*; Mandel; Pfirsich; *Prunus avium, cerasus, padus, serotina.*

Gezähnte, breite, sommergrüne Blätter

Weiden (z. T.) 31; Pappeln (viele) 36; Birken 43; Erlen 44; Hainbuche 47; Hopfenbuche 48; Hasel 49; Eichen (z. T.) 52; Ulmen 60; *Zelkova* 63; Zürgelbaum 63; Maulbeeren 64; Birne (z. T.) 75; Apfel 77; *Sorbus* (z. T.) 79; Felsenbirne 84; *Amelanchier* 85; Weißdorn (z. T.) 87; Aprikose 92; Pflaumen 93; Kirschen (z. T.) 91; Pfaffenhütchen 130; *Paliurus spina-christi* 133; *Rhamnus* 134; Linden 139; *Forsythia* 164; *Wigandia* 169; Wolliger Schneeball 176.

Blattspreite mit herzförmiger oder gerader Basis

Populus alba, canescens, nigra, tremula, deltoides; Erlen (z. T.); Ulmen; Zürgelbaum; Maulbeere; Birne (z. T.); Aprikose; Linden; *Wigandia*; Wolliger Schneeball

Blattspreite mit abgerundeter oder keilförmiger Basis

Weiden; Pappeln (z. T.); Birken; Erlen (z. T.); Hainbuche; Hopfenbuche; Hasel; Eichen, Ulmen, *Zelkova*, Zürgelbaum, *Morus alba*; Berberitze; Birne (z. T.); Apfel; *Sorbus*; Felsenbirne; *Amelanchier*; Weißdorn; Pflaume; Kirsche; Pfaffenhütchen; *Paliurus*; *Rhamnus*; *Forsythia.*

Handförmig gelappte Blätter – sommergrüne oder immergrüne, 3-, 5-, 7-lappig

Populus alba 37; *Morus alba* 64; *Broussonetia* 65; Feige 66; *Clematis cirrhosa* 68; Tulpenbaum 69; Platanen 71; *Physocarpus* 74; *Malus trilobata* 78; *Malus florentina* 78; *Sorbus torminalis* 80; Weißdorn (z. T.) 87; *Ricinus* 113; Ahorn (z. T.) 122; Berg-Ahorn 124; *Vitis* 137; *Parthenocissus* 138; *Hibiscus* 142; Efeu 154; Gemeiner Schneeball 175.

Blätter unterseits deutlich behaart

Populus alba, canescens; Broussonetia; Feige; *Physocarpus; Malus florentina*; *Sorbus torminalis*; Weißdorn (z. T.); *Acer obtusatum*; *Vitis*; *Hibiscus.*

Fiederteilige Blätter – sommergrün oder immergrün

Eichen (z. T.) 52; *Sorbus* (z. T.) 79; *Solanum* 171.

Dreizählige Blätter – sommergrün oder immergrün

Anagyris foetida 106; Goldregen 106; *Calicotome* 107; Ginster 108; *Petteria* 110; Stechginster 110; *Adenocarpus* 111; *Medicago arborea* 113; *Ptelea trifoliata* 116; *Pistacia vera* 121; *Jasminum* (z. T.) 164.

Handförmig zusammengesetzte Blätter – sommergrün oder immergrün

Lupinus arboreus 111; Roßkastanie 128; *Parthenocissus* (z. T.) 138; *Vitex agnus-castus* 169; Fächer-Palmen 184.

Gefiederte Blätter – sommergrün oder immergrün

Blätter mit 10 oder mehr Fiederblättchen

Juglans nigra; *Pterocarya*; Speierling; Vogelbeere; *Gleditsia,* Robinie; *Wisteria* (z. T.); Blasenstrauch (z. T.); *Amorpha*; *Ailanthus*; *Rhus*; *Pistacia* (z. T.); *Schinus*; Eschen; Palmen (z. T.)

Doppelt gefiederte Blätter – sommergrün oder immergrün

Blattlose, rutenförmige oder sukkulente Pflanzen mit grünen Sprossen

KIEFERN- UND TANNENGEWÄCHSE Pinaceae

Alte, sehr bedeutende Familie, deren Vertreter die vorherrschenden Wälder in weiten Teilen der kälteren Zonen der Nordhalbkugel und weiter im Süden auch der Gebirge bilden. Sie sind gekennzeichnet durch nadelförmige Blätter und zwei verschiedene Arten von Zapfen, die von spiralig angeordneten Schuppen gebildet werden (2), (8). ♀ Zapfen (4) holzig; Samen (7) werden an der Oberseite der Schuppen gebildet (8). ♂ Zapfen (1) kurzlebig, mit Pollensäcken an der Unterseite der Schuppen (2). Samen und Pollen sind gewöhnlich mit Flugorganen versehen. B. einzeln (3) oder gehäuft (5), (6). Weltweit gibt es etwa 210 Arten; 18 davon sind in Europa heimisch, viele weitere wurden wegen des Holzes und als Ziergehölze eingeführt.

Bestimmungsschlüssel für die Pinaceae

1 Alle Nadeln (N.) (= Blätter) einzeln (3)	
2 N. auf kleinen Vorsprüngen (Nadelkissen)	
3 N. kurz gestielt (3); Zapfen klein, hängend, bis 2,5 cm	**Hemlocktannen** (S. 5)
3 N. ungestielt, Zapfen mittelgroß bis groß, hängend, 3 cm und mehr	**Fichten** (S. 6–9)
2 N. nicht auf kleinen Vorsprüngen (Nadelkissen)	
4 Blattgrund rund, flach; Zapfen aufrecht, bei der Reife zerfallend, eine zentrale Achse zurücklassend	**Tannen** (S. 2–4)
4 Blattgrund elliptisch, leicht gewölbt, Zapfen hängend, ganz abfallend.	**Douglasie** (S. 4)
1 N. zumindest an älteren Trieben gehäuft (5), (6)	
5 N. in Bündeln zu 2, 3 oder 5 (5); Zapfen bei der Reife nicht zerfallend	**Kiefern** (S. 12–20)
5 N. in jedem Büschel zahlreich (6)	
6 N. im Herbst abfallend; Zapfen klein, nicht zerfallend	**Lärchen** (S. 9–10)
6 N. immergrün; Zapfen groß, bei der Reife zerfallend, eine zentrale Achse zurücklassend	**Zedern** (S. 10–11)

Achtung: Nadeln = Blätter

Weißtanne
Abies alba

Schlanker, kegelförmiger Baum bis 50 m, waldbildend, von 800–1900 m, in den Gebirgen C.-Europas, von den Pyrenäen bis Bulgarien. In der Jugend mit glattem, grauem, blasigem Stamm und abstehenden quirligen Ästen. Nadeln dick, biegsam, an der Spitze gekerbt (3), in zwei Reihen angeordnet. Zweige mit blaßbraunen Haaren bedeckt; Knospen nicht harzig. Zapfen aufrecht, grün, später orangebraun, 10–20 cm; reif in fächerförmige Schuppen (1) und längere gezähnte Brakteen mit gebogenen Spitzen (2) zerfallend. Die Zapfenachse (4) bleibt am Baum. Wichtiger Holzlieferant.
A. borisii-regis, wahrscheinlich ein Bastard, kommt in den Gebirgen des Balkan vor. N. spitz, Zweige dicht behaart, Knospen harzig.

a

b

c

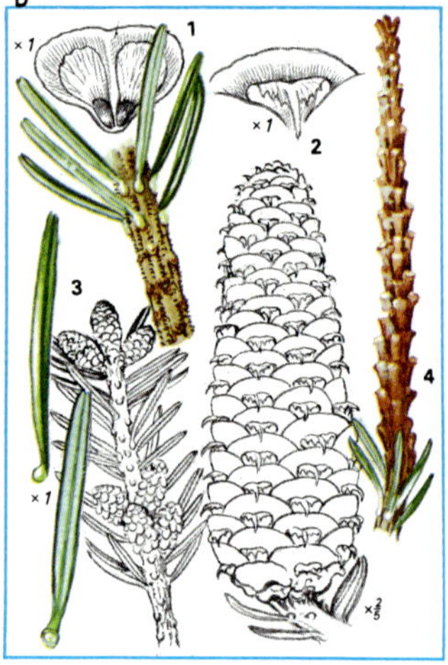

Griechische Tanne
Abies cephalonica

Löst die Weißtanne in höheren Lagen Griechenlands von 750–1700 m ab, wo sie waldbildend ist. Kegelförmige Bäume, der vorigen sehr ähnlich, jedoch mit starren, stachelspitzigen, ungescheitelten, um den ganzen kahlen Trieb verteilten N..
A. cephalonica und *A. pinsapo* besitzen als einzige ungescheitelte, um den ganzen Trieb verteilte N. Die aufrechten Zapfen sind goldbraun, 12–16 cm, mit

d

e

vorspringenden, umgebogenen, dreieckigen Brakteen (Deckschuppen). Das Holz ähnelt dem der Weißtanne, wird jedoch nur lokal genutzt. Die Griechische Tanne wird bisweilen als Zierbaum angepflanzt.

a

Nordmann's Tanne
Abies nordmanniana

In der Türkei und weiter östlich beheimatet, wird sie auch in C.-Europa wegen des Holzes angebaut. N. kräftig und ledrig, 1,5–3,5 cm, dicht, nach vorn gerichtet, an der Spitze gekerbt und oberseits rinnig. Knospen (1) nicht harzig; Zweige braun. Zapfen dunkelbraun, harzig, 12–18 cm; Schuppen vorspringend, mit abwärts gebogener Spitze.

b

c

Spanische Tanne
Abies pinsapo

Seltener Baum der Kalkgebirge S.-Spaniens, noch in 3 Waldgebieten vorkommend. Wie *A. cephalonica* mit steifen, um den ganzen Trieb verteilten, jedoch kurzen, 1–1,5 cm langen, stumpfen oder spitzen, aber nicht stachelspitzigen Nadeln. Zapfen zylindrisch, nach oben spitz zulaufend. Brakteen zwischen den Schuppen nicht sichtbar. Bisweilen wegen des Holzes in C.-Europa angepflanzt.

d

Edle Tanne
Abies procera (nobilis)

Pyramidenförmiger, sehr stattlicher Baum, gekennzeichnet durch seinen silberig-grauen Stamm und die blaugraue Benadelung. Nadeln ledrig, stumpf, 1–3,5 cm, dicht gedrängt. Zapfen sehr groß, bis 20 cm lang. Heimat: N.-Amerika; wegen des Holzes in N.- und C.-Europa angepflanzt.

a

b

Küstentanne, Riesentanne
Abies grandis

Mit bis zu 1,5 m jährlichem Wachstum wahrscheinlich die wüchsigste nach Europa importierte Nadelbaumart. Heimat: N.-Amerika; in N.- und C.-Europa wegen des Holzes angepflanzt. Nadeln glänzend, weich, in 2 Ebenen kammförmig angeordnet, zerrieben mit orangeähnlichem Geruch. Triebe olivgrün, flaumig behaart. Zapfen klein, 5–10 cm; Brakteen unsichtbar.

c

d

Douglasie
Pseudotsuga menziesii

Von allen übrigen Koniferen durch die herabhängenden, oval-zylindrischen Zapfen (3) mit den auffälligen, schmalen, dreispitzigen Brakteen (Deckschuppen) (2) zu unterscheiden, die deutlich länger sind als die breiten Schuppen (Samenschuppen) (1). Trotz ihrer relativ späten Einfuhr (1827) mit die höchsten in Europa bekannten Bäume (in England bis 55 m). In den Rocky Mountains

e

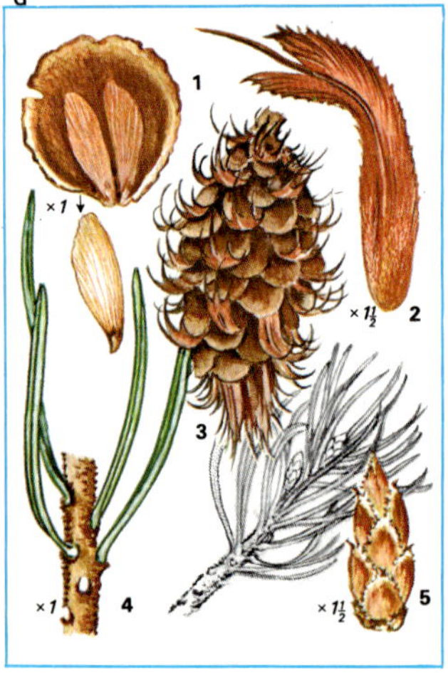

wird die Douglasie bis 100 m hoch. Sie ist wahrscheinlich die am intensivsten angebaute ausländische Holzart. N. einzeln, biegsam, 2–3,5 cm, mit elliptischem Grund (4). Zweige fein behaart, Knospen spindelförmig (5). Zerriebene Nadeln mit aromatischem Geruch. Junge Zapfen (a) rötlich-braun. Rinde charakteristisch purpurn-braun, bei alten Bäumen mit breiten, tiefen Rissen. Das Holz, auch als Oregon Pine oder Columbian Pine bekannt, ist leicht, fest und dauerhaft.

Westliche Hemlocktanne
Tsuga heterophylla

↓

Die Hemlocktannen sind durch flache, kurz gestielte N. unterschiedlicher Länge und kleine, glatte, hängende, eiförmige Zapfen gekennzeichnet. *Ts. heterophylla* ist ein stattlicher Baum bis fast 50 m Höhe mit glänzenden, aromatischen N. und überhängendem Gipfeltrieb. Heimat: N.-Amerika; in N. W.-Europa häufig wegen des Holzes angepflanzt.

Kanadische Hemlocktanne
Tsuga canadensis

↓

Ebenfalls in N.-Amerika beheimateter, oft mehrstämmiger Baum mit breit kegelförmiger Krone. Knospen eiförmig (2), nicht kugelig (1); N. etwas zugespitzt, mit parallelen Rändern (1), unterseits mit 2 schmaleren, weißen Streifen. Zapfen endständig, 1,5–2 cm. Gelegentlich zur Holzgewinnung angepflanzt. Mit hohem Holzertrag, jedoch mäßiger Qualität.

a

b

c

d

e

Gemeine Fichte
Picea abies

Wichtiger, waldbildender Baum der höheren Lagen von Lappland bis zum Balkan. Als Weihnachtsbaum bestens bekannt. Wie alle Fichten mit stielchenartigen Vorsprüngen am Trieb (1), (2), auf denen die Nadeln sitzen. Diese bleiben auch nach dem Nadelfall erhalten und verleihen den Zweigen ihre rauhe Struktur. N. dunkelgrün, vierkantig (3), scharf zugespitzt, 1–2,5 cm; Zweige rötlich-braun. ♂ Zapfen endständig. ♀ Zapfen (4) hängend, 10–18 cm lang, als Ganzes abfallend. Rinde typisch rostig braun, glatt, an älteren Bäumen dunkel purpurn und in kleine, rundliche Schuppen unterteilt. Die Fichte ist ein ausgesprochen wichtiger Holzlieferant und wird in Europa in großem Umfang angebaut.

a

b

c

Serbische Fichte
Picea omorika

Sehr schlanker, säulenförmiger Baum mit sehr kleinem natürlichem Verbreitungsgebiet (Berge im Gebiet der Drina, Jugoslawien). N. flach, mit 2 weißen Bändern auf der Unterseite und breiter, stumpfer Spitze (siehe S. 8). Zapfen klein, 3–6 cm. Rinde orange-braun, abblätternd. Bisweilen in N.-Europa angepflanzt; hauptsächlich als Zierbaum.

d

e

Sitkafichte
Picea sitchensis

Hoher, stattlicher, kegelförmiger Baum bis über 50 m mit gewölbten Ästen. N. ähnlich wie bei *P. omorika* abgeflacht, jedoch starr und sehr spitz (siehe S. 8). Zapfen 6–10 cm, Schuppen mit auffallend gewellten Rändern. Rinde junger Bäume grau, später rötlich, in kleinen Stücken abblätternd. Heimat: N.-Amerika; in N.-, W.- und C.-Europa als wichtiger Holzlieferant angepflanzt. In W.-Europa mit 1–1,5 m pro Jahr eine der schnellwüchsigsten Baumarten. Das Holz ist hell, feinfaserig und fest.

a

b

c

Morgenländische Fichte
Picea orientalis

Ein Waldbaum der Türkei und des Kaukasus; groß, kegelförmig, dicht beastet, bis 40 m. Mit 6–10 mm Länge besitzt sie die kürzesten N. aller Fichten. N. vierkantig, stumpf, glänzend dunkelgrün, den hellbraunen, behaarten Trieben dicht anliegend. Junge ♂ Zapfen (d) zunächst rot, bei der Reife gelb. ♀ Zapfen (e) 6–9 cm, schmal zulaufend, mit zuerst purpurfarbenen, später braunen, ab-

d

e

gerundeten Schuppen. In Belgien, Österreich und Italien in geringem Umfang als Holzlieferant, in Großbritannien häufig als Zierbaum angepflanzt.

a

Engelmann's Fichte
Picea engelmannii

Hochgebirgsbaumart N.-Amerikas. Zerriebene N. wie die von *P. glauca* mit unangenehmem Geruch. Von dieser jedoch an den sehr fein behaarten, graugelben jungen Trieben und den starreren, 1,5–2,5 cm langen, grünen oder blaugrünen N. zu unterscheiden. Wegen des Holzes in N.-Europa und zur Hangbefestigung in den Alpen angepflanzt.

b

Weißfichte
Picea glauca

Diese nordamerikanische Fichte ist am leichtesten an ihren schlanken, steifen, grauen oder blaß bläulichen N. zu erkennen, die zerrieben nach Mäusen riechen. N. 8–18 mm, vierkantig; Zweige glänzend, kahl, weißlich oder schwach rosa. Zapfen 3,5–5 cm, Schuppen nicht sehr zahlreich. Bisweilen, hauptsächlich in N.-Europa, zur Holzgewinnung angebaut.

c

d

Stech-Fichte, Blau-Fichte
Picea pungens

Stattlicher und besonders in den verschiedenen blaugrünen Formen dekorativer Baum. N. kräftig, vierkantig, stachelspitzig; Zweige gelbbraun, kahl (S. 8); Spitzen der Knospenschuppen zurückgebogen. ♂ Zapfen (a) rot. Heimat: südl. N.-Amerika; in N.- und C.-Europa bisweilen wegen des Holzes angepflanzt.

Europäische Lärche
Larix decidua

Der einzige europäische Nadelbaum, der in jedem Jahr die N. abwirft. Herrlicher kegelförmiger Baum bis 35 m, oft mit leicht aufwärts gerichteten Seitenzweigen und langen, häufig hängenden Trieben. Junge N. frisch hellgrün, im Herbst goldgelb verfärbt. Triebe (2) strohgelb, kahl. Nadeln an den jüngsten Teilen der Zweige einzeln, an den älteren zu 30–40 in Büscheln (3). ♂ Zapfen (1) kugelig, 0,5–1 cm; junge ♀ Zapfen (4) rötlich, hübsch, blütenähnlich. Reife Zapfen (5) 2–3,5 cm, mit breiten, geraden oder einwärts gekrümmten Zapfenschuppen. Heimat: Gebirge C-Europas von den Alpen bis zu den W.-Karpaten. Wegen des wertvollen Holzes, das härter ist als das der meisten anderen Koniferen, auch weiter westlich und nördlich angebaut.

a

b

c

d

e

Japanische Lärche
Larix kaempferi (leptolepis)

Gekennzeichnet durch rötlich-violette oder orangerote, oft überlaufene Zweigspitzen, breitere, graugrüne N. und Zapfen (1) mit nach außen gebogenen Zapfenschuppen. Heimat: Japan; wüchsiger und in mancher Beziehung widerstandsfähiger als *L. decidua.* Die Dunkeld-Lärche (3), ein Bastard, ist noch wüchsiger und wird schon häufig angepflanzt.

a

b

Dahurische Lärche
Larix gmelinii

Sibirische Art, wegen des Holzes in N.-Europa angepflanzt. Die hell grasgrünen N. erscheinen sehr früh im Jahr; ihre kleinen Zapfen (2), 2–2,5 cm, sind auf der Außenseite kahl. Ebenfalls im Norden ist die Sibirische Lärche, *L. russica (sibirica)* anzutreffen, die etwa 3,5 cm großen Zapfen und fein behaarte Zapfenschuppen und Triebe besitzt.

c

Atlas-Zeder
Cedrus atlantica

Die echten Zedern besitzen immergrüne, an Kurztrieben gebüschelte N. und tonnenförmige Zapfen, die bei der Reife zerfallen. 4 Arten kommen zwischen Mittelmeergebiet und Himalaya vor. Die Atlas-Zeder wächst in den Gebirgen N.-Afrikas und liefert ein dauerhaftes, aromatisches, sehr geschätztes Holz. Bisweilen in S-Europa wegen des Holzes angepflanzt, darüber hinaus als

d

e

Zierbaum und zwar besonders die blaugrünen Formen. Sie hat im typischen Falle einen breit kegelförmigen Habitus und weit ausladende, aufsteigende Äste mit waagerecht »plattenförmig« angeordneter Benadelung. N. 1–3 cm, grün oder blaugrün. ♂ Zapfen (S. 10d) 3–5 cm, kegelförmig; ♀ Zapfen (S. 10e) 3–8 cm, an der Spitze flach oder eingedellt, zerfallen bei der Reife in fächerförmige Schuppen und entlassen geflügelte Samen. Die Spindel bleibt erhalten.

a

Libanon-Zeder
Cedrus libani

Mit der Atlas-Zeder eng verwandt, im östl. Mittelmeergebiet, der Türkei und dem Libanon beheimatet. Junge Triebe kahl, N. dunkelgrün, Zapfen 7–12 cm lang. Mächtige, häufig flachkronige Bäume mit waagerechten oberen Ästen. Häufig als Zierbaum angepflanzt.

b

c

Himalaya-Zeder
Cedrus deodara

Gekennzeichnet durch überhängende Leittriebe; N. 2–5 cm, meist grün, bisweilen blaugrün; ♀ Zapfen 8–12 cm mit abgerundeter Spitze. ♂ Zapfen (1) 5–12 cm, zylindrisch. Triebe dicht behaart. Heimat: westl. Himalaya; in Höhen zwischen 2000 und 3000 m waldbildend. In S.-Europa bisweilen wegen des Holzes angepflanzt.

d

e

Bestimmungsschlüssel für die Gattung Pinus

1 N. zu zweit in Bündeln (10)	
2 Samen ± ungeflügelt (5)	*pinea* (S. 14)
2 Samen deutlich geflügelt (6)	
3 Einjährige Triebe grau	
4 N. schmaler als 1 mm; Küsten und trockene Hügel	*halepensis* (S. 12)
4 N. breiter als 1 mm; Berge	*leucodermis* (S. 13) *heldreichii* (S. 14)
3 Einjährige Triebe nicht grau	
5 Knospen nicht harzig; Knospenschuppen an der Spitze umgebogen (9)	*brutia* (S. 13), *pinaster* (S. 15)
5 Knospen harzig; Knospenschuppen an der Spitze nicht umgebogen (8)	
6 Zapfen asymmetrisch oder stark gebogen (3)	*contorta* (S. 17) *banksiana* (S. 18)
6 Zapfen mehr oder weniger symmetrisch (2)	
7 N. bläulich-grün	*sylvestris* (S. 15)
7 N. hellgrün, dunkelgrün oder glänzend	*mugo, uncinata* (S. 17) *nigra* (S. 16)
1 N. nicht zu zweit in Bündeln	
8 N. meist zu dritt (11)	
9 N. kräftig, starr; Zapfenschuppen mit einer Spitze (7)	*ponderosa* (S. 19)
9 N. dünn, biegsam; Zapfenschuppen ohne Spitze (13)	*radiata, canariensis* (S. 18)
8 N. meist zu fünft (12)	
10 Zapfen eiförmig, 5–8 cm, aufrecht (4)	*cembra* (S. 19)
10 Zapfen zylindrisch, 8–20 cm, meist hängend (1)	*peuce, strobus, wallichiana* (S. 20)

Aleppo-Kiefer
Pinus halepensis

*

Bekannter, weit verbreiteter Baum heißer und trockener Standorte der Mittelmeerküste und Hügel im Landesinneren. Kleiner, oft knorriger und krummer Baum bis 20 m mit rötlich-brauner, bei alten Exemplaren tief gefurchter Rinde. An den hellgrauen, fast weißen Zweigen und Ästen, den langen, sehr dünnen N. und den glänzenden, rötlichen Zapfen leicht zu erkennen. N. hellgrün,

a

b

biegsam, gebogen, 6–15 cm. Knospen nicht harzig. Zapfen 5–12 cm, an kurzen, abwärts gebogenen Stielen, mehrere Jahre am Baum bleibend. Eine der widerstandsfähigsten Baumarten, die in der Lage sind, extrem trockene und heiße Perioden zu überdauern. Wichtig als Erosionsschutz und Harzlieferant (a), wird für eine Reihe weiterer Zwecke genutzt.

a

Pinus brutia

Eng mit der Aleppo-Kiefer verwandt, statt ihrer von Kalabrien und Kreta nach Osten bis Kleinasien vorkommend, wo sie auf küstennahen Bergen lichte Wälder bildet. Sie ist gekennzeichnet durch rötlich-gelbe oder grünliche junge Triebe und starre, dunkelgrüne N. Zapfen mit kurzen, geraden (nicht gebogenen) Stielen (c).

b

c

Schlangenhaut-Kiefer
Pinus leucodermis

Zwei nah verwandte Kiefern mit silbergrauer Rinde, grauen jungen Trieben und großen, relativ breiten, starren N. kommen in den Kalkgebirgen der Balkanhalbinsel vor. Sie besitzen mittelgroße, schwach glänzende 7–8 cm große Zapfen mit starrer, feiner Spitze an den Zapfenschuppen. Junge Zapfen bläulich-purpurn. *P. leucodermis* kommt von Italien bis Bulgarien vor. Die Triebe und

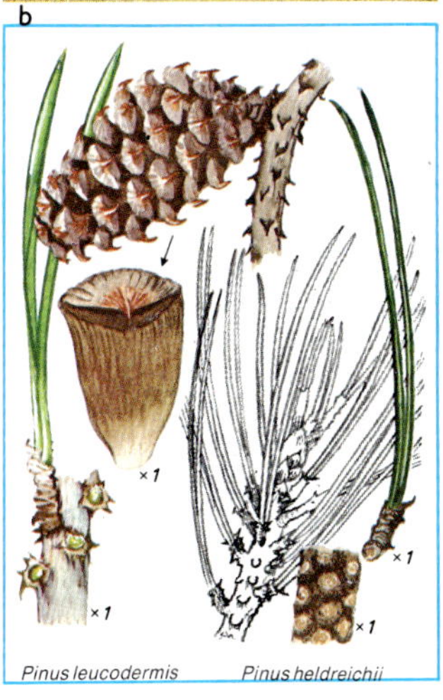

d

Sprosse bleiben mehrere Jahre hell, meist weißlich. N. dunkelgrün, stachelspitzig, an den Zweigenden dicht gehäuft. Zapfenschuppen mit gebogener Stachelspitze. Die Triebe von *P. heldreichii* verfärben sich im zweiten Jahr braun, die Zapfenschuppen tragen eine kurze, gerade Spitze. Kleiner Baum bis 20 m mit rundlich kegelförmiger Krone; auf Jugoslawien, Albanien und Griechenland beschränkt; häufig nicht als eigene Art anerkannt.

a

b

Pinie

Pinus pinea

Malerischer, auffallender Baum mit dichter, schirmförmiger Krone; während des heißen Mittelmeersommers willkommener Schattenspender für Mensch und Tier gleichermaßen. Obwohl im westlichen Mittelmeergebiet zu Hause wird sie auch weiter östlich an der Küste angepflanzt. Ihre ölhaltigen, eßbaren Samen (2) (je nach Land als pignons, piñones oder pinocchi bezeichnet) sind sehr gefragt. N. dunkelgrün, 10–20 cm, scharf zugespitzt. Triebe zunächst graugrün; Knospen (3) mit zurückgebogenen, weiß gefransten Schuppen. Zapfen 8–14 x 10 cm groß, eiförmig und symmetrisch, glänzend braun; Zapfenschuppen mit gewölbtem Schild (1); Samen mit harter Schale. Die Pinie ist gegen Seewind sehr widerstandsfähig.

c

d

Strand-Kiefer
Pinus pinaster (maritima)

◇ ∗

Wichtiger Baum des westl. Mittelmeerraumes und der Atlantikküsten S.-Europas. Im S.-W. und darüber hinaus außerdem auf armen, saueren Sandböden und Dünen, als Schutz, zur Bodenbefestigung und wegen des Holzes. Stattlicher, dunkler Baum mit lederigen, dunkelgrünen, starren, stachelspitzigen N.; mit 10–25 cm die längsten und kräftigsten aller Kiefern der Alten Welt. Triebe blaß braun, kahl, später rötlich braun. Knospen (1) nicht harzig. ♂ Blüten (c) gehäuft, kurzlebig. Die ♀ Zapfen sind mit bis zu 22 cm die längsten aller europäischen Kiefern; sie stehen gehäuft und bleiben mehrere Jahre am Baum, bevor sie sich öffnen. Zur Harzgewinnung werden flache, schräge Rinnen in den Stamm geschnitten, in die das Harz austritt (S. 13a). Von Zeit zu Zeit werden neue Rinnen eingeschnitten. Nach 4–5 Jahren wird eine Ruhepause eingelegt.

a

b

c

Gemeine Kiefer, Föhre
Pinus sylvestris

◇ ∗

Diese schöne und bekannte Baumart unterscheidet sich von allen anderen europäischen Kiefern durch die rostrote, schuppige Rinde an Zweigen und den oberen Partien des Stammes. Die blaugrüne Benadelung sticht von der anderer Kiefern ab. ♂ Blüten (5) kurzlebig, im Frühsommer an jungen Trieben gehäuft. ♀ Zapfen bei der Bestäubung rosa, im 2. Jahr grün (3), bei der Reife braun (2).

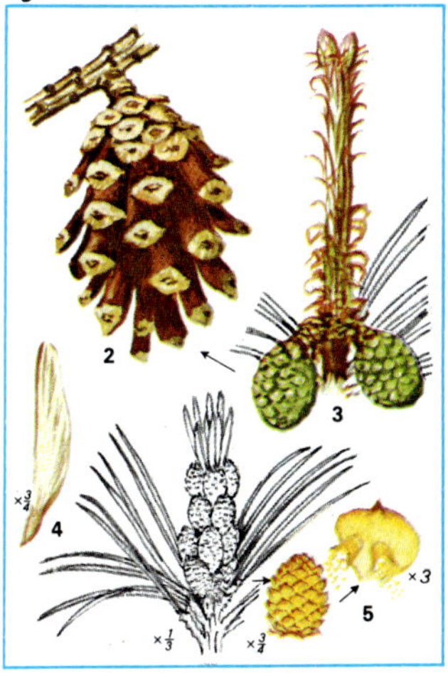

d

Samen geflügelt (4). N. biegsam, oft gedreht, 3–7 cm lang; Zweige kahl, zunächst grünlich-gelb, später graubraun. Von den europäischen Kiefern hat *P. sylvestris* das größte Verbreitungsgebiet, ist im Süden jedoch auf die Gebirge beschränkt. Es gibt eine Reihe von Rassen mit unterschiedlichen Kronen-, Stamm- und Rindenformen. Die Gemeine Kiefer liefert ein wertvolles Holz.

a

b

Schwarz-Kiefer
Pinus nigra

◇ *

Weit verbreiteter Baum der Gebirge C.- und S.-Europas. Meist an seinen schwärzlichbraunen oberen Ästen, den gelbbraunen Zweigen, den kräftigen N. und den eiförmigen, plötzlich zugespitzten Knospen zu erkennen. Zapfen gelbbraun, glänzend, 3–8 cm. Es gibt eine Reihe von geographischen Rassen, die außerhalb ihres Verbreitungsgebietes nicht leicht zu erkennen sind. Die Österreichische Schwarz-Kiefer, *ssp. nigra* (d), ist ein hoher, grobastiger, kegelförmiger Baum mit steifen, stachelspitzigen, gebogenen N.. Heimat: Österreich bis Griechenland. Die *ssp. salzmannii* (S. 17b) ist ein mittelhoher kegelförmiger Baum Spaniens und S.-W.-Frankreichs. N. biegsam, mit weicher Spitze; Zapfen klein, 4–6 cm. Die Korsische Schwarz-Kiefer, *ssp. laricio,* besitzt biegsame, gedrehte, leicht stachelspitzige N.; Zapfen 6–8 cm; Krone schmal-eiförmig. Heimat: Korsika, Sardinien, Kalabrien. Die *ssp. dal-*

c

d

e

matica, die an der jugoslawischen Küste vorkommt, hat eine breit pyramidenförmige Krone, kurze, steife N., 4–7 cm und 3,5–4,5 cm große Zapfen. Die *ssp. pallasiana* (a und S. 16e) besitzt eine breite Krone, 12–18 cm lange, gedrehte, unregelmäßig gebogene N. und 5–12 cm große Zapfen. Heimat: Balkan und Karpaten. Die Schwarzkiefern sind wichtige Holzlieferanten. Sie werden zudem als Windschutz angepflanzt.

a

b

Berg-Kiefer
Pinus mugo

Buschige, niedrige Kiefer mit aufsteigenden Ästen, bis 3,5 m. In den Gebirgen C.-Europas über der Waldgrenze als Dikkichte. N. (2) steif, 3–8 cm, Zapfen (4) klein, 2–5 cm; Schuppenschilder ± flach (3). Die Haken-Kiefer, *P. uncinata,* ist ein Baum bis 25 m, Zapfen 5–7 cm, Schuppenschilder mit hakenförmiger Spitze (1). Von Spanien bis in die Alpen vorkommend.

c

Dreh-Kiefer
Pinus contorta

↓

Nordamerikanischer Baum, bisweilen in C.- und N.-Europa angepflanzt, besonders auf exponierten und flachgründigen Standorten. Kleiner Baum mit sehr unterschiedlichem Aussehen, dunkelbrauner Rinde und gedrehten, relativ kurzen Zweigen. N. gedreht; Knospen langkegelförmig, oft gedreht, harzig. Zapfen klein, 2–6 cm; Zapfenschuppen (5) mit zerbrechlichen dornigen Spitzen.

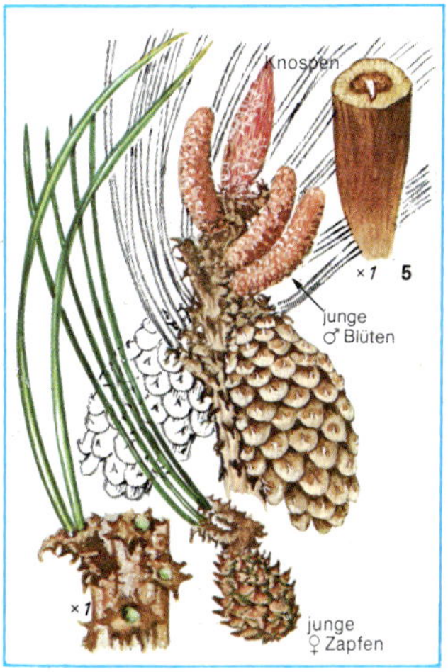

d

Banks-Kiefer
Pinus banksiana

Winterharter, unregelmäßig verzweigter Baum mit kurzen, breiten, gebogenen Nadeln. Die kleinen, unregelmäßigen Zapfen in Quirlen an den Zweigen. Ein Teil der Zapfen öffnet sich erst nach Waldbränden durch den Einfluß der Hitze; daher ist die Banks-Kiefer einer der ersten Neubesiedler von Brandflächen in N.-Amerika. Gelegentlich in C.-Europa angepflanzt.

a

Pinus radiata

Gegen Wind bemerkenswert widerstandsfähiger Baum mit grasgrünen N. und breiter, unregelmäßiger, dichter Krone. Heimat: Halbinsel Monterey, Californien; an W.-Europas Küsten oft als Windschutz. N. in Bündeln zu 3, weich, schlank, 10–15 cm. Rinde dunkelbraun, tief rissig. Zapfen 7–14 x 5–8 cm groß, oft gehäuft, unregelmäßig, bleiben lange an den Zweigen hängen.

b

Kanaren-Kiefer
Pinus canariensis

Heimat: Kanarische Inseln; bisweilen im Mittelmeergebiet wegen des Holzes angepflanzt. 3-nadelige Kiefer mit 20–30 cm langen, schlanken N., gelben Zweigen und weiß gefransten Knospen. Zapfen 10–20 cm, einzeln oder zu mehreren. Das Holz besitzt eine hohe Qualität und ist sehr dauerhaft.

c

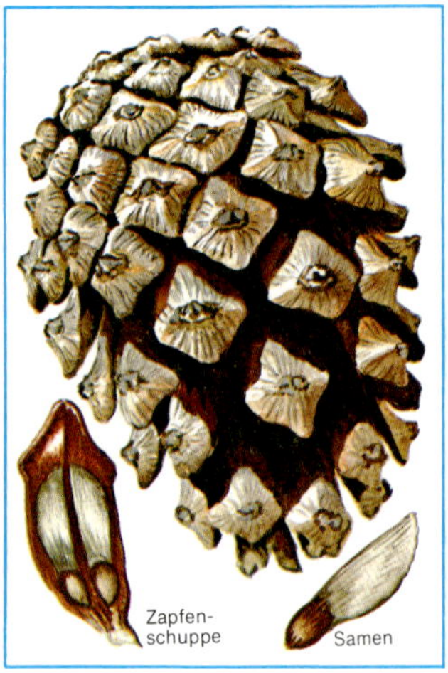

Gelb-Kiefer
Pinus ponderosa

Hohe, schmalkronige, säulenförmige, 3-nadelige Kiefer bis 40 m Höhe. Heimat: N.-Amerika. In C.-Europa gelegentlich angepflanzt. N. 10–25 cm, steif, gebogen, an den Enden der kräftigen Zweige gehäuft. Rinde tief rissig mit unregelmäßigen Schuppen. Zapfen 8–15 cm, einzeln oder zu mehreren; Schuppenschilder bedornt.

a

Zirbel-Kiefer
Pinus cembra

In höheren Lagen der Gebirge C.-Europas zu Hause, wächst bis zur Baumgrenze, bis fast 3000 m. Breiter, dichter, kegelförmiger Baum bis 25 m mit kräftigen, ausladenden Ästen; Rinde glatt, grünlich-grau, mit Harzbeulen, später rauh und schuppig. 5 N. pro Bündel (Kurztrieb); Triebe dicht benadelt. N. auf der Außenseite dunkelgrün, auf der Innenseite graugrün. Triebe mit dichtem, orange-braunem Flaum bedeckt (3). ♀ Zapfen (2) zunächst grün mit violettem Schimmer, dann purpurnbraun. Die Zapfenschuppen lösen sich nicht voneinander, die Zapfen fallen ab und die Samen werden bei der Zersetzung der Zapfen frei. Samen (1) groß und eßbar, mit zäher Schale. In Skandinavien bisweilen wegen des Holzes angebaut.

b

c

Rumelische Kiefer
Pinus peuce

Tränenkiefer (c)
Pinus wallichiana (griffithii)

Erstere ist ein hoher, stattlicher, schmal kegelförmiger Baum bis 30 m und ist in den Bergen S.-Jugoslawiens, Albaniens und W.-Bulgariens zu Hause. Die 5-nadelige Kiefer unterscheidet sich von allen anderen europäischen Kiefern durch lange, zylindrische Zapfen. N. dunkel blaugrün, schlank, aber steif, nach vorn gerichtet; Zweige dicht benadelt. Junge Triebe glatt, kahl, bald grün glänzend. Zapfen einzeln oder gehäuft, 8–15 cm, i. d. R. hängend, sehr harzig, werden dunkel rötlich-braun. Rinde grau oder braun, bleibt lange Zeit glatt, erst spät fein rissig.
Die nah verwandte Tränenkiefer besitzt biegsame, überhängende N. und gerade, 15–25 cm lange Zapfen. Heimat: Himalaya; gelegentlich wegen des Holzes und als Zierbaum angepflanzt.

Strobe, Weymouthkiefer
Pinus strobus

In ihrer Heimat N.-Amerika unter dem Namen White Pine als wichtiger Waldbaum bekannt. In C.-Europa wird die Strobe wegen ihres Holzes angebaut, ist jedoch stark durch den Strobenrost gefährdet. Wie die Tränenkiefer besitzt sie lange, hängende Zapfen, aber blaugrüne, nicht überhängende N. und fein rötlich-braun behaarte junge Triebe (1).

a

b

c

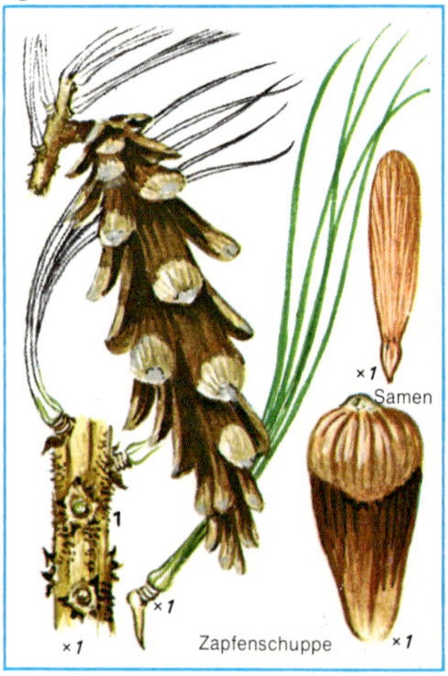

d

SUMPFZYPRESSENGEWÄCHSE Taxodiaceae

Diese Familie könnte man als Sammelbecken für »lebende Fossilien« bezeichnen, für weit verstreute, altertümliche Baumarten, die sonst nur als Versteinerungen bekannt sind. Sie beinhaltet 10 Gattungen mit 16 lebenden Arten, von denen *Metasequoia* erst 1941 in W.-China entdeckt wurde. Die Vertreter der Familie besitzen holzige ♀ Zapfen, deren Schuppen aus Deckschuppe und Samenschuppe verwachsen sind und je 2–9 Samen tragen. ♂ Blüten klein, aus spiraligen Schuppen mit je 2–8 Pollensäcken. Bäume eingeschlechtig; Blattorgane spiralig angeordnet, nadelförmig, abgeflacht, immergrün oder im Herbst abfallend.

Küstensequoie (»Redwood«)
Sequoia sempervirens

↓

Vermutlich der höchste Baum der Erde. Aus dem Nebelgürtel der Pazifikküste Amerikas sind Exemplare von über 110 m Höhe bekannt. *S. sempervirens* wird über 1000 Jahre alt und kann sich durch Schößlinge vermehren (ein recht ungewöhnliches Verhalten). Gerader Baum mit schmaler, säulenförmiger Krone und langen, abstehenden oder überhängenden Ästen. Rinde auffällig, dick, schwammig, läßt sich mit bloßer Hand eindrücken.
Blattorgane flach, eibenähnlich, in 2 Reihen (3) an Seitenzweigen; an den Haupttrieben pfriemlich und gebogen.
♂ Blüten (1) endständig.
Junge ♀ Zapfen (4) mit borstenspitzigen Schuppen; reife Zapfen (2) holzig; pro Schuppe 3–5 geflügelte Samen. In Amerika bedeutender Holzlieferant. Gelegentlich in Europa anzutreffen; nicht winterhart.

a

b

c

Mammutbaum
Sequoiadendron giganteum

Wahrscheinlich der mächtigste, wenn auch nicht der höchste Baum der Erde. Er erreicht ein Gewicht von 1500 Tonnen und wird bis 3000 Jahre alt. Die berühmten Mammutbaumwälder wurden erst 1841 in den Bergen Californiens entdeckt. 1853 nach Europa gebracht sind in England schon Bäume von über 50 m Höhe und fast 7 m Umfang bekannt. Majestätischer Baum mit gleichmäßigem, kegelförmigem Habitus, dunkelgrünen N., tief herabhängenden Ästen und fuchsrotem Stamm. N. pfriemlich, dreieckig (2), um den ganzen Zweig verteilt. ♂ Blüten (1) gehäuft, ♀ Zapfen (3) an den Zweigenden, eiförmig, mit 15–20 Schuppen. Das Holz amerikanischer Bäume ist sehr dauerhaft, das in Europa gewachsener Bäume ist jedoch zu weich. In C.-Europa häufig als Zierbaum, gelegentlich auch wegen des Holzes.

a

b

c

Sumpfzypresse
Taxodium distichum

Stattlicher, kegelförmiger Baum mit leicht »federartiger« Benadelung. Heimat: Gebiet des Mississippi, Amerika; gedeiht in Europa auf nassen Standorten. Die Sumpfzypresse besitzt Atemwurzeln (»Wurzelknie«), die über den Stand des Wassers herausragen und dem Baum das Überleben auf überschwemmten Standorten ermöglichen. Eine weitere Besonderheit ist die Tatsache, daß

d

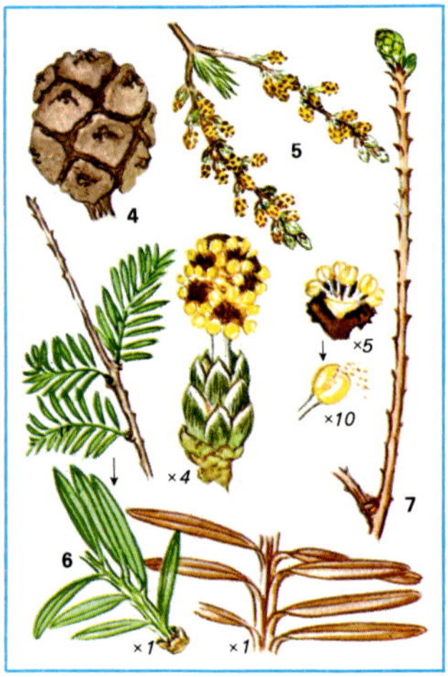

T. distichum im Herbst die Seitentriebe mit den N. (6) abwirft, die Haupttriebe (7) bleiben erhalten. N. flach, an den Seitentrieben wie diese selbst zweizeilig angeordnet. ♂ Zapfen (5) zu mehreren, oft hängend; ♀ Zapfen (4) (häufig an anderen Bäumen als die ♂) einzeln, 1,5–3 cm; Schuppen mit 2 dreieckigen Samen. Rinde rötlichbraun, faserig, in Streifen abblätternd. In S.-Europa bisweilen auf alluvialen Böden angepflanzt.

a

b

Sicheltanne
Cryptomeria japonica

Gekennzeichnet durch die abstehenden, pfriemlichen, rund um die Triebe verteilten N. und die Zapfen. Zapfenschuppen 20–30, jede mit 4–6 geraden oder gebogenen dornigen Spitzen. Schmaler, kegelförmiger Baum bis etwa 40 m mit abgerundetem Gipfel und rötlichbrauner, sich in langen Streifen ablösender Rinde. Heimat: Japan; in Europa hauptsächlich als Zierbaum.

c

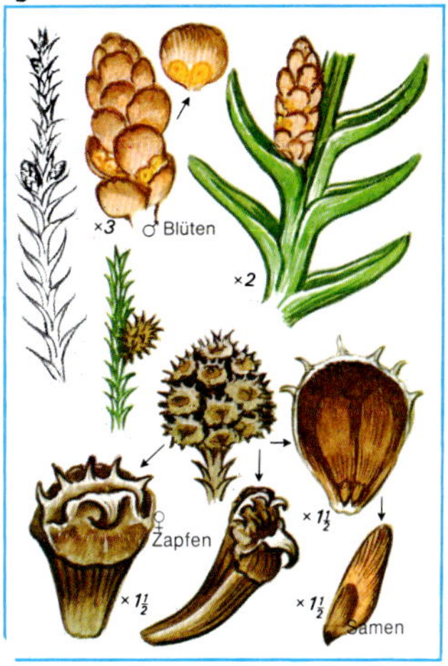

ZYPRESSENGEWÄCHSE Cupressaceae

Die Zapfenschuppen stehen sich gegenüber, die einzelnen Paare sind zueinander jeweils um 90° versetzt. Blattorgane treten in 2 Formen auf: in der Jugend (»Jugendb.«) als Nadeln, abstehend, spiralig angeordnet, an älteren Pflanzen werden sie häufig durch schuppenähnliche Blattorgane ersetzt. Diese liegen eng an den Zweigen an und sind in Reihen angeordnet. Die Zweige von einigen Zypressen und Wacholdern sind kaum voneinander zu unterscheiden. Die Wacholder besitzen einzigartige, beerenähnliche, etwas fleischige Zapfen aus verwachsenen Schuppen mit mehreren Samen, die übrigen Gattungen kleine, holzige Zapfen. Es gibt weltweit etwa 130 Arten, davon sind eine Zypresse und 8 Wacholder in Europa heimisch.

Echte Zypresse
Cupressus sempervirens

✳

Heimat: Griechenland und Kreta; im Mittelmeergebiet sehr oft als Zierbaum. Ihre schlanke, säulenförmige Gestalt ist häufig die einzige auffallende, vertikale Erscheinung in einer vom weiten Horizont des Meeres geprägten Landschaft. Schlanke, dicht beastete Formen (b) werden häufiger angepflanzt, jedoch auch solche mit der weit ausladenden Krone der Wildform (c). Zypressen sind an den kugeligen ♀ Zapfen (1) mit abgeflachten, fünfeckigen Schuppen zu erkennen. ♂ Blüten (2) winzig, endständig. B. (3) schuppenförmig, dicht an den Zweigen anliegend und diese völlig bedeckend, nur 1 mm lang, an den Haupttrieben länger. Zypressenwälder gibt es noch auf den Bergen Kretas. Das Holz ist dauerhaft, fest, wohlriechend und war in der Antike sehr gefragt.

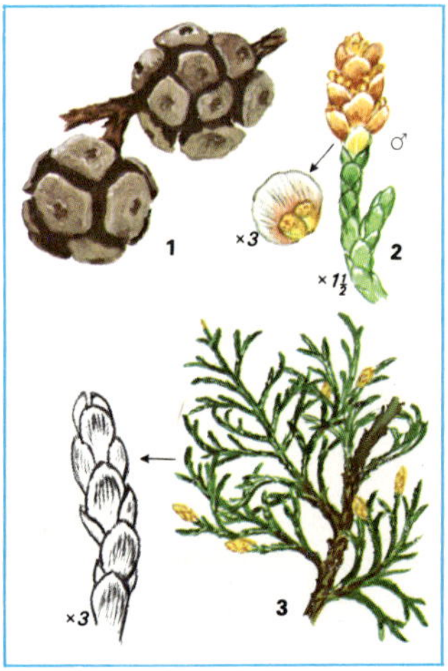

a

b

c

Monterey-Zypresse
Cupressus macrocarpa

↓

Der Echten Zypresse sehr ähnlich, jedoch mit hellgrünen, zerrieben nach Zitronen riechenden Blattorganen. Schuppenblätter 1–2 mm, reife Zapfen braun, nicht grau (S. 25). Schnellwüchsiger, salztoleranter Baum, in S.- und W.-Europa oft in Meeresnähe als Schutz und bisweilen wegen des Holzes angepflanzt. Heimat: Californien.

d

e

Mexikanische Zypresse
Cupressus lusitanica

Heimat: Mexiko; in S.-Europa bisweilen als Zierbaum und wegen des Holzes angepflanzt. Die Schuppenb. sind scharf zugespitzt und liegen im vorderen Teil den Trieben nicht an. Junge Zapfen blaugrün, reif glänzend braun, die Schuppen mit erhabenen Punkten. Baum mit überhängenden Ästen und Zweigen, im Alter flachkronig.

Lawson's Scheinzypresse
Chamaecyparis lawsoniana

Die »falschen« sind nur schwer von den echten Zypressen zu unterscheiden. Scheinzypressen besitzen in der Waagerechten ausgebreitete Zweige, ihre Zapfen sind selten größer als 1 cm und reifen innerhalb eines Jahres. *Ch. lawsoniana* ist ein massiger Baum bis etwa 40 m, oft mehrgipfelig, mit stattlichem kegelförmigem Wuchs und hellgrüner oder etwas grauer Belaubung. Schuppenb. (3) dreieckig, in 4 Reihen, die der seitlichen Reihen größer; zerrieben nach Petersilie riechend. Ästchen regelmäßig verzweigt, flach, farnähnlich. ♂ Blüten (1) endständig; ♀ Zapfen (2) bei der Reife (4) etwa 8 mm groß. Samen (5) breit geflügelt. Es gibt viele Kulturformen, goldgelbe oder blaugrüne ebenso wie aufrechte, schlanke oder buschige Formen, die sich leicht durch Stecklinge vermehren lassen. In seiner Heimat N.-Amerika ein wertvoller Holzlieferant; in Europa wegen des Holzes, als Schutz und Zierbaum angepflanzt.

a

b

c

d

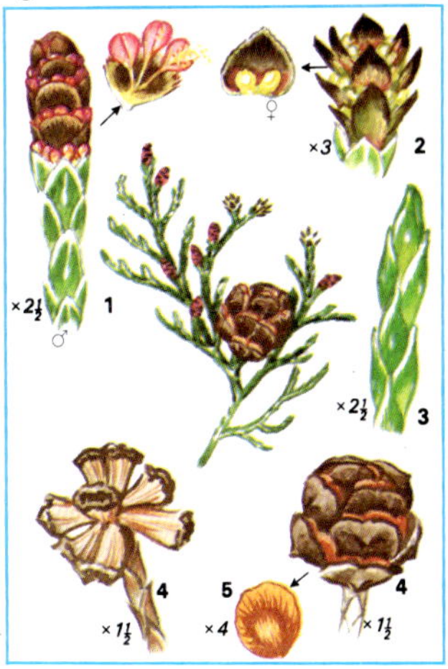

Riesen-Lebensbaum
Thuja plicata

Dichter, schlanker, säulenförmiger Baum bis 40 m mit farnähnlicher Belaubung. Zerriebene Teile mit starkem, fruchtigem, harzigem Geruch. Zapfen (1) mit 5–6 Paar dünnen, abstehenden, sich überlappenden Schuppen. Schuppenb. (2) unterseits weiß gezeichnet, in 4 Reihen. In N.-Amerika ein wichtiger Holzlieferant, in Europa zum Schutz und wegen des Holzes angepflanzt.

a

Bestimmungsschlüssel für die Gattung Juniperus

1 Alle B. nadelförmig; Beerenzapfen achselständig	
2 B. oberseits mit 2 hellen Streifen	*oxycedrus* (S. 27), *drupacea* (S. 27)
2 B. oberseits mit 1 hellem Streifen	*communis* (S. 26)
1 B. meist schuppenförmig, Beerenzapfen endständig	
3 B. mit schmalem Rand; reife Beerenzapfen rötlich	*phoenicea* (S. 28)
3 B. ohne Rand; Beerenzapfen purpurn oder schwärzlich	
4 Reife Beerenzapfen 7–12 mm	*thurifera, foetidissima* (S. 28), *excelsa* (S. 29)
4 Reife Beerenzapfen 4–6 mm	*sabina* (S. 28), *virginiana* (S. 29)

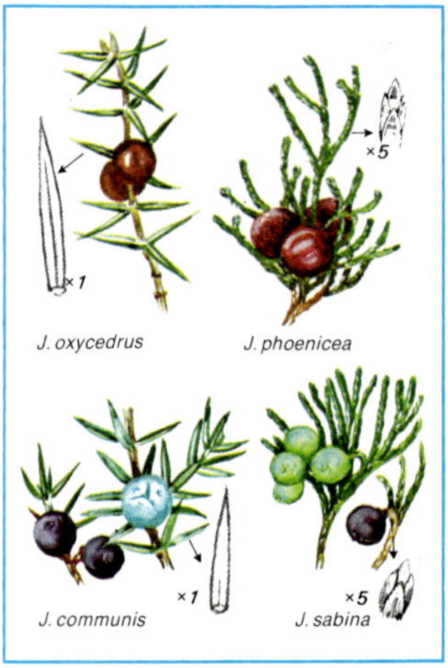

Gemeiner Wacholder
Juniperus communis

Auf der Nordhalbkugel wahrscheinlich die am weitesten verbreitete Holzpflanze. *J. communis* kommt im Gebirge wie im Tiefland, vom hohen Norden bis ins Mittelmeergebiet und von Kanada bis Japan vor. N. scharf zugespitzt, in Wirteln zu 3, mit einem hellen Streifen auf der Oberseite (Innenseite) (S. 27 [1]), unterseits graugrün. ♂ Blüten einzeln (c), zylindrisch, meist auf anderen Indi-

b

c

viduen als die ♀ (Diözie). ♀ Beerenzapfen 6–9 mm, zunächst blaugrün-grün, dann bläulich (2), im zweiten Jahr schwarz; gewöhnlich mit 3 Samen. Der Zwerg-Wacholder, *ssp. nana,* eine niederliegende Form der Gebirge und des Nordens besitzt kleinere, dichtstehende, aufwärts- oder einwärts gekrümmte, oft stumpfe N. Aus den N. und den Früchten (»Wacholderbeeren«) werden aromatische Öle gewonnen.

a

Zeder-Wacholder
Juniperus oxycedrus

*

Strauch oder kleiner Baum mit 2 weißen Streifen auf der Oberseite der N. (3) und 7–15 mm großen rötlichen bis gelblichen reifen Beerenzapfen (4). N. spitz oder stumpf. *J. oxycedrus* ersetzt in einem etwa 100 km breiten Streifen entlang der Mittelmeerküste und auf trokkenen Hügeln häufig den Gemeinen Wacholder.

b

c

Syrischer Wacholder
Juniperus drupacea

In Europa der Wacholder mit den längsten N. und den größten Beerenzapfen. Dichter kegelförmiger Baum mit orangebrauner Rinde. Nadelblätter zu dritt, stachelspitzig, 1–2,5 cm, mit 2 deutlichen weißen Streifen auf der Oberseite. Beerenzapfen überlaufen, braun oder bläulich-schwarz, 2–2,5 cm. Heimat: S.-Griechenland.

d

e

Rotfrüchtiger Sadebaum
Juniperus phoenicea

Strauch oder kleiner Baum mit dünnen Zweigen. Diese sind mit winzigen, dreieckigen, in 4 oder 6 Reihen angeordneten Schuppenb. bedeckt. Schuppenb. deutlich mit schmalem pergamentartigem Rand (S. 26). Reife Beerenzapfen dunkel rötlich, 8–14 mm. Heimat: Mittelmeergebiet; hauptsächlich auf trockenen Hügeln.

a

b

Sadebaum
Juniperus sabina

*

Niedriger, oft kriechender Busch mit unangenehmem Geruch. Schuppenb. den Sprossen dicht anliegend (1). Beerenzapfen (2) 4–6 mm. In den Bergen C.- und S.-Europas. Der Spanische Wacholder. *J. thurifera,* ist ein aufrechter bläulich-grüner Baum in den Bergen Spaniens und Frankreichs. Zweige viereckig, Schuppenb. an der Spitze nicht anliegend (4), Beerenzapfen (3) 7–8 mm.

c

Stinkender Wacholder
Juniperus foetidissima

◇

Durch unregelmäßig angeordnete (nicht zweizeilige) etwa 1 mm dicke, vierkantige Zweige gekennzeichnet. Schuppenb. an der Spitze frei (S. 29 [2]), zerrieben intensiv stinkend. Beerenzapfen 7–12 mm, rötlichbraun, reif bis fast schwarz, mit 1–2 Samen. Heimat: Berge des S.-Balkans; oft mit den folgenden Arten verwechselt.

d

Hoher Wacholder
Juniperus excelsa

Kegelförmiger Baum, im Alter breit und ausladend. Heimat: Balkanhalbinsel und weiter östlich; auf trockenen, steinigen Berghängen. Zweige rundlich, zweizeilig, sehr dünn, mit eiförmigen, spitzen oder stumpfen, am Rücken gefurchten Schuppenb. (1). Beerenzapfen 8 mm, im zweiten Jahr reifend, dunkel purpurn-braun, mit 4–6 Samen.

a

Rote Zeder, Virginischer Wacholder
Juniperus virginiana

↓

Kegelförmiger Baum bis 30 m mit geradem, an der Basis oft deutlich verbreitertem Stamm und rötlichen, in schmalen Streifen abblätternder Rinde. Zweige dünn; Schuppen- und Nadelb. oft gleichzeitig vorhanden. Beerenzapfen violettbraun, 4–6 mm. Am weitesten verbreitete Konifere N.-Amerikas; bisweilen in S.- und C.-Europa angepflanzt.

b

c

Gliederzypresse
Tetraclinis articulata

Seltener, trockenresistenter Baum N.-Afrikas, kommt gerade noch in S.-Spanien und Malta vor. Er hat flache Zweiglein mit 4 Reihen von Schuppenb.. Die holzigen Zapfen besitzen nur 4 Schuppen, nämlich 2 stumpfe und 2 spitze. Schon in biblischer Zeit wegen des sehr wertvollen Holzes bekannt. Das Holz ist unter dem Namen »Sandarak« bekannt.

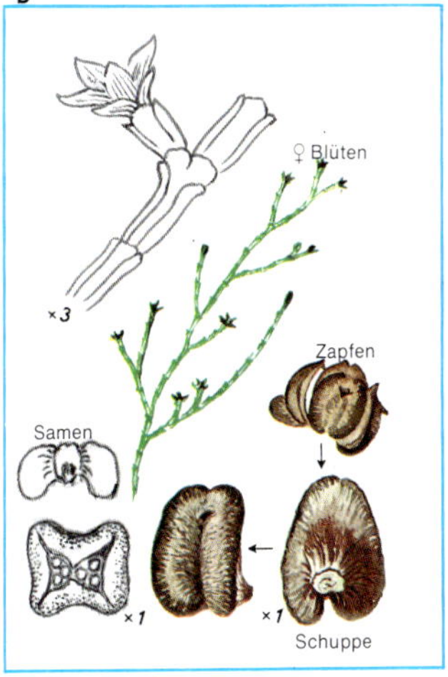

d

EIBENGEWÄCHSE Taxaceae

Von allen übrigen Koniferen sowohl durch die männlichen Blüten (2) zu unterscheiden, deren flache, peltate Schuppen auf der Unterseite 2 Pollensäcke tragen, als auch durch die ♀, einsamigen »Zapfen« (1), die bei der Reife von einem leuchtend roten, fleischigen Arillus umgeben sind. Kleine Familie mit 3 Gattungen und 13 Arten, von denen nur eine in Europa heimisch ist. Die B. sind abgeflacht, breit und nadelförmig und stehen paarweise gegenständig an den Seitenzweigen. Die Nadeln können u. U. mit denen von *Sequoia, Tsuga* oder einiger Tannen verwechselt werden, nicht aber die Zapfen. Alle Teile der Pflanze, mit Ausnahme des Arillus, sind giftig.

Eibe

Taxus baccata

■ ◇ ✳

Düsterer, dunkelgrüner, breit kegelförmiger Baum oder Strauch mit aufsteigenden oder waagerecht abstehenden Ästen und dunkel rötlichem Stamm. B. 1–3 cm, oberseits glänzend dunkelgrün, unterseits heller. In Wäldern und Gebüschen Europas weit verbreitet, nach Osten hin seltener. Man nimmt an, daß Eiben bis 2000 Jahre alt werden können. Viele Zierformen werden kultiviert.

a

b

WEIDENGEWÄCHSE Salicaceae

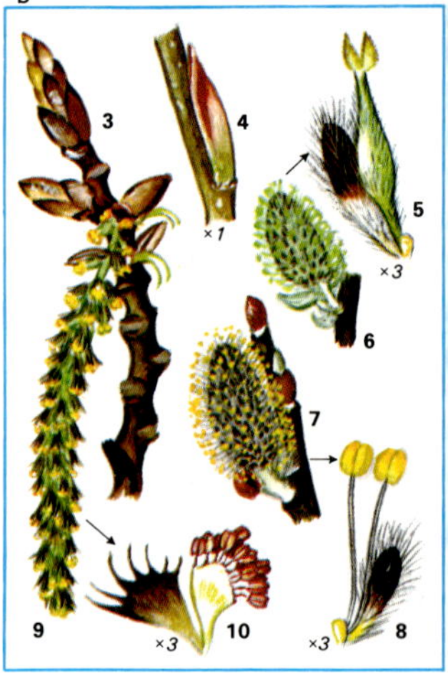

Laubabwerfende Bäume und Sträucher mit eingeschlechtigen Kätzchen auf unterschiedlichen Individuen. Jedes Kätzchen besitzt an einer Achse zahlreiche winzige Bl. in den Achseln papierartiger Tragb.. ♂ Bl. (8), (10) mit 2 oder mehr Staubb.; ♀ Bl. (5) mit einem Fruchtknoten. Frucht trocken, reißt mit 2–4 Klappen auf (S. 33) und entläßt zahlreiche Samen mit weißen Haarbüscheln (S. 33). Die Familie beinhaltet Weiden und Pappeln. Die Weiden haben starre, nektarhaltige Kätzchen (6), (7) und werden von Insekten bestäubt; Knospen mit nur einer Schuppe (4). Pappeln werden vom Wind bestäubt und haben meist lange, hängende Kätzchen (9) und Knospen mit mehreren Schuppen (3). Weiden und Pappeln bastardieren beide sehr leicht, was eine Bestimmung oft erschwert. Von den etwa 350 Arten kommen etwa 70 in Europa vor. Viele Weiden sind Zwergsträucher unter 2 m.

Weiden *(Salix)* – Hauptgruppen

Baum-Weiden	Hohe Bäume, B. glatt, schmal, lanzettlich, gezähnt, Kätzchen erscheinen mit den B., Tragb. bleich.	*alba* (S. 31), *fragilis* (S. 32), *x chrysocoma* (S. 32), *triandra* (S. 33), *pentandra* (S. 33)
Sal-Weiden	Sträucher, selten Bäume. B. gewöhnlich hart, gerunzelt. Kätzchen vor den B. erscheinend; Tragb. mit dunkler Spitze.	*caprea* (S. 33), *cinerea* (S. 34), *phylicifolia* (S. 35), *daphnoides* (S. 35), *atrocinerea* (S. 34)
Korb-Weiden	Sträucher mit langen, biegsamen Zweigen. B. lang, schmal. Kätzchen meist vor den B. erscheinend.	*viminalis* (S. 35), *elaeagnos* (S. 36), *purpurea* (S. 36)

Silber-Weide (a)
Salix alba
Dotter-Weide (b)
S. alba ssp. vitellina

*

Erstere ist ein hoher Baum bis 25 m mit starkem Stamm und ausladenden Ästen. Zweige, Knospen und B. mit silbrigen Haaren, die der Krone ein schimmerndes Aussehen verleihen. B. lang, zugespitzt, fein gezähnt, beiderseits, besonders auf der Unterseite behaart, oberseits bisweilen fast kahl. B.stiele ohne Drüsen. Zweige brechen nicht leicht. Kätzchen erscheinen mit den B.; 2 Staubb.. Oft angepflanzt wegen ihrer biegsamen jungen Zweige (zur Korbherstellung) und des leichten, zähen Holzes. Letztere besitzt hell orangefarbene oder gelbe junge Zweige und dunkelgrüne B.. *Ssp. coerulea* hat matt grünlichblaue B., purpurne Zweige und spitz-kegelförmigen Wuchs.

a

b

Bruch-Weide
Salix fragilis

■ ◇ *

So genannt wegen ihrer mit einem »knack« an der Basis leicht abbrechenden Zweige (1). Großer Baum bis 25 m, ähnlich der Silber-Weide, aber mit größeren, glänzenden, blaugrünen, unterseits wachsigen B.. B. an der Basis der Spreite mit Drüsen (3). Zweige und Knospen (2) werden kahl, glänzend, oft rötlich; Knospen entenschnabelartig. Kätzchen schlank, zylindrisch, zugespitzt, mit den B. erscheinend. Fruchtkapsel gestielt. Die korallenförmigen, im Wasser untergetauchten Wurzeln sind rosa, nicht weiß wie bei der Silber-Weide. Die Tatsache, daß die Zweige leicht abbrechen und sich bewurzeln, ermöglicht dem Baum eine schnelle Ausbreitung flußabwärts. In Europa weit verbreiteter Baum, der leicht mit der Silber-Weide bastardiert; wahrscheinlich die häufigsten und am weitesten verbreiteten Weidenbastarde.

a

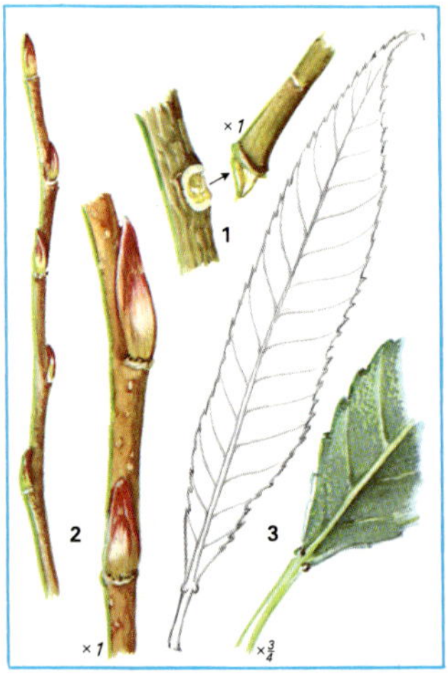

b

c

Trauer-Weide
Salix x chrysocoma

■

Gekennzeichnet durch lange, meist bis auf den Boden herabhängende Zweige. Alte B. kahl. Als Zierbaum weit verbreitet; am häufigsten findet man *x chrysocoma* (Bastard aus Bruch-Weide und Dotter-Weide) mit gelben, hängenden Zweigen und seidigen Haaren. *S. babylonica* (eine andere Trauer-Weide) besitzt braune Zweige.

d

e

Mandel-Weide
Salix triandra

Gekennzeichnet durch schuppige Rinde und schlanke ♂ Kätzchen mit 3 Staubb. pro Bl. (1). B. glänzend, unterseits oft blaugrün, mit ausdauernden Nebenb. (2). Strauch oder kleiner Baum mit grünlichen oder rötlich-braunen Zweigen. In N.-W.-Europa wird oft ein Bastard mit der Korb-Weide, *x mollisima,* zur Korbwarenherstellung angepflanzt.

a

Lorbeer-Weide
Salix pentandra

Strauch oder kleiner Baum in Mooren und Sümpfen ganz Europas. Ihre breit elliptischen, glänzend grünen, klebrigen, duftenden jungen B. sind unverwechselbar. Zweige glänzend, kahl, dunkelbraun, mit helleren, abstehenden Knospen. Kätzchen erscheinen spät zwischen den B.; i. d. R. 5 Staubb..

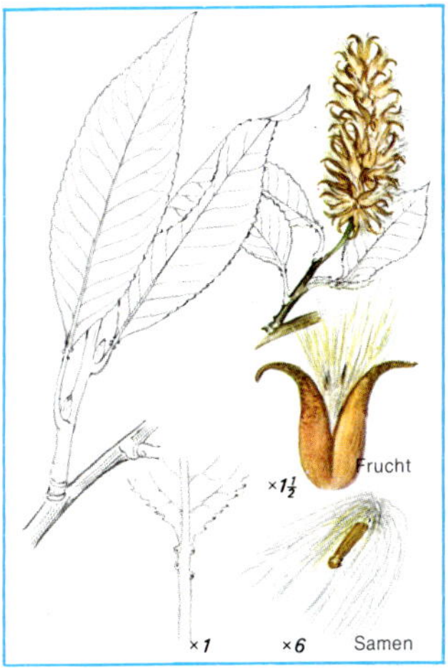

b

Sal-Weide
Salix caprea

Im Unterholz und feuchten Wäldern ganz Europas weit verbreiteter Strauch oder kleiner Baum. B. (3) breiter als die der meisten Weiden; sehr variabel, oft breit eiförmig, oberseits dunkelgrün, unterseits dicht grau wollig behaart, ziemlich ledrig und runzelig. B.rand glatt oder gezähnt; Nerven auf der Unterseite hervortretend; meist große Nebenb.. Junge Zweige grau-haarig; im Winter (4) glänzend, kahl,

c

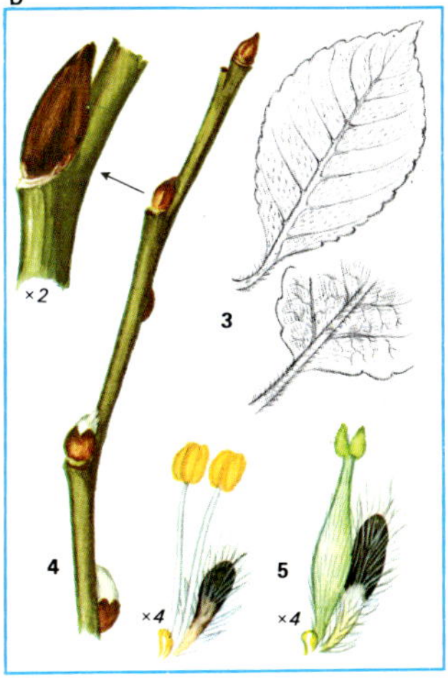

Knospen rötlich, ihre Spitzen vom Zweig abstehend. Rinde zunächst grau und glatt, später rissig und blaß braun. Kätzchen an den kahlen Zweigen sehr auffällig und dekorativ – ♀ grün (h), ♂ gelb (a); Tragb. mit schwarzer Spitze (S. 33[5]). Sal-Weiden bastardieren leicht. Eine Reihe von Sal-Weiden wird über 2 m hoch, ihre Bestimmung erfordert jedoch viel Erfahrung; sie werden daher hier nicht weiter behandelt.

a

b

Aschgraue Weide
Salix cinerea

Strauch bis 6 m, in feuchten Wäldern, Marschen und sumpfigem Gelände, fast in ganz Europa verbreitet. Zweige im Gegensatz zur Sal-Weide auch im Winter samtig behaart und nach Entfernung der Rinde fein gefurcht; B. schmaler, lanzettlich bis verkehrt lanzettlich (1), mit schmaler Spitze oder abgerundet, unterseits dicht grau behaart. Nebenb. ausdauernd. ♂ Kätzchen gelb (2), ♀ grün (3), beide eiförmig, 2,5–3 cm. Die sehr ähnliche *S. atrocinerea*, ein Strauch W.-Europas, besitzt auf der Unterseite der B. einige rostfarbene Haare. Zweige im Winter rötlich, kahl oder schwach behaart. Häufig auf trockeneren Standorten als die Aschgraue Weide. Die beiden Arten bastardieren häufig. Hinweis: Zeichnungen und Photographien stellen *S. atrocinerea* dar.

c

d

e

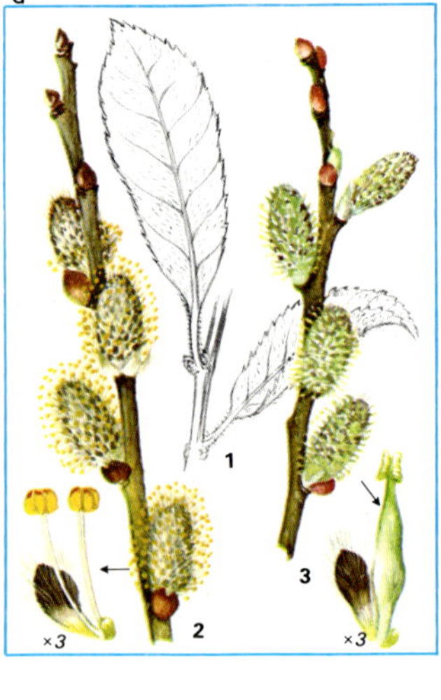

Zweifarbige Weide
Salix phylicifolia

Strauch bis 4 m, mit dunklen, glänzenden Zweigen und ziemlich kleinen eiförmigen bis schmal elliptischen, zugespitzten, oberseits glänzend grünen, unterseits blaugrünen B.. Kätzchen erscheinen mit den B.. Eine der schwer zu bestimmenden Weiden, da sie leicht mit anderen bastardiert. Heimat: N.-Europa und die Gebirge C.-Europas.

a

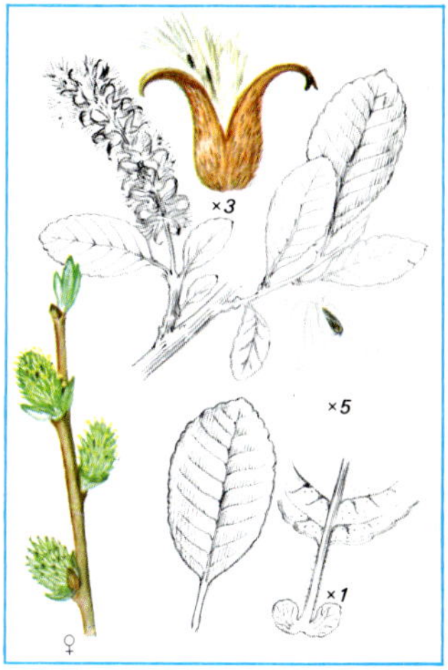

Schimmel-Weide
Salix daphnoides

Gekennzeichnet durch bläulich-purpurfarbene, überlaufene Zweige (im Winter) und prächtige, silbrig-weiße ♂ Kätzchen, die früh im Jahr erscheinen. B. mit drüsigen Zähnen, oberseits glänzend dunkelgrün, unterseits blaugrün. Strauch oder kleiner Baum bis 10 m. Heimat: Skandinavien; in C.- und O.-Europa häufig angepflanzt.

b

Korb-Weide
Salix viminalis

✳

Ihre schmalen, oberseits dunkelgrün, unterseits glitzernd seidenhaarigen B. sind unverwechselbar. B.spreite etwa 1,5 cm breit, mit umgerollten Rändern. Zweige lang, gerade, biegsam, jung filzig behaart. Strauch C.- und W.-Europas; oft wegen der Zweige angepflanzt, die jährlich geschnitten werden und zur Herstellung von Korbwaren dienen.

c

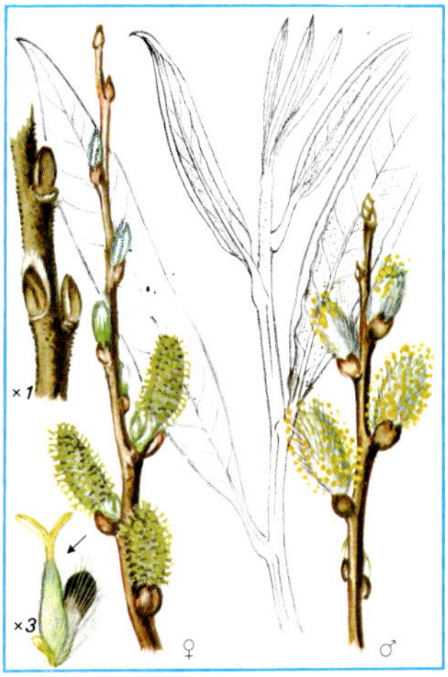

Lavendel-Weide
Salix elaeagnos

Die Weide mit den zierlichsten und schlanksten B.. Wie die Korb-Weide besitzt sie unterseits filzig behaarte B. mit umgerolltem Rand; junge Zweige grau, behaart, Kätzchen lang, schmal, gebogen, mit den jungen B. erscheinend. Vorkommen: Flußbette und Ufer in C.-Europa.

a

b

Purpur-Weide
Salix purpurea

Schlanker Strauch mit glänzenden, gewöhnlich purpurfarbenen jungen Zweigen und schmalen, blaugrünen, kahlen, an der Spitze der Zweige oft gegenständigen B.. ♂ Kätzchen mit schwarzen Tragb., silberigen Haaren und roten Antheren; Staubb. verwachsen, scheinbar nur 1. Heimat: C.- und S.-Europa; zur Korbherstellung verwendet. Bastardiert häufig mit der Korb-Weide.

c

Pappeln — Populus

Von den Weiden durch die breiteren B., die sich im Wind leicht bewegen, die mehrschuppigen Knospen (1) und die gezähnten oder zerschlitzten Tragb. der Bl. unterschieden (Knospen der Weiden einschuppig, Tragb. ganzrandig). Wie die Weiden bastardieren die Pappeln leicht und viele Hybriden, besonders zwischen *P. nigra* und *P. deltoides,* werden angebaut, da sie oft schneller wachsen und eine höhere Massenleistung erbringen als ihre Eltern. Pappeln und Weiden wachsen gerne auf feuchten Standorten mit hohem Grundwasserstand, Pappeln bevorzugen allerdings Böden ohne stauende Nässe, die nur von Zeit zu Zeit überflutet werden.

Bestimmungsschlüssel für die Pappeln *(Populus)*

1 B. an langen, unterseits dicht wolligen Trieben	**Silber-Pappel** (S. 37) **Grau-Pappel** (S. 38)
1 B. an langen, nicht wollig behaarten Trieben	
2 B. ohne schmalen, durchscheinenden Rand	
3 B.stiel abgeflacht	**Zitterpappel** (S. 38)
3 B.stiel im Querschnitt rund	*gileadensis, simonii* (S. 40/41)
2 B. mit schmalem, durchscheinendem Rand	
4 B. ohne bewimperten Rand, Stamm mit Buckeln	**Schwarz-Pappel,** *Italica, x berolinensis* (S. 39)
4 B.rand fein bewimpert (siehe S. 34); Stamm ohne Buckel	*deltoides* (S. 40), *Regenerata* (S. 40), *Serotina* (S. 40b)

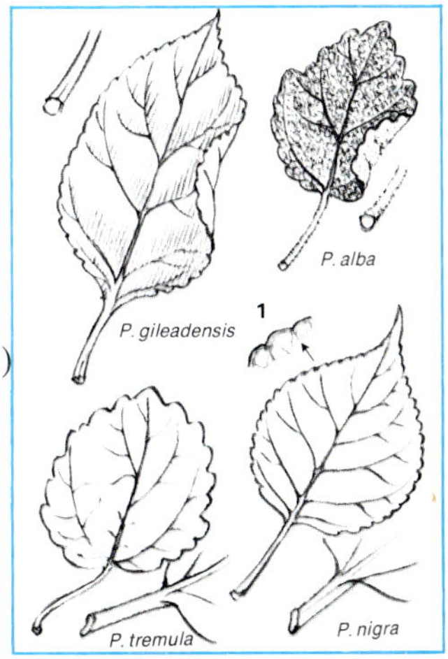

Silber-Pappel
Populus alba

◇ ∗

Hoher, meist etwas schräg stehender Baum bis 30 m, mit weißlich-grauer Krone und unterseits rein weißen B.. Die oberen B. (2) 3–5 lappig, zunächst ganz weiß, dann oberseits glänzend dunkelgrün. Untere B. (4) eiförmig, seicht gelappt, mit abgeflachten B.stielen; B. der Schößlinge tief gelappt. Junge Knospen und Zweige weiß behaart, später blaß braun (3). Rinde zunächst weiß oder grau mit deutlichen Korkwarzen, später schwarz und gefurcht. ♂ Kätzchen, groß, rot, weichhaarig, erscheinen vor den B., ♀ grünlich gelb. Im größten Teil Europas heimisch und häufig wegen des Holzes, zur Zier und an der Küste auch zum Schutz angepflanzt. Pappeln sind sehr schnellwüchsig und können schon nach 30 Jahren genutzt werden. Das Holz ist leicht und porös.

a

b

c

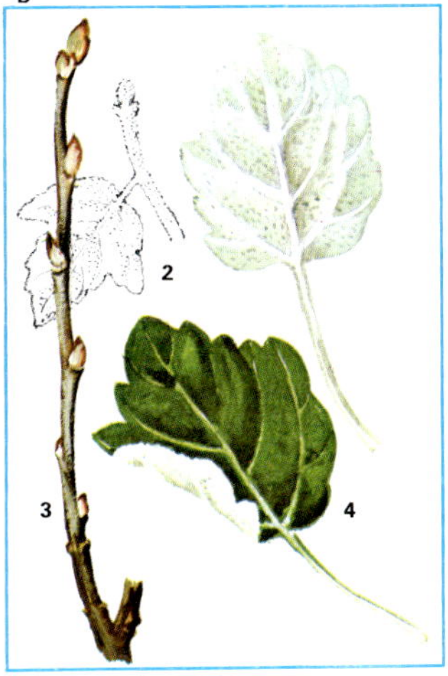

Grau-Pappel
Populus canescens

Ähnlich der Silber-Pappel, aber stattlicher, mit dichter, grauer Behaarung auf der Unterseite der B. und Zweige. Obere B. (2) mit unregelmäßigen Zähnen, nicht gelappt, bald kahl und oberseits glänzend. B. an den Kurztrieben rundlich wie bei der Espe. Tragb. der Bl. (1) mit schlank ausgezogenen Zähnen (bei der Silber-Pappel breit und seicht). Großer Baum bis 35 m, im oberen Stammbereich silbrig-grau mit linear angeordneten, rautenförmigen Korkwarzen, Stammbasis dunkelbraun bis schwärzlich, stark rissig. Schößlinge bildender Baum in feuchten Wäldern und in Wassernähe; in weiten Teilen S.-, C.- und W.-Europas anzutreffen; oft als Zierbaum und in Meeresnähe zum Schutz angepflanzt.

a

b

c

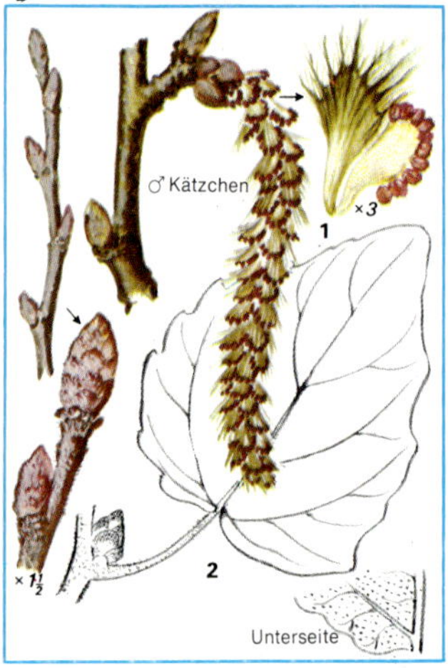

Zitter-Pappel, Espe
Populus tremula

Die in Europa am weitesten verbreitete Pappel, von allen anderen an ihren meist rundlichen bis ovalen B. mit gewelltem Rand zu unterscheiden (S. 39 [2]). Die abgeflachten B.stiele ermöglichen die typischen zitternden Bewegungen der Spreiten im Wind. B. der Schößlinge (S. 39 [1]) dreieckig-herzförmig, grau behaart; obere B. bald kahl. Rinde glatt, an jungen Trieben und im obe-

d

e

ren Stammbereich hellgrau, an alten Stämmen dunkelgrau und rauh. Knospen klebrig und zugespitzt, Endknospen etwas dreikantig. ♂ Kätzchen rötlichgrau und im jungen Stadium seidig, glänzend (S. 38d). ♀ Kätzchen grün, seidig behaart. Vorkommen: vom Polarkreis bis in die Gletscherregion der Alpen; sie hilft auf Schuttfeldern von Bergen, an Ufern und auf Flußschottern den Boden zu festigen.

a

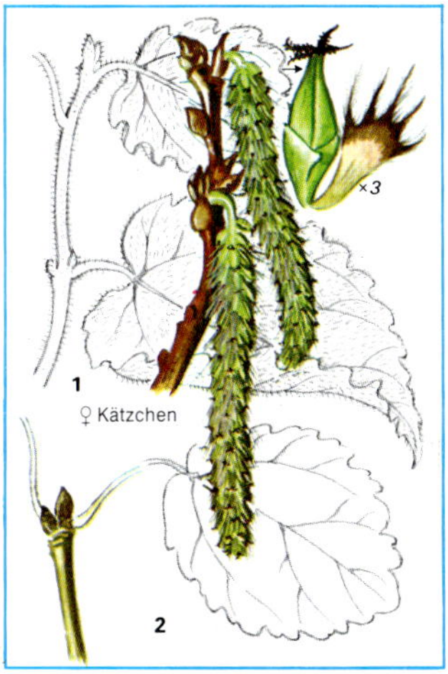

Schwarz-Pappel
Populus nigra

Die echte Schwarz-Pappel ist oft an den auffälligen, runden Beulen am Stamm zu erkennen. Sie wächst zu einem wohlproportionierten Baum bis 30 m Höhe heran und besitzt einen kurzen Stamm. Ihre aufsteigenden Äste bilden eine breite Krone. B. rautenförmig bis oval, lang zugespitzt, mit sägezähnigem Rand und durchscheinender Kante (3), kahl und ohne Drüsen an der Basis. Rinde hellbraun und rissiger als bei den meisten anderen Pappeln. Fruchtende Kätzchen (b) 10–15 cm; Tragb. kahl, daher junge Kätzchen nicht flaumig. Die Pyramiden-Pappel, *Italica,* besitzt einen charakteristischen, schlanken, fast säulenförmigen Wuchs (d). Andere schlanke Formen umfassen *P. x berolinensis,* die durch runde B.stiele gekennzeichnet ist. Viele Hybriden zwischen *P. nigra* und *P. deltoides,* bekannt als *P. x. canadensis* (S. 40a) werden in C.- und S.-Europa zur Holzgewinnung angebaut. Zwei häufig angebaute Formen

b

c

d

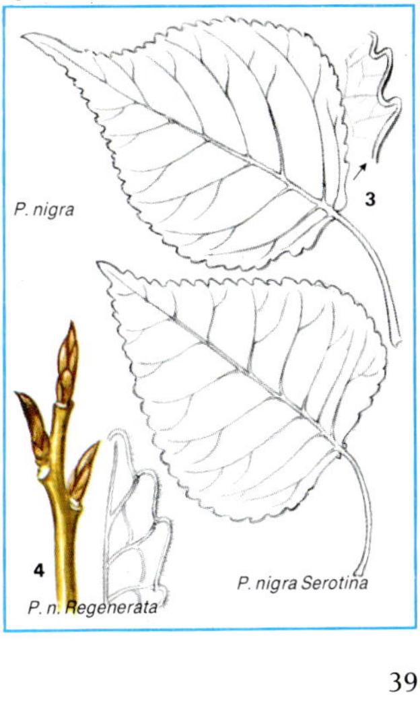

sind die Spät-Pappel, *Serotina* (S. 40b), mit bronzefarbenen jungen B. und kahlen, gelblichen Zweigen (nur ♂ Individuen) und die Regenerata-Pappel, *Regenerata,* mit hellbraunen jungen B., die vor denen von *Serotina* erscheinen. Ihre Knospen sind auswärts gekrümmt (S. 39 [4]), die B.ränder bewimpert wie bei *Serotina.*

a

b

Kanadische Schwarz-Pappel
Populus deltoides

↓

Amerikanische Pappel, Elter vieler in Europa zur Holzgewinnung angebauter Kulturpappeln. Gekennzeichnet durch große, oval-dreieckige B.spreiten, 10–18 cm, mit dicht bewimpertem Rand und Drüsen an der Basis der Spreite. Zweige oft deutlich kantig. Staubb. 30–60 pro Bl.. In C.-Europa als Straßenbaum und wegen des Holzes angepflanzt.

c

d

Balsam-Pappel
Populus gileadensis

↓

Sehr schnellwüchsiger Baum mit klebrigen, besonders im Frühjahr nach Balsam duftenden Knospen. B. gelblich-grün, dreieckig-eiförmig, zugespitzt, mit durchscheinendem, bewimpertem Rand, auf den Nerven der B.unterseite dicht behaart. Zweige kräftig, kantig. Bildet Schößlinge. Wegen des Holzes angepflanzt, gelegentlich eingebürgert.

e

Chinesische Pappel
Populus simonii

Heimat: China; gelegentlich zur Holzgewinnung in C.-Europa angepflanzt. Kleiner, hübscher, schmalkroniger Baum mit schlanken, hängenden Ästen und hellgrünen B.. Zweige rotbraun, kahl; B. klein, 4–12 cm, rautenförmig, kahl; B.stiel kurz, rund.

a

b

WALNUSSGEWÄCHSE Juglandaceae

Etwa 60 laubabwerfende Baumarten mit großen, gefiederten B.. Kätzchen eingeschlechtig; ♂ hängend mit vielen winzigen Bl. aus Brakteen und 3–40 Staubb.; ♀ Bl. in einem ungestielten Bl.stand, mit 2–3 Fruchtknoten und großen, fleischigen Narben. Frucht eine etwas fleischige Steinfrucht oder eine Nuß. Drei Arten, Walnuß, Hickory und Flügelnuß sind in Europa anzutreffen; heimisch ist nur die Echte Walnuß. Sie ist gekennzeichnet durch einzeln stehende Kätzchen, gekammertes Mark in den Zweigen, aromatische B. und große Früchte. Bei den Hickory-Arten stehen die ♂ Kätzchen zu 3 oder mehreren in Bl.ständen, das Mark ist ungekammert, die B. sind nicht aromatisch, die Früchte öffnen sich. Flügelnüsse besitzen geflügelte Früchte, Knospen ohne Schuppen, gekammertes Mark und keine aromatischen B..

Echte Walnuß
Juglans regia

In den Bergwäldern der Balkanhalbinsel beheimatet, jedoch schon so lange in anderen Teilen Europas angepflanzt und eingebürgert, daß das ursprüngliche Verbreitungsgebiet heute unklar ist. Prächtiger Baum bis 30 m, mit breiter Krone, hellgrünem, glänzendem Laub und silberig-grauer, im Alter tief rissiger Rinde. B. mit 7–9 großen, verkehrt-eiförmigen, B.fiedern, jede 6–15 cm

c

d

lang, kahl, zerrieben stark duftend. Frucht groß, kugelig, 4–5 cm; die äußeren, fleischigen, grünen Teile werden schwarz, zerfallen und geben die tief gerunzelte, harte Schale frei. In ihr befindet sich der eßbare Samen, ein schmackhaftes und nicht unbedeutendes Nahrungsmittel. Das Holz ist wertvoll, schön gemasert, fest, dauerhaft und sehr gefragt.

a

Schwarz-Nuß
Juglans nigra

Heimat: N.-Amerika; kenntlich an seiner dunkel bräunlichen, tief rissigen Rinde und den großen, gefiederten B.. B.fiedern 15–23, oval, lang zugespitzt, unregelmäßig gezähnt, unterseits drüsig und behaart, 6–12 cm lang. Frucht 3,5–5 cm, behaart; Stein stark gerunzelt, nicht aufspringend. In Teilen von C.- und O.-Europa wegen des Holzes angepflanzt.

b

c

Bitter-Nuß (d)
Carya cordiformis
Königs-Nuß (e)
Carya laciniosa

Diese beiden Hickory-Arten und einige andere aus N.-Amerika werden bisweilen in C.-Europa wegen des Holzes angepflanzt. Kennzeichen: gefiederte B., ♂ Bl.stände zu drei und mehreren, kleine rundliche Früchte mit trockener Schale, die der Länge nach aufspringt und den Samen entläßt (S. 41).

d

e

Kaukasische Flügel-Nuß
Pterocarya fraxinifolia

Heimat: Kaukasus und Persien; bisweilen in Europa wegen des Holzes angepflanzt, auf feuchten Standorten. B. groß, gefiedert, mit 11–20 Paar scharf gezähnten, sich überlappenden B.fiedern. Fruchtende Kätzchen unverwechselbar, lang, hängend, grün, mit vielen geflügelten Früchten (S. 41). Stamm matt, grau; Knospen nackt; durch Schößlinge oft Dickichtbildung.

a

b

BIRKENGEWÄCHSE Betulaceae

Laubabwerfende Bäume und Sträucher mit ♂ und ♀ Kätzchen auf denselben Pflanzen, oft vor dem Laubaustrieb blühend. ♂ Kätzchen hängend, mit vielen winzigen Bl., je 3 von Brakteen umhüllt; ♀ aufrecht. Fruchtende Kätzchen zylindrisch, meist hängend, zapfenähnlich; Früchte geflügelt. Kleine Familie mit etwa 70 Arten, überwiegend auf der Nordhalbkugel verbreitet; 6 Arten über 2 m aus 2 Gattungen sind in Europa heimisch. Birken besitzen eine meist helle Rinde, zerfallende ♀ Kätzchen und 3-lappige Brakteen, Erlen eine dunkle Rinde und nicht zerfallende, verholzte, zapfenförmige ♀ Kätzchen.

Hänge-Birke
Betula pendula

Anmutiger Baum bis 30 m, im größten Teil Europas anzutreffen, mit weißer Rinde und i. d. R. langen, schlanken, herabhängenden Zweigen. Kenntlich an den grob doppelt gezähnten B.rändern (1), den kahlen, oft warzigen Zweigen (3) und den kahlen Früchten. Winterknospen klebrig, kegelförmig (3). ♀ Kätzchen zunächst schlank und aufrecht, später hängend (2), entlassen zuletzt die geflü-

c

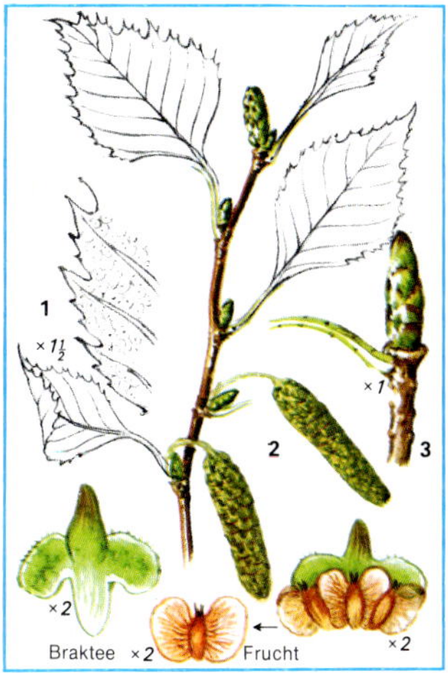

gelten Früchte und die 3-lappigen Brakteen. ♂ Kätzchen (b) hängend, mit den jungen B. erscheinend. Kugeliger Baum, oft Pionierholzart auf sandigen, nährstoffarmen, sauren Böden. Schnelle Ausbreitung durch die geflügelten Früchte. Verträgt keinen Schatten und wird ggf. von größeren, längerlebigen Bäumen wie Eichen oder Kiefern erstickt. Häufig zur Bodenverbesserung angepflanzt.

a

b

Moor-Birke
Betula pubescens

Der Hänge-Birke sehr ähnlich und oft mit ihr bastardierend. Unterscheidungsmerkmale: einfach gezähnter B.rand (1), i. d. R. behaarte junge Triebe ohne Warzen (2) und sehr fein behaarte Früchte. Kleiner, variabler, mehr aufrechter Baum bis 20 m, mit ausladenden Ästen und mehr grauer oder bräunlicher Rinde. Auf armen, sauren Böden in N.- und C.-Europa.

c

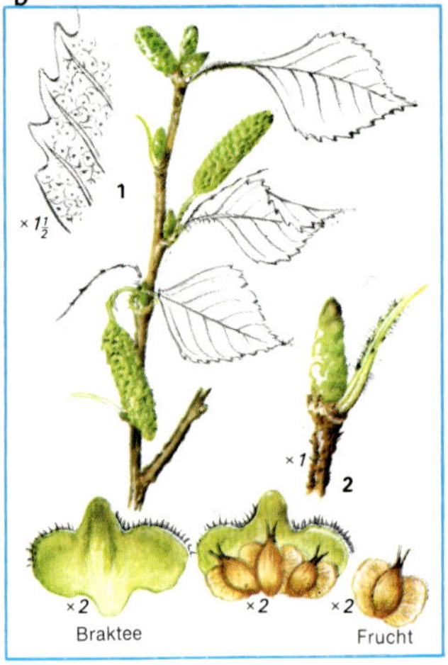

Schwarz-Erle, Rot-Erle
Alnus glutinosa

◇ ∗

Pyramidenförmiger Baum bis 20 m und höher oder als Gebüsch an Rändern von Wasserläufen oder auf nassen Standorten. Während des ganzen Jahres an den kleinen, gehäuften, dunklen, eiförmigen »Zapfen« (S. 45 [1]) zu erkennen. Die rötlich-gelben, hängenden, ♂ Kätzchen erscheinen im Frühjahr – überragt von mehreren, sehr kleinen, rötlichen ♀ »Zapfen« – an den noch kah-

d

e

len Zweigen, zusammen mit den »Zapfen« des Vorjahres. Knospen gestielt, wie die jungen Triebe klebrig. B. kahl, vorne eingekerbt, mit keilförmiger Basis und doppelt gezähntem Rand. Rinde dunkelbraun, rissig. In ganz Europa mit Ausnahme des äußersten Nordens und Südens anzutreffen. Das Holz ist weich, unter Wasser jedoch sehr dauerhaft; die Rinde ist reich an Gerbstoffen. Wertvoller Baum zur Uferbefestigung an Flüssen und Seen.

a

Grau-Erle
Alnus incana

In Europa weit verbreitet. B. und junge Triebe unterseits silberig-grau behaart. B. scharf zugespitzt, auffällig gezähnt, mit 7–12 Paar Seitennerven (5–8 bei der Schwarz-Erle). Knospen nicht klebrig. Reife »Zapfen« 11–17 mm, eiförmig bis rundlich. Rinde glatt, grau oder gelblich. Kleiner bachbegleitender Baum oder Strauch, meist nicht höher als 10 m, auf Niederterrassen und in Bergtälern; bildet ausgiebig Schößlinge. Häufig zur Bodenbefestigung in überschwemmungsgefährdeten Gebieten, auf Gletscherschutt, aber auch auf Grubenhalden usw. angepflanzt. Grau-Erle und Schwarz-Erle bilden, wo sie gemeinsam vorkommen, Bastarde.

b

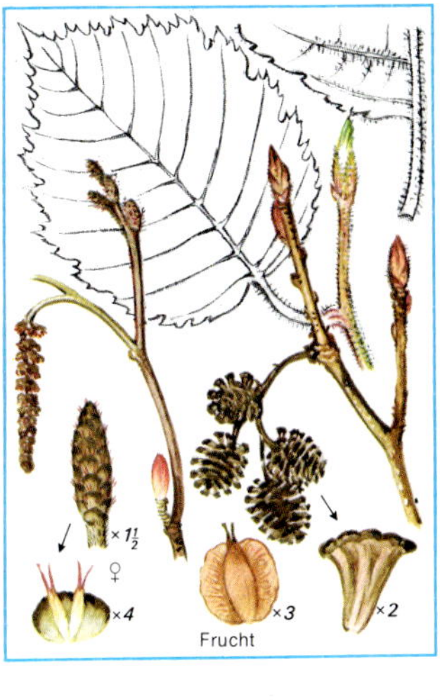

c

Hasel-Erle

Alnus rugosa (serrulata)

Nordamerikanischer Strauch oder kleiner Baum, in C.-Europa häufig angepflanzt und eingebürgert. B. mit regelmäßig, fein gezähntem Rand und rotbrauner Behaarung auf der Unterseite (1), zumindest in den Achseln der Nerven. Junge Zweige rötlich-braun, im jungen Zustand behaart und klebrig. »Zapfen« zu 4–10.

a

Herzblättrige Erle

Alnus cordata

Stattlicher, pyramidenförmiger Baum bis 15 m, mit glatter Rinde und den größten »Zapfen« (1,5–3 cm) aller Erlen, zu 1–4 beieinander. B. glänzend dunkelgrün, unterseits heller, rundlich-herzförmig, fein gezähnt, kahl oder mit Haarbüscheln in den Achseln der Nerven. Knospen und Zweige klebrig. Heimat: S.-Italien und Korsika; Gebüsche auf feuchten Standorten.

b

c

Grün-Erle

Alnus viridis

Gewöhnlich ein kleiner Strauch bis 2,5 m, in den Gebirgen C.- und S. O.-Europas Gebüsche bildend. Abweichend von anderen Erlen blühen die Kätzchen, wenn die B. erscheinen. Knospen ungestielt (2). Zweige kahl, B. unterschiedlich stumpf oder spitz, unterseits kahl oder behaart, jung klebrig. »Zapfen« zu 3–5 beieinander.

d

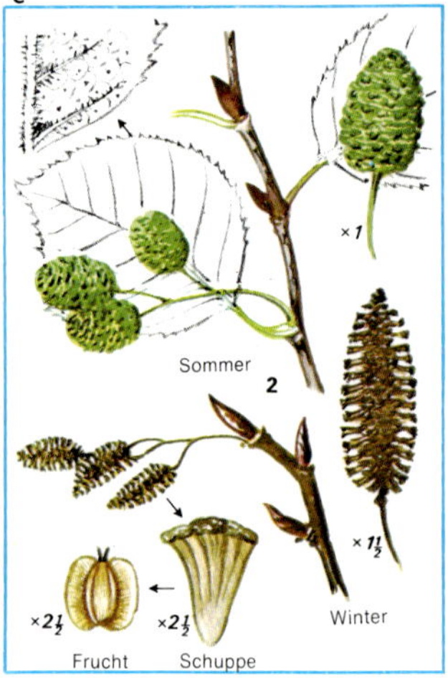

HASELNUSSGEWÄCHSE **Corylaceae**

Kleine Familie mit etwa 50 Arten laubabwerfender Bäume und Sträucher, mit Bl.kätzchen und Nüssen, die ganz oder teilweise von grünlichen, papierartigen Hoch- bzw. Tragb. (Brakteen) umhüllt sind. In Europa gibt es 6 heimische Arten. ♂ Kätzchen (1) hängend mit je einer winzigen Bl. pro Tragb., ♀ Bl. paarig in den Achseln der Tragb. Die 3 europäischen Gattungen sind an den Früchten zu unterscheiden. Die Hasel besitzt große Nüsse, die von einer blattartigen, gezähnten Fruchthülle teilweise umgeben sind, die Hainbuche Kätzchen kleiner Nüsse (b) mit je einem längeren, dreilappigen oder gezähnten Tragb. (2) und die Hopfenbuche hopfenähnliche Kätzchen mit kleinen Nüssen, in einer sackartigen Hülle (3).

Hainbuche, Weißbuche
Carpinus betulus

◇ *

Weit verbreitete europäische Baumart mit typischem, glattem, grauem, längswulstigem, »spannrückigem« Stamm. Bis 25 m mit rundlicher Krone, aufsteigenden an der Spitze überhängenden Ästen; läßt sich wegen ihres enormen Austriebsvermögens gut beschneiden und als Hecke verwenden. Frucht in typischen, hängenden, 5–15 cm langen Fruchtständen (b). Jede der großen, dreilappigen, blattartigen Brakteen mit einer kleinen, harten, gerippten Nuß (4). Zweige, B. und Rinde können mit denen der Buche verwechselt werden, die Knospen (5) sind jedoch kürzer und am Zweig anliegend, die B. doppelt gezähnt. Das Holz ist ausdauernd und hart. Ein Baum mit hübscher Herbstfärbung, der auch als Hecke angepflanzt wird.

a

b

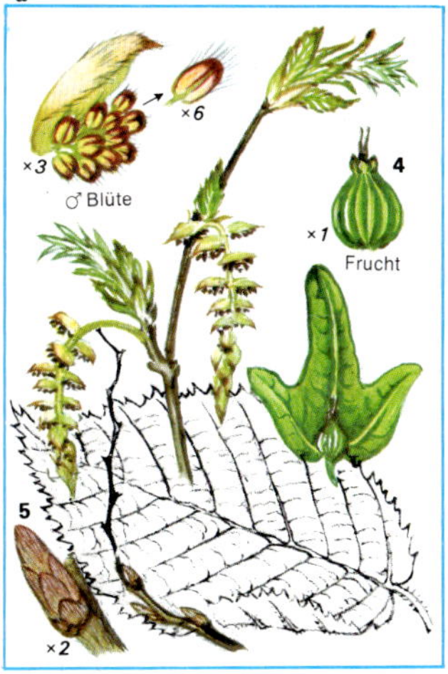

c

Orientalische Hainbuche

Carpinus orientalis

Strauch oder kleiner Baum der Bergländer der Balkanhalbinsel, westlich bis Italien und Sizilien. Von der Hainbuche am leichtesten durch die kleineren, 3–5 cm langen Fruchtstände zu unterscheiden. Sie besitzen dunkelgrüne, unregelmäßig gezähnte, etwa 2 cm lange, dreieckig-ovale Brakteen. B. kleiner, 2,5–6 cm, doppelt gezähnt.

Hopfenbuche

Ostrya carpinifolia

◇

Mittelgroßer, laubabwerfender Baum mit schlanken Ästen, an der Frucht leicht zu erkennen (3). Fruchtende Kätzchen eiförmig, hängend, in Größe und Aussehen dem Hopfen ähnlich (daher auch der Name). Einzelne Nüsse sind in papierartiger Fruchthülle eingeschlossen (2). Die dicken, sehr langen ♂ Bl.kätzchen entlassen den Pollen im Frühling, wenn die B. gerade zu erscheinen beginnen; die ♀ Bl. sind unauffällig, endständig und aufrecht. Die B. erinnern an die der Hainbuche, sind doppelt gezähnt, die Zähne jedoch schärfer. Junge B. oberseits im Gegensatz zur Hainbuche behaart. Zweige behaart; Knospen spindelförmig (1). Stamm braun, längsrissig. Heimat: S.-Europa, von Frankreich nach Osten; in Gebüschen, hauptsächlich in hügeligen Gebieten der Küste und des Landesinneren.

a

b

c

d

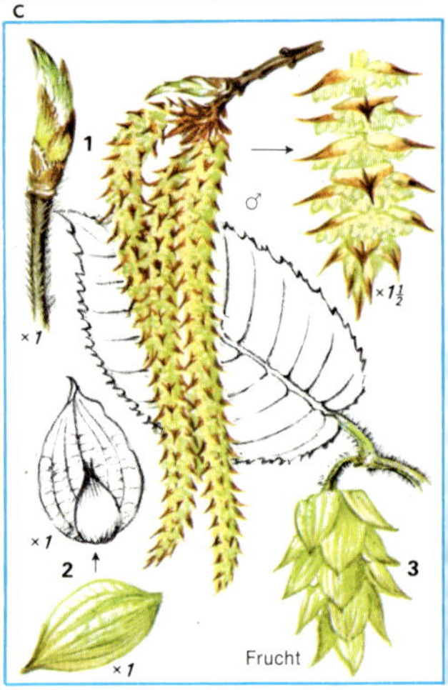

Hasel
Corylus avellana

Bekannter, weit verbreiteter, laubabwerfender Strauch bis 6 m, in Wäldern und Gebüschen ganz Europas vorkommend. Die Fruchtstände mit den großen braunen Nüssen sind unverwechselbar. Jede Nuß ist von tief geschlitzten, grünen Brakteen fast völlig eingehüllt. B. rundlich, lang zugespitzt, mit doppelt gezähntem Rand und oft seicht gelappt. B.stiel mit Drüsenhaaren. Zweige dicht mit steifen, rötlichen Drüsenhaaren besetzt; Knospen stumpf und etwas zusammengedrückt. ♂ Kätzchen erscheinen im Herbst, strecken sich und entlassen die Pollen aber erst während der ersten milden Tage des nächsten Jahres. Die ♀ Kätzchen (1) sind knospenähnlich, erscheinen im Frühjahr und sind an den roten Narben zu erkennen. Meist ausladender Strauch; die biegsamen Zweige eignen sich für Flechtarbeiten. Die Nüsse sind eßbar und nahrhaft.

a

b

c

Baumhasel (d)
Corylus colurna
Lambertsnuß (e)
Corylus maxima

Heimat: Balkan. Nüsse von den Brakteen völlig eingehüllt. Fruchthülle der Baumhasel ist in lange, schmale, gezähnte Zipfel geteilt; Nebenb. lang zugespitzt. Die Lambertsnuß hat eine röhrenförmige Fruchthülle mit gezähntem Rand, die über der Nuß enger wird. *C. maxima* wird wegen der Nüsse in großem Umfang angebaut.

d

e

BUCHENGEWÄCHSE Fagaceae

Die laubabwerfenden und immergrünen Arten dieser wichtigen Familie sind die vorherrschenden Waldbildner der sommergrünen Laubwälder der gemäßigten Breiten. Ursprünglich bedeckten Eichen- und Buchenwälder weite Teile Mitteleuropas. Neben den Kätzchen als Bl.stände weisen die Fagaceae charakteristische Früchte auf. Dabei handelt es sich um Nüsse, die von einer Cupula ± umschlossen werden. In Europa sind 3 Gattungen beheimatet. Bei der Buche und der Edelkastanie sind je 2 bzw. 3 Nüsse in einer zähen, stacheligen, sich später öffnenden Hülle eingeschlossen. Bei den Eichen umgibt die Cupula becherförmig nur jeweils eine Nuß, die Eichel. Die Familie der Fagaceae umfaßt etwa 600 Arten, von denen 27, in erster Linie Eichen, in Europa natürlich vorkommen.

Buche, Rotbuche
Fagus sylvatica

◇ *

Unverwechselbarer, großer Baum bis 30 m, mit glattem, metallgrauem Stamm, glänzenden B., spindelförmigen Knospen und dreikantigen Nüssen (Buchecker). Wichtiger Waldbaum, häufig in Reinbeständen, unter deren Kronendach nur wenige krautige Pflanzen gedeihen. Wächst auf leichten Böden im Tiefland, im Gebirge bis unter die Nadelwaldregion. Die Buche kommt von Spanien bis Griechenland natürlich vor und reicht mit ihrem Verbreitungsgebiet bis S.-Skandinavien. B. oval, seidig behaart, mit 5–8 Paar Seitennerven. Bl.kätzchen erscheinen mit den B. (3), die ♂ zahlreich, hängend; die ♀ (1) unscheinbar. Die Nüsse sind eßbar, die sie umgebende Hülle holzig mit schlanken, spitzen Fortsätzen, öffnet sich bei der Reife mit 4 Klappen. Die bronzene Herbstfärbung und das zartgrüne Laub im Frühling machen sie zu einer der schönsten Baumarten Europas.

a

b

c

Orientalische Buche
Fagus orientalis

Diese Art tritt in den Bergen O.-Griechenlands, Rumäniens und Bulgariens an die Stelle der Rotbuche. Der Rotbuche sehr ähnlich, aber mit breiteren und größeren B., 9–12 cm, mit 8–12 Paar Seitennerven. Fortsätze der Cupula stumpf, lineal-länglich, die basalen löffelförmig. Bäume mit intermediären Merkmalen findet man in den mittleren und westlichen Teilen des Balkans.

Edelkastanie, Eßkastanie, Echte Kastanie
Castanea sativa

Baum bis 30 m, mit längsrissiger, oft spiralig verlaufender Rinde, großen gesägten B. und äußerst stacheliger Fruchthülle. In S.-O.-Europa beheimatet wird sie wegen ihrer schmackhaften Früchte (Maronen) weit über ihr natürliches Verbreitungsgebiet hinaus angebaut. Nach Großbritannien gelangte die Edelkastanie wahrscheinlich durch die Römer. Die großen, glänzenden, 10–25 cm langen B. mit den hervortretenden Seitennerven und der stachelspitzigen Zähnung sind leicht zu erkennen. Eine Besonderheit ist der späte Blühtermin im Sommer. Die ährenähnl. Bl.stände erscheinen lange nachdem die B. schon voll ausgebildet sind. Sie stehen aufrecht, tragen zur Spitze hin die ♂ (1), an der Basis ♀ Bl., die von Insekten bestäubt werden. Die glänzenden Früchte werden frei, wenn die äußere stachelige Fruchthülle sich öffnet. Das Holz ist hart und dauerhaft.

a

b

c

d

e

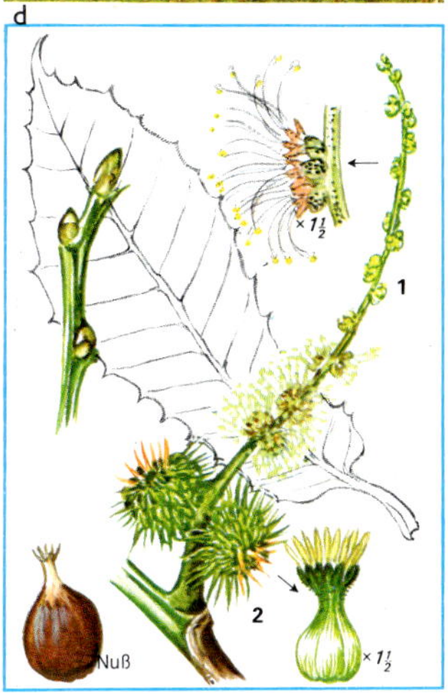

Bestimmungsschlüssel für die Eichen *(Quercus)*

1 B. immergrün und ledrig (1) oder teilweise immergrün (2) und den Winter über am Baume hängend.	*ilex* (S. 52), *suber, rotundifolia* (S. 53), *coccifera* (S. 54), *canariensis, faginea* (S. 59); siehe auch *trojana, macrolepis* (S. 55)
1 B. sommergrün.	
2 Früchte im 2. Jahr reifend, an kahlen Zweigteilen (6)	
3 Schuppen der Cupula abstehend oder umgebogen (3)	*trojana, macrolepis, cerris* (S. 55)
3 Schuppen der Cupula eng anliegend (4)	*rubra, palustris* (S. 56)
2 Früchte reifen im 1. Jahr, zwischen den B. (5) (7)	
4 Früchte lang gestielt (5); Schuppen der Cupula verwachsen	*robur, pedunculiflora* (S. 57)
4 Früchte nicht oder sehr kurz gestielt (7); Schuppen der Cupula nicht verwachsen	
5 Jüngste Triebe wollig behaart, B.stiele nicht rinnig	*frainetto, pyrenaica* (S. 59), *pubescens* (S. 58), *virgiliana* (S. 60)
5 Jüngste Triebe kahl oder glänzend seidenhaarig, Blattstiele rinnig	*petraea* (S. 57), *polycarpa* (S. 59), *dalechampii* (S. 58)

Zu erwähnen sind folgende Arten mit kleinerem Verbreitungsgebiet: *Q. brachyphylla,* Griechenland, Kreta; *Q. congesta,* Frankreich, Sizilien, Sardinien; *Q. frucicosa,* Portugal, Spanien; *Q. hartwissiana,* Bulgarien, Türkei, *Q. infectoria,* N.-Griechenland, Türkei, *Q. mas,* Frankreich, Spanien, *Q. sicula,* Sizilien.

Stein-Eiche
Quercus ilex

◇ *

Von allen europäischen immergrünen Eichen am weitesten verbreitet. Hinweis auf typisches Mittelmeerklima mit trockenen, heißen Sommern und Niederschlägen von Herbst bis Frühjahr, jedoch als Schmuck- oder Schutzgehölz weiter nördlich angepflanzt. Zu erkennen an den unterseits grau-filzigen ausgewachsenen B. (8) und den grau-filzigen jungen Zweigen. B. der Schöß-

a

linge (10) stachelig, denen der Stechpalme sehr ähnlich, unterseits grün.
Bl.kätzchen (S. 52 [9]) erscheinen mit den neuen, oft rötlichen B. im späten Frühjahr. Die Früchte (Eicheln) reifen während des ersten Jahres; Fruchtbecher mit angedrückten, grau behaarten Schuppen (S. 52 [11]). Bei ungestörtem Wuchs bildet die Stein-Eiche dichte, sehr schattige Niederwälder, häufig ist sie jedoch als niedriger Busch anzutreffen. Das Holz ist hart und dicht.

Quercus rotundifolia

Kleiner Baum mit rundlichem Habitus; oft als Unterart der Stein-Eiche angesehen, aber gewöhnlich mit breit ovalen bis rundlichen B. und 5–8 Paar Seitennerven, oberseits grau-blaugrün. Nebenb. dünn, pergamentartig, fast kahl. Eicheln süß im Gegensatz zu den bitteren Früchten der Stein-Eiche. Vorkommen: trockene Hartlaubdickichte S.-W.-Europas.

Kork-Eiche
Quercus suber

◇ ✳

Dieser Baum dient der Korkgewinnung. Mit seiner weißlichen, sehr rauhen, extrem dicken, schwammigen Rinde ist er ein Charakterbaum seiner mediterranen Heimat. B. klein, glänzend, immergrün, unterseits grau behaart, nur schwer von denen der Stein-Eiche zu unterscheiden. Sie besitzen jedoch einen etwas gewundenen Mittelnerv (2), die oberen Schuppen der ausgewachsenen Cupu-

a

b

c

d

la stehen leicht ab (1).
Die meisten Korkeichenwälder sind halbnatürlich und werden vom Menschen in lichtem Zustand erhalten, indem der Unterwuchs kurz gehalten oder völlig entfernt wird. Portugal und S.-W.-Spanien sind die wichtigsten korkproduzierenden Gebiete, jedoch kommt die Kork-Eiche nach Osten bis W.-Jugoslawien vor. Alle 8–10 Jahre wird der Kork vom Stamm abgeschält. Die dabei freigelegte, leicht rosafarbene innere Rinde verfärbt sich bald dunkel.

a

b

Kermes-Eiche
Quercus coccifera

◇ *

Weitverbreitete, mediterrane, immergrüne Eiche; gewöhnlich als niedriger, undurchdringlicher, der Stechpalme ähnlicher Busch in Erscheinung tretend; oft stark überweidet (c); an den trockensten und heißesten Berghängen zerstreut vorkommend. B. klein, 1,5–4 cm, steif, glänzend dunkelgrün mit äußerst stacheligen Rändern, im ausgewachsenen Zustand auf der Unterseite völlig kahl (2). Die neuen B. (1) erscheinen im Frühjahr mit den Bl.ständen und sind oft bronzefarben und behaart. Die Früchte reifen im zweiten Jahr und stehen dann zwischen den älteren B.. Fruchtbecher der Eichel (3) mit starren, glatt-glänzenden, abstehenden Schuppen. Kann sich die Kermes-Eiche ungestört entwickeln, wächst sie zu einem kleinen Baum heran (d). Baumförmige Kermes-Eichen sind jedoch unter natürlichen Bedingungen nur gelegentlich zu finden. Genutzt wird sie lediglich als Brennmaterial und zur Herstellung von Holzkohle.

c

d

Mazedonische Eiche
Quercus trojana (macedonica)

Heimat: Balkanhalbinsel, S.-O.-Italien. B. klein, länglich, glänzend mit 16–24 groben, starren Zähnen (2). *Q. trojana* ist ein kleiner bis mittelgroßer, dicht verzweigter, immergrüner oder halb immergrüner Baum mit grauen Trieben. Die Früchte reifen im zweiten Jahr; unterste Schuppen der Cupula anliegend, die mittleren zurückgeschlagen, die oberen aufwärts gekrümmt (1).

a

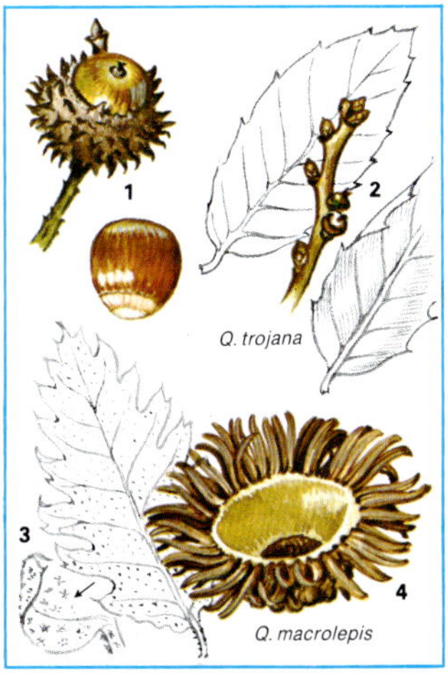

Wallonen-Eiche
Quercus macrolepis (aegilops)

*

Mit sehr großen Fruchtbechern, die beim Gerben, der Tinteherstellung und beim Färben Verwendung finden. Kleiner, halbimmergrüner Baum des südl. Balkans und S.-O.-Italiens. B. mit 3–7 Paar dreieckigen, starrspitzigen Lappen (3), bisweilen doppelt gelappt, unterseits dicht wollig, oberseits glatt. Cupula (4) bis 5 cm im Durchmesser mit abstehenden Schuppen.

b

c

Zerr-Eiche
Quercus cerris

◇

Bis 35 m hoher, laubabwerfender Baum. Gekennzeichnet durch lange, schmale Nebenb. (5) an der Basis der B.stiele und um die Knospen. B. matt, später glänzend, mit rauher Oberseite und grau-brauner wolliger Behaarung auf der Unterseite; meist mit 10–14 schmal zugespitzten Lappen oder breiten Zähnen; die Lappung der B. ist besonders an den Wasserreisern sehr variabel. ♂ Bl.stände

d

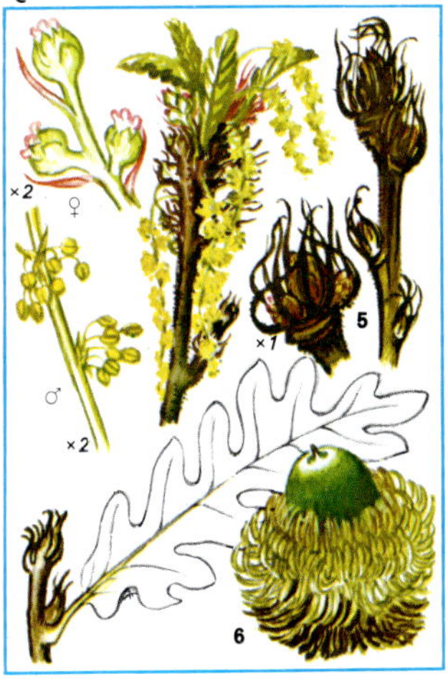

(a) sehr zahlreich. Die Eicheln sind sehr kurz gestielt und stehen gebüschelt an den letztjährigen Zweigen (b) unterhalb der B. des laufenden Jahres. Die Fruchtbecher (S. 55 [b]) erscheinen durch die weichen, zugespitzten Schuppen wie von Moos bedeckt. Heimat: südl. C.-Europa von Frankreich bis zur Türkei, jedoch auch anderswo eingebürgert wie z. B. in Großbritannien, wo sie die am schnellsten wachsende Eiche ist. Das Holz der Zerr-Eiche besitzt nur geringen Wert.

a

b

Rot-Eiche
Quercus rubra (borealis)

Heimat: Nordamerika; in C.-Europa häufig als Schutz und wegen des Holzes angepflanzt; mit oft reicher gelber bis roter Herbstfärbung. B. groß, etwa halb bis zum Mittelnerv eingeschnitten, die 7–11 etwas eckigen B.lappen nach vorn gerichtet, mit je 1–3 starren Zähnen; junge Zweige kahl, warzig, rot. Eicheln gestaucht, während des zweiten Jahres reifend; Fruchtbecher flach (1).

c

d

Sumpf-Eiche
Quercus palustris

Heimat: Nordamerika, gelegentlich wegen des Holzes hauptsächlich in O.-C.-Europa angepflanzt. Sehr große Ähnlichkeit mit *Q. rubra,* jedoch durch die schmaleren und tiefer geteilten B. unterschieden. Endtriebe schlank, herabhängend; Knospen winzig (ca. 3 mm). Fruchtbecher klein, 1–1,5 cm (2). Herbstfärbung noch prächtiger als bei der Rot-Eiche.

e

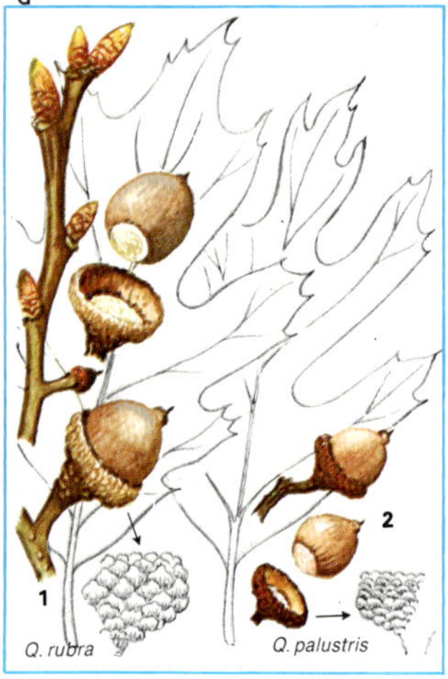

Stiel-Eiche
Quercus robur

■ *

Von den europäischen Eichen am weitesten verbreitet; berühmt wegen ihres wertvollen Holzes, das für die Möbelherstellung sehr gefragt ist und früher im Schiffsbau Verwendung fand. Der vorherrschende, waldbildende Baum auf vielen tiefgründigen, tonigen und lehmhaltigen Standorten C.-Europas. Im Einzelstand mit kuppelförmiger Krone und weit ausladenden Ästen, im geschlossenen Bestand oft mit schlankem, geradem Stamm und schmaler Krone; bis 45 m. Sie ist gekennzeichnet durch langgestielte Früchte (2), »geöhrte« B. (1), und durch das Fehlen von Haaren auf der Unterseite der ausgewachsenen B.. *Q. pedunculiflora* aus S.-O.-Europa unterscheidet sich durch die ausdauernde, gelbgraue, wollige Behaarung der B.unterseiten. Schuppen der Fruchtbecher mit warziger Struktur und gelblichen Haaren.

a

b

c

Trauben-Eiche
Quercus petraea

■ ◇

Der Stiel-Eiche sehr ähnlich und oft mit ihr bastardierend, was im Einzelfall eine Bestimmung erschwert. Die Trauben-Eiche ist in weiten Teilen Europas, besonders auf ärmeren, leichteren und sauren Böden eine waldbildende Baumart. Ihre Krone ist gewöhnlich offener als bei der Stiel-Eiche, mit geraderen, abstehenden Ästen. Botanisch ist sie an den B. mit keilförmiger Basis (S. 58 [2]),

d

dem 1,5–2,5 cm langen B.stiel und den bräunlichen Haarbüscheln in den Achseln der B.nerven zu erkennen. Früchte zu 2–6 gehäuft, ohne Stiel oder bis 1 cm gestielt. Das Holz ähnelt dem der Stiel-Eiche.
Q. dalechampii aus S.-O.-Europa ist gekennzeichnet durch graue, fast kahle Fruchtbecher, deren Schuppen eine auffällige, warzenartige Anschwellung aufweisen (3) und durch unterseits kahle B. (1).

Flaum-Eiche
Quercus pubescens (lanuginosa)

Quercus polycarpa (d)

Erstere ist ein in S.- und C.-Europa weit verbreiteter kleinerer Baum oder Strauch trockener, gewöhnlich kalkhaltiger Hänge. B. relativ klein, seicht gelappt (b), unterseits dicht filzig behaart, im Alter fast völlig verkahlend; B.stiel 2–12 mm; junge Triebe und Knospen dicht grau behaart. Schuppen der Fruchtbecher eng anliegend, grau-wollig behaart.
Q. polycarpa aus S.-O.Europa zeichnet sich durch braun behaarte Fruchtbecher mit stark verdickten Schuppen aus. Die B. sind recht ledrig, 6–10 cm und besitzen 7–10 Paar seichte, stumpfe Lappen, B.stiel 1,5–3,5 cm. Junge Triebe, Knospen und ältere B. kahl.

a

b

c

d

Quercus canariensis (a)
Portugiesische Eiche (b)
Quercus faginea

Erstere hat große, auffällig gelappte, halbimmergrüne, unterseits bereifte, 6–18 cm lange B.. Junge Zweige und B. mit Haarbüscheln. Schuppen der Cupula ungleich, die basalen breiter, verdickt, die oberen klein. Baum bis 30 m. *Q. faginea* ist ebenfalls halbimmergrün, unterseits wollig behaart; Schuppen der Cupula verdickt und samtig behaart.

Pyrenäen-Eiche
Quercus pyrenaica (toza)

Laubabwerfender Baum bis 20 m; Vorkommen: Iberische Halbinsel, Frankreich, N.-Italien. B. tief eingeschnitten, mit 4–8 Paar schmalen, zugespitzten Lappen, unterseits dicht behaart, auf der Oberseite bald ± verkahlend. Junge Zweige überhängend, wollig behaart. Frucht kurz gestielt, Fruchtbecherschuppen schmal lanzettlich, stumpf, sich locker überdeckend.

Ungarische Eiche
Quercus frainetto (conferta)

Großer Baum bis 30 m mit wollig behaarten Trieben, großen Knospen mit ausdauernden Nebenb. und großen, auffällig tief gelappten, 10–20 cm langen B. (S. 60 [b]). B.spreite mit 7–9 und oft mehr Paar Lappen, unterseits behaart, am Übergang in den sehr kurzen B.stiel geöhrt. Fruchtbecherschuppen länglich stumpf, behaart, sich locker überdeckend. Natürliches Vorkommen: auf dem Bal-

a

b

c

d

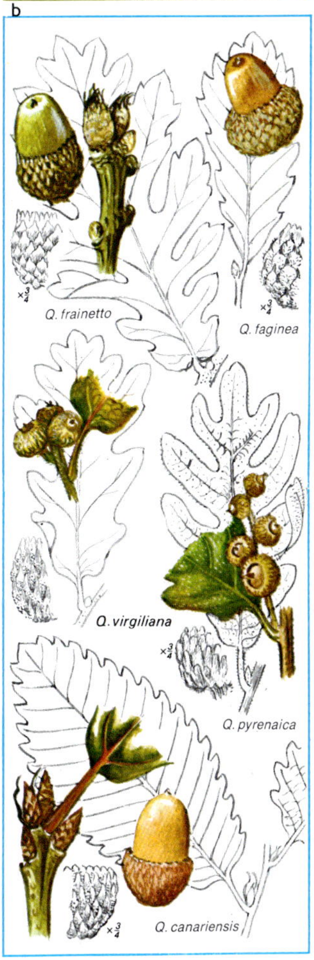

kan und in Italien in Wäldern und Gestrüpp.
Q. virgiliana kommt ebenfalls in S.-Europa und zwar von Korsika nach Osten vor. Sie besitzt breit-verkehrt-eiförmige, 1,5–2,5 cm lang gestielte B. mit 5–7 Paar sehr großen, meist gelappten Abschnitten. Schuppen der Fruchtbecher eiförmig-lanzettlich, locker anliegend, mit aufrechter Spitze.

a

b

ULMENGEWÄCHSE Ulmaceae

Die Familie umfaßt etwa 150 Arten in den gemäßigten Breiten und den Tropen. Ulme, Zürgelbaum und die Gattung *Zelkova* kommen in Europa natürlich vor. Alle sind laubabwerfende Bäume oder Sträucher mit ungeteilten, gewöhnlich asymmetrischen, schiefen B.. Bl. oft büschelig, klein und unauffällig, eingeschlechtig oder zwittrig, erscheinen mit oder vor den B.. Die Bl. besitzen viele Staubb., einen Fruchtknoten mit 2 fedrigen Narben und werden vom Wind bestäubt. Die Früchte sind bei den Ulmen breit geflügelte Nüsse, beim Zürgelbaum fleischige Steinfrüchte und bei *Zelkova* ungeflügelte Nüsse. Die Vertreter dieser Familie sind nur selten waldbildend, d. h. bilden nur selten große Reinbestände und werden wirtschaftlich nicht intensiv genutzt.

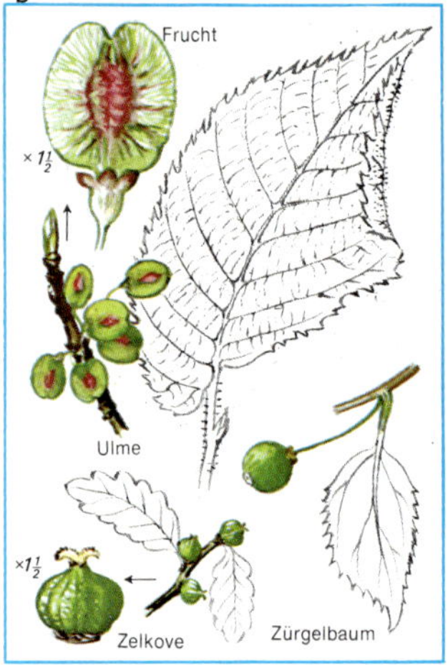

Berg-Ulme
Ulmus glabra

Stattlicher Baum bis 40 m mit ausladenden, gebogenen, tief am Stamm ansetzenden Ästen; keine Wurzelbrut bildend. B. groß, mit der rauhesten Oberseite aller Ulmen, rundlich bis breit verkehrt-eiförmig, unterseits weich behaart. B.rand doppelt gesägt; B.spreite asymmetrisch, an der Basis der längeren B.seite mit einem rundlichen, den kurzen B.stiel meist verdeckenden Lappen, also

c

d

einseitig geöhrt (3). Junge Zweige kräftig, rauhhaarig; Knospen groß (2). Bl. lang vor den B. erscheinend (1). Die Früchte besitzen flach abgerundete Flügel (4) und tragen den Samen genau in der Mitte, oft schon vor den B. entwickelt. Rinde glatt, silbrig-grau (»glabra«), im Alter grau-braun und breit gefurcht. Das Holz ist stark gemasert, reißt nicht und ist in nassem Zustand sehr widerstandsfähig.

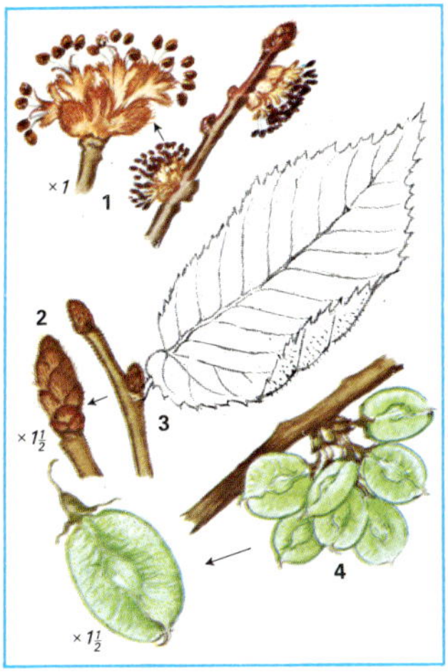

a

Englische Ulme
Ulmus procera

Großer Baum bis 30 m, bildet intensive Wurzelbrut und ist daher besonders in Baumhekken oft von jungen Bäumen umgeben. Die kräftigen Äste entspringen hoch am Stamm und verleihen dem Baum mit ihren unregelmäßigen, wogenden Zweigen ein schlankes Aussehen – ein vertrauter Anblick im Bild englischer Landschaften. *Ulmus procera* wird stark vom Ulmensterben heimgesucht. Die Art ist gekennzeichnet durch abgerundete, dunkelgrüne B. mit rauher Oberseite, 10–12 Paar Seitennerven und doppelt gesägtem Rand; B.spreite (6) an der längeren Seite abgerundet; bei der Frucht (5) sitzt der Same oberhalb der Mitte. Zweige ziemlich kräftig, ausdauernd behaart. Es existieren viele Unterformen von *U. procera,* die dem jeweiligen Gebiet, in dem sie anzutreffen sind, ihren Charakter verleihen.

b

c

d

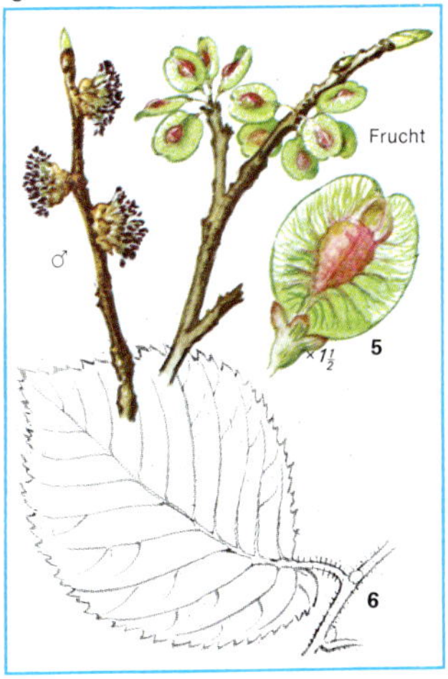

Feld-Ulme

Ulmus minor (carpinifolia, campestris)

◇ ∗

Baum bis 30 m; bildet Wurzelbrut. B. gewöhnlich zur Spitze hin am breitesten und oberseits schwach grün glänzend. B.spreite auf der längeren Seite rechtwinklig in den B.stiel mündend; gelbe Herbstfärbung. Zweige meist schlank, später kahl; Knospen behaart (2). Frucht (1) verkehrt-eiförmig; Samen dem oberen Flügelrand genähert. Es gibt viele Unterarten der Feld-Ulme und durch die häufig vorkommende Bastardierung ist eine genaue Bestimmung oft schwierig. Einige besitzen auffällige, schlanke, pyramidenförmige Kronen wie die *var. cornubiensis* und die *var. sarniensis,* andere eine weit ausladende Krone wie die »Holländische Ulme« *(x hollandica). Ulmus canescens,* die Graublättrige Ulme, ist eine Art des Mittelmeergebietes. Ihre einjährigen Triebe sind dicht mit weichen, weißen Haaren besetzt, die B. unterseits grau behaart.

a

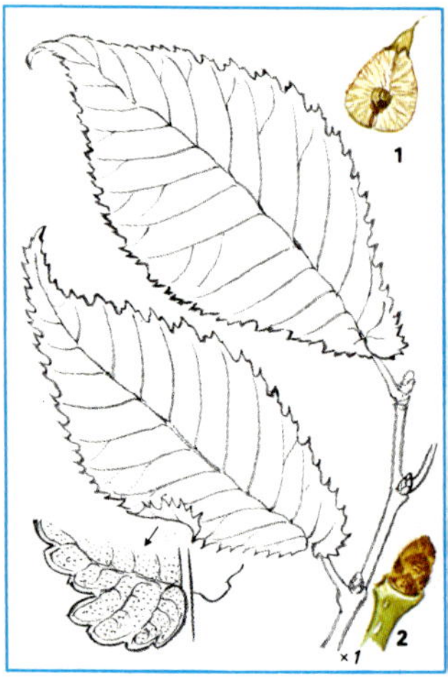

b

Flatter-Ulme

Ulmus laevis

Baum bis 35 m, trägt seinen Namen wegen der lang gestielten Bl. (3), die sich im Wind bewegen. B. kahl oder auf der Unterseite mit weichen, gekräuselten Haaren; B.basis sehr ungleich. Junge Zweige behaart oder kahl. Frucht (4) sehr lang gestielt, ihre Flügel bewimpert. Rinde löst sich in Schuppen ab. Heimat: C.- und S.-O.-Europa, in alluvialen Flußtälern; Auenwälder.

c

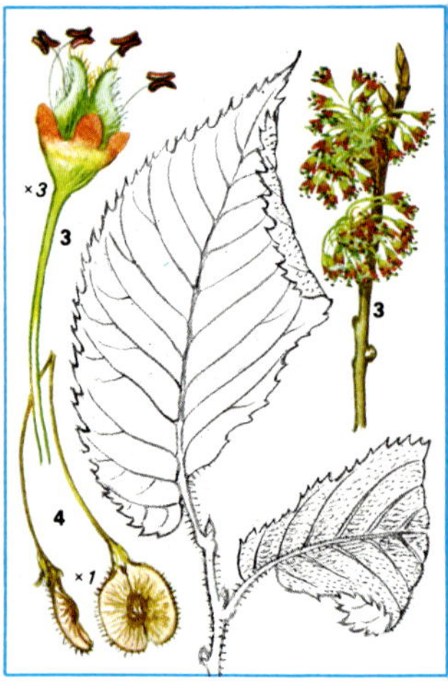

Zelkove
Zelkova abelicea (cretica)

Seltener Baum bis 15 m oder Strauch in den Bergen Kretas. Gekennzeichnet durch seine winzigen, meist stiellosen, etwa 2,5 cm großen, grob und unregelmäßig gezähnten B. (siehe S. 60). Zweige schlank, flaumig behaart. Die weißen, süßlich duftenden Bl. erscheinen gleichzeitig mit den B.. Frucht ungeflügelt, rundlich, fein behaart, nußähnlich.

a

Zürgelbaum
Celtis australis

*

Recht zierlicher, laubabwerfender Baum bis 25 m mit schmalen eiförmig-lanzettlichen, scharf gezähnten B.. B. oft mit einer langen gebogenen Spitze, auf der Oberseite sehr rauh, unterseits weich behaart, später verkahlend. B.basis asymmetrisch, abgerundet oder herzförmig. Stamm glatt, Zweige biegsam, flaumig behaart. Die lang gestielten Bl. erscheinen mit den B.. Frucht fleischig, süß, eßbar, 9–12 mm, färbt sich bräunlich-schwarz; Nuß mit Punkten bedeckt (1). Vorkommen: Mittelmeergebiet und S.-Europa; in Dickichten, häufig auch als Zierbaum und als Schattenspender angepflanzt.

b

c

d

Celtis tournefortii

Seltener Strauch oder kleiner Baum, kommt in Wäldern auf der Balkanhalbinsel und Sizilien vor. Im Unterschied zur vorangegangenen Art besitzt er eiförmige B. mit stumpf gezähntem Rand. Frucht verkehrt eiförmig, gelblich-braun, Nuß vierkantig. *C. caucasica* kommt in der Türkei bis ins östliche Bulgarien vor; B. mit scharf gezähntem Rand und keilförmiger Basis.

a

MAULBEERGEWÄCHSE Moraceae

Wichtige Familie tropischer und subtropischer Bäume und Sträucher. Kennzeichen: Milchsaft in Sprossen und B., fleischige Früchte, oft von fleischigen Blattorganen eingehüllt. Bl. eingeschlechtig, klein und unscheinbar, in dichten Bl.ständen und im Falle der Feigen von einem birnenförmigen, fleischigen Receptaculum verschlossen. Die Familie umfaßt etwa 1000 Arten, darunter etwa 600 Feigenarten. Vertreter der Moraceae kommen in Europa, mit Ausnahme vielleicht der Feige, nicht natürlich vor. Einige kleinere Zierbäume, häufig mit auffälligem Laub und eßbaren Früchten sind jedoch in Europa eingeführt worden.

Schwarze Maulbeere
Morus nigra

↓

Maulbeeren zeichnen sich durch ihre himbeerähnlichen Früchte aus, die aus zahlreichen, winzigen Beerchen zusammengesetzt sind. Die Schwarze Maulbeere ist ein kleiner Baum mit kräftigen Ästen. B. gezähnt oder gelappt, oberseits rauh, unterseits behaart. Früchte erst im reifen Zustand süß. Heimat: C.-Asien, in S.-Europa wegen der Früchte angepflanzt, darüber hinaus als Zierbaum.

b

c

Weiße Maulbeere
Morus alba

Von *Morus nigra* zu unterscheiden an den kahlen Zweigen, den glatten, glänzenden B. und den lang gestielten weißen, rosa-farbenen oder leicht purpurn gefärbten Früchten. Diese sind schon süß, bevor sie ausgereift sind. In S.- und S.-O.-Europa häufig wegen der Früchte und der B., die der Seidenraupe als Nahrung dienen, angebaut. Heimat: China

a

b

Papiermaulbeerbaum
Broussonetia papyrifera

Kleiner laubabwerfender Baum mit großen, eiförmigen, gezähnten, oft unterschiedlich gelappten, unterseits grau-wollig behaarten B.. Eingeschlechtig; ♂ Bl. in hängenden Kätzchen (c); ♀ in dichten, wolligen Kugeln (d). Frucht 2 cm, orangerot. In O.-Asien beheimatet; in S.-Europa als Zierbaum. Die Rinde wird in Japan zur Papierherstellung verwendet.

c

d

Osagedorn
Maclura pomifera

Dorniger, laubabwerfender Baum, kenntlich an seinen 10–14 cm großen, orangeähnlichen, milchsafthaltigen, ungenießbaren Früchten. B. oval lanzettlich, lang zugespitzt. Eingeschlechtig; ♂ Bl. in gestielten Trauben. Heimat: N.-Amerika, bisweilen in S.-Europa als Zierhecke gepflanzt.

e

f

Feige
Ficus carica

Kleiner Baum oder Strauch mit glattem, metallisch-grauem Stamm und sehr großen, tief 3–5 lappigen B.. Spreite 10–20 cm lang und breit, mit herzförmigem Grund und rauher Oberseite, unterseits behaart. Bl. sehr klein (2), in ein fleischiges Gebilde eingeschlossen (1), dessen kleine Öffnung an der Spitze bestäubenden Insekten den Zugang zu den Bl. ermöglicht. Früchte bilden sich z. T. auch ohne Bestäubung. Die grünen Früchte erscheinen im Herbst (a) an den kahlen Zweigen und reifen im darauffolgenden Jahr zu grünen, violetten oder schwarzen Früchten heran. Diese sind am meisten geschätzt. Andere werden im Frühjahr gebildet (b) und reifen im Herbst. Wegen der wirtschaftlich bedeutenden Früchte in S.-Europa in großem Umfang angebaut. Möglicherweise ist Europa die Heimat der Feige; auf jeden Fall ist sie schon lange Zeit in Kultur und im Süden auch verwildert.

a

b

c

KERMESBEERENGEWÄCHSE
Phytolaccaceae

Phytolacca dioica

Kleiner, raschwüchsiger Baum S.-Amerikas mit kräftigen Ästen; im Mittelmeergebiet als Zierbaum und Schattenspender. B. kahl, eiförmig bis lanzettlich, 6–12 cm. Bl. grünlich, eingeschlechtig, in überhängenden Ähren, diese knapp so lang wie die B.. Frucht fleischig, beerenähnlich, schwarzpurpurn, mit 7–10 Fruchtb..

d

e

HAHNENFUSSGEWÄCHSE
Ranunculaceae

Gemeine Waldrebe
Clematis vitalba

Kräftige, holzige Kletterpflanze, in Europa weit verbreitet; klettert auf Sträuchern und Bäumen bis in Höhen von 30 m. Bl. grünlich-weiß, in doldigen Bl.-ständen, in den Achseln der oberen Laubb.. Bl.hüllb. beiderseits behaart. Die Bl.stände entwickeln sich zu auffälligen, weiß-grauen, fedrigen Fruchtständen (b), die oft bis ins Frühjahr zu sehen sind. Bl. zusammengesetzt, mit 3–5 großen, ovalen, gestielten, oft gesägten Fiederb.. Die B.stiele und die Stiele der Fiederb. können als Kletterorgane dienen und sich fest um eine Unterlage winden. Alte Sprosse der Waldreben können armdick werden und besitzen eine tief gefurchte Rinde, die sich in Streifen ablöst. Die Waldrebe ist eine der wenigen echten Lianen, die in Europa heimisch sind, zudem eine der ganz wenigen holzigen Vertreter der Ranunculaceae.

Mandel-Waldrebe
Clematis flammula

Weniger kräftig als *Clematis vitalba,* bis 5 m, in Baumhecken und Gebüschen in S.-Europa. B. doppelt gefiedert, mit vielen kleinen, ovalen oder lanzettlichen Fiederb.. Bl. weiß, wohlriechend. Bl.hüllb. auf der Oberseite kahl; Früchte stark zusammengedrückt. *C. orientalis* besitzt gelbliche Bl.. Vorkommen: Griechenland, ägäische Inseln.

a

b

c

d

e

Clematis cirrhosa (a)
Clematis viticella (b)

Erstere ist eine niedrige, immergrüne Kletterpflanze S.-Europas. Bl. gelblich-weiß, bisweilen rot gepunktet, mit grüner, kelchähnlicher Hülle. B. einfach, gelappt oder zusammengesetzt. Letztere ist eine laubabwerfende Kletterpflanze mit wohlriechenden purpurfarbenen Bl.. B. gefiedert, Fiederb. dreilappig. Früchte mit unbehaarten Griffeln. Vorkommen: Dickichte S.-Europas.

a

b

SAUERDORNGEWÄCHSE Berberidaceae

Kleine Familie von Sträuchern und krautigen Pflanzen überwiegend der nördlichen gemäßigten Breiten. *Berberis* ist mit etwa 175 Arten die umfangreichste Gattung. Von den 4 nah verwandten, in Europa heimischen Arten wird nur eine größer als 2 m. Sie sind gekennzeichnet durch ihr hellgelbes Holz, 3–5teilige Dornen unterhalb der B.büschel (4), gelbe Bl.trauben und fleischige Früchte. Die Staubb. (2) öffnen sich mit Klappen. Die Staubb. der Berberidaceae klappen bei Berührung durch ein Insekt schlagartig nach oben, wodurch Pollen auf das Insekt übertragen wird. Der Nektar, auf dessen Suche die Insekten die Staubb. berühren, wird von paarigen Nektardrüsen (1) an der Basis der Bl.b. gebildet. Die Früchte (3) sind zweisamige Beeren.

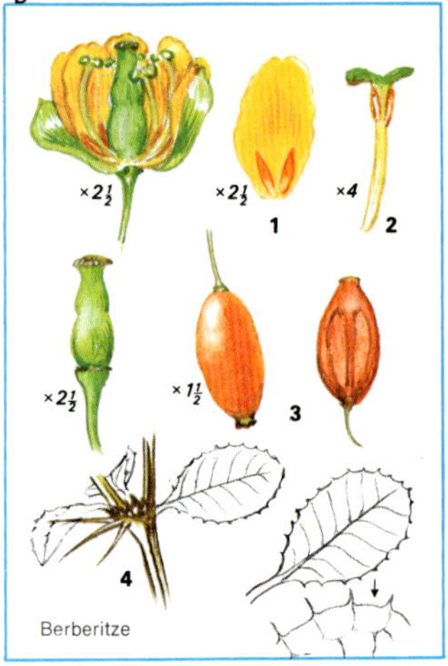

Berberitze

Sauerdorn, Berberitze
Berberis vulgaris

Dicht verzweigter, dorniger Strauch bis 3 m. An jedem Knoten des gelblichen, gerippten Sprosses (4) inserieren (meist) 3 sehr spitze Dornen und ein Büschel ovaler B. mit borstig-gesägtem Rand. Bl.trauben hängend, 3–5 cm, Früchte eßbar. In Europa mit Ausnahme des Nordens weit verbreitet. Wegen seiner Funktion als Zwischenwirt für den Getreiderost oft jedoch ausgerottet.

c

d

MAGNOLIENGEWÄCHSE Magnoliaceae

Familie von Bäumen und Sträuchern Asiens und Amerikas mit etwa 100 Arten, von denen heute keine in Europa heimisch ist. Aus Fossilfunden ist jedoch bekannt, daß Magnoliaceen in der Vergangenheit auch in Europa vorkamen. B. einfach, immergrün oder im Herbst abfallend; Knospen häufig von Nebenb. umhüllt. Bl. meist groß, einzeln, mit vielen Bl.b.; Staubb. und Fruchtb. sind spiralig an der verlängerten Bl.achse angeordnet. Fruchtstände in eine unbestimmte Zahl fleischiger oder geflügelter Einheiten zerfallend, diese lösen sich bei der Reife von der Bl.achse. Magnolien werden in Europa in großem Umfang als Ziergehölze gepflanzt, z. B. *M. stellata; M.* x *soulangiana; M. grandiflora; M. acuminata; M. tripetala; M. denudata.*

Tulpenbaum
Liriodendron tulipifera

Hoher Baum N.-Amerikas mit sehr charakteristischen B.. B.spreite (1) meist 4-zipfelig, mit sehr breiter, senkrecht zur Längsachse abgeschnittener, oft eingekerbter »Spitze«. Triebe verfärben sich rötlich; Knospen abgeflacht; Rinde grau. Bl. 6–8 cm; Fruchtstände (2) zerfallen in geflügelte Einheiten (3). Als Zierbaum und gelegentlich wegen des Holzes in C.-Europa angepflanzt.

a

b

LORBEERGEWÄCHSE Lauraceae

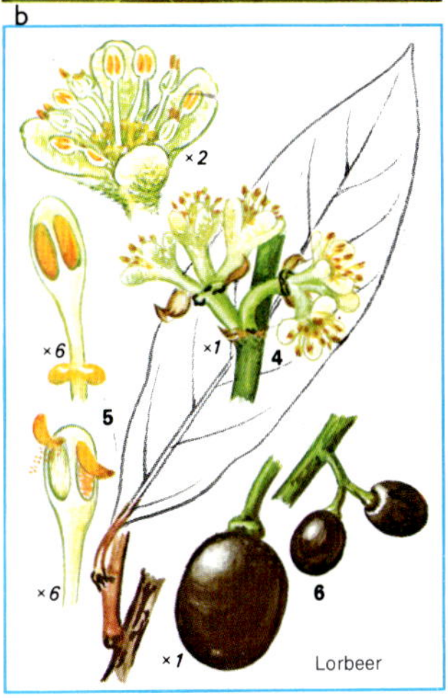

Der Lorbeer ist der einzige europäische Vertreter dieser etwa 1000 Baum- und Straucharten umfassenden, hauptsächlich tropischen Familie. Die Familie ist wegen vieler aromatischer Substanzen ihrer Vertreter von Bedeutung. Neben der Avocado sind zu nennen: Zimt, Kampfer, Benzoin, Sassafras. Die meisten Arten sind immergrün, mit wohlriechenden, einfachen B.. Bl. meist unauffällig, gebüschelt (4), oft mit 6 Petalen und bis zu 12 Staubb.. Antheren mit Klappen (5). Frucht eine Steinfrucht oder Beere (6).

Lorbeer
Laurus nobilis

◇ *

Dichter, dunkelgrün belaubter, immergrüner Strauch oder Baum bis 20 m. Zerriebene B. sehr aromatisch (Gewürz) (S. 69). Heimat: immergrüne Dikkichte des Mittelmeergebiets, jedoch darüber hinaus als Zier- und Nutzstrauch angepflanzt und bisweilen eingebürgert. Nicht zu verwechseln mit *Aucuba japonica* (S. 154) oder Kirschlorbeer, *Prunus laurocerasus* (S. 98).

PITTOSPORACEAE

Pittosporum crassifolium

↓

Einer der wenigen Vertreter dieser kleinen Familie, die in S.- und W.-Europa angetroffen werden. Heimat: Neuseeland. Der kleine Baum oder Strauch wird häufig an der Westküste als Schutzgehölz angepflanzt. B. ledrig, stumpf, unterseits flaumig, mit eingerollten B.rändern. Frucht kugelig, weiß-wollig, mit 3–4 holzigen Klappen.

Pittosporum tobira

↓

Heimat: China und Japan. Dichter, immergrüner Strauch, an der Mittelmeerküste häufig als Zierstrauch angepflanzt und gelegentlich verwildert. Bl. in cremefarbenen bis gelblichen, dichten Bl.ständen, 5–8 cm; erinnern mit ihrem süßen Geruch an Orangenblüten. Kelchb. behaart; Laubb. verkehrt eiförmig, ledrig, oberseits dunkelgrün, unterseits heller und kahl.

a

b

c

d

e

Pittosporum undulatum (a)
Pittosporum tenuifolium (b)

Heimat: Australien bzw. Neuseeland. Beide werden in W.- und S.-Europa als Ziergehölze angepflanzt und sind gelegentlich eingebürgert. *P. undulatum* hat oval-lanzettliche, spitze, unbehaarte B., weiße duftende Bl. und orangefarbene Früchte. *P. tenuifolium* besitzt hell glänzende grüne B., braun-purpurfarbene, nach Honig duftende Bl. und schwarze Zweige.

a

b

PLATANENGEWÄCHSE — Platanaceae

Winzige Familie mit ganz charakterischen botanischen Merkmalen und nur 8 Arten; auf die nördl. Hemisphäre beschränkt. Die Rinde blättert in dünnen Platten ab, wodurch der Stamm das bekannte gefleckte Aussehen erhält (c). Die Seitenknospen (1) der Zweige sind vollständig von der B.basis eingehüllt (2) und werden erst beim Abfallen der B. sichtbar. Die zahlreichen eingeschlechtigen Bl. sind dicht gedrängt zu kugeligen Bl.ständen vereinigt (S. 72), die sich mit der Fruchtreife vergrößern (3) und zu mehreren an hängenden Stielen inseriert sind. Auch die behaarten Nüßchen (4) sind typisch. Nur eine Art ist in Europa heimisch.

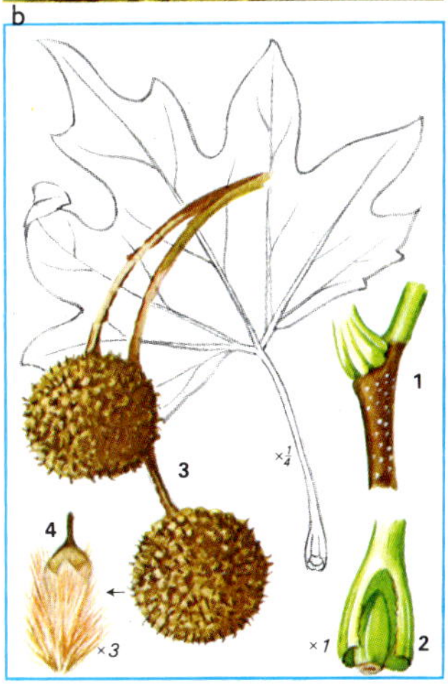

Ahornblättrige Platane
Platanus hybrida

Ein prachtvoller, schnellwüchsiger Baum, der in der Lage ist, ungünstige Umweltbedingungen wie Luftverschmutzung oder eingeengten Wurzelraum z. B. in Industriegebieten und Städten zu ertragen. *P. hybrida* kann außer im Norden und im trockenen Süden in ganz Europa gedeihen und wird sehr häufig als Straßen- oder Alleebaum gepflanzt; durch Schnitt oft absonderliches Aussehen. Angeb-

c

d

lich ist nicht bekannt, daß eine Platane vom Sturm umgeworfen worden wäre.
Die grau-grün oder gelblich gefleckte Rinde und die handförmigen, in meist 5 winzig gezähnte seichte Lappen geteilten B. sind wohl jedem Stadtbewohner vertraut. Bl.stände eingeschlechtig; Früchte mit langen Haaren. *P. hybrida* kommt nicht wild vor; ihre Herkunft ist unbekannt, möglicherweise handelt es sich um einen Bastard oder eine weiter kultivierte Form der folgenden Art. Sie wird gewöhnlich durch Stecklinge vermehrt, da sie kaum entwicklungsfähige Samen bildet. Das Holz ist feinfaserig, zäh und von einigem Wert.

Morgenländische Platane
Platanus orientalis

Heimat: Balkanhalbinsel; in steinigen Tälern, gewöhnlich in Wassernähe. In S.- und S. O.-Europa häufig in Dörfern anzutreffen, wo sie mit ihren schier majestätischen Ausmaßen als Schattenspender und oft auch als Treffpunkt für die Dorfbevölkerung dient. Von *P. hybrida* durch die sehr viel tiefer geteilten B. zu unterscheiden; B.lappen an der Basis mit nahezu parallelen Rändern, grob gezähnt. B. mit 5–7 Lappen, der mittlere deutlich länger als an der Basis breit. Fruchtstände meist zu 3–6 an hängenden Stielen (bei *P. hybrida* meist nur 2).

a

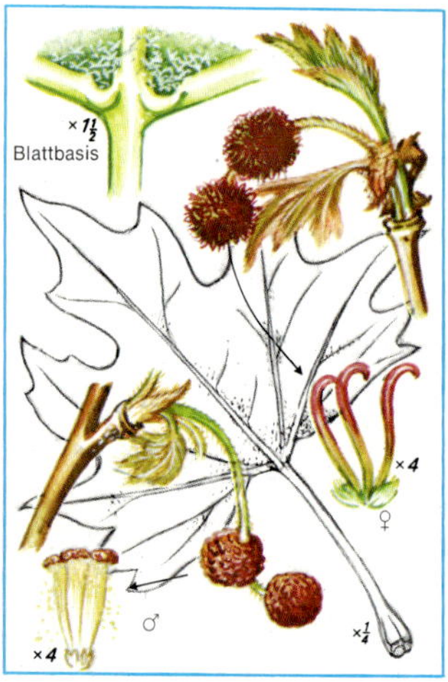

b

c

d

ROSENGEWÄCHSE Rosaceae

Eine umfangreiche und bedeutende, weltweit verbreitete Familie mit etwa 3200 Arten. In Europa kommen etwa 60 Baum- und Straucharten über 2 m Höhe natürlich vor (ohne die Rosen *[Rosa]*). Die Familie weist unterschiedliche Fruchtformen auf und umfaßt Arten von großer wirtschaftlicher Bedeutung wie Apfel, Birne, Zwetsche, Pflaume, Kirsche, Pfirsich, Mandel und Aprikose. Andere Arten haben geringere Bedeutung wie z. B. Weißdorn oder Vogelbeere. Botanisch ist die Familie gekennzeichnet durch 5 Kelchb., bisweilen mit einem zusätzlichen Außenkelch, 5 Blütenb., zahlreiche Staubb. und einen Fruchtknoten, der von einem (1) oder mehreren (2) Fruchtb. gebildet wird. Die Fruchtknoten und damit auch die Früchte sind oberständig (3), unterständig (4), i. d. R. jedoch mittelständig (5).

Bestimmungsschlüssel für die Rosengewächse *(Rosaceae)*

1 Fruchtb. 1; Frucht fleischig mit hartem Stein (6)	*Prunus* (S. 91–98)
1 Fruchtb. 2 oder mehr (7)	
2 Frucht trocken, Fruchtb. aufspringend	**Blasenspiere, Knackspiere** (S. 74)
2 Frucht fleischig	
3 Bl. einzeln	
4 Bl. weniger als 1 cm im Durchmesser	*Cotoneaster* (S. 85–86)
4 Bl. mehr als 1 cm im Durchmesser	**Mispel** (S. 86), **Quitte** (S. 74)
3 Bl. 2 bis viele in Bl.ständen	
5 Fruchtb. hart, steinartig	
6 B. ganzrandig (8); Pflanze unbewehrt	*Cotoneaster* (S. 85–86)
6 B. gezähnt oder gelappt (11); Pflanze mit Dornen	**Weißdorn** (S. 87–90), **Feuerdorn** (S. 86)
5 Fruchtb. ledrig, pergamentartig	
7 Bl. in gedrängten, abgeflachten Büscheln oder lokkeren (verzweigten) traubigen Bl.ständen (15).	*Sorbus* (S. 79–83), *Eriobotrya (japonica)* (S. 84).
7 Bl. in einfachen Dolden (14), ährenähnlichen oder wenigblütigen Bl.ständen	
8 Bl.b. schmal, (9)	*Amelanchier* (S. 84–85)
8 Bl.b. abgerundet oder oval (10)	
9 Griffel frei (12), Fruchtfleisch »sandig«	**Birnen** (S. 74–77)
9 Griffel an der Basis verwachsen (13); Fruchtfleisch nicht »sandig«	**Äpfel** (S. 77–78)

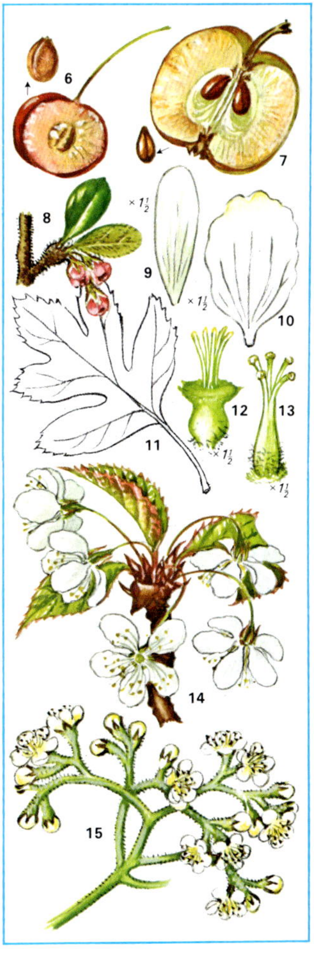

Blasenspiere, Knackspiere
Physocarpus opulifolius

Niedriger, rundlicher, laubabwerfender Strauch bis 3 m aus N.-Amerika; als Zierstrauch angepflanzt und stellenweise eingebürgert. B. rundlich bis eiförmig, gezähnt, oft seicht gelappt. Rinde glatt, abblätternd. Bl. weiß, rosa überhaucht, in halbkugeligen Bl.ständen, 2,5–5 cm im Durchmesser. Frucht gewöhnlich mit 4–5 aufspringenden, aufgeblasenen Fruchtb. (1).

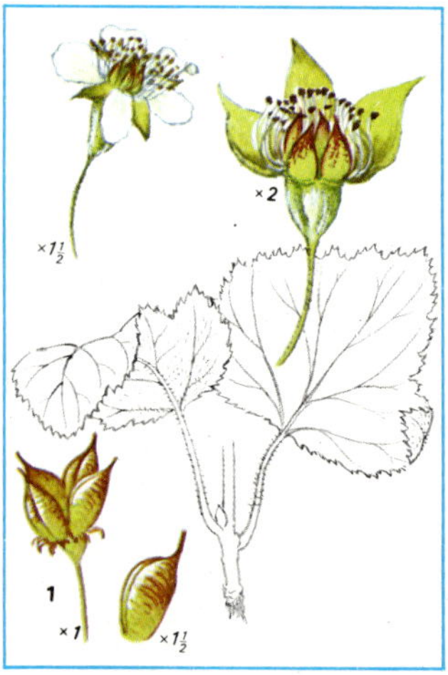

a

Quitte
Cydonia oblonga

Asiatischer Strauch oder kleiner Baum, in Europa häufig angepflanzt, im Süden auch verwildert. B. oberseits dunkelgrün, unterseits weiß-wollig. Frucht 2,5–3,5 cm bei Wildquitten, in Kultur größer. Die Japaner *Chaenomeles speciosa* und *Ch. japonica* besitzen rote Bl. und werden häufig angepflanzt, bisweilen aus Gärten verwildert.

b

c

Bestimmungsschlüssel für die Gattung *Pyrus* (Birne)

1 Frucht mit hinfälligem Kelch (2)	*cordata* (S. 75)
1 Frucht mit bleibendem Kelch	
2 Frucht groß, 6–16 cm, fleischig	**Kultur-Birne** (S. 75)
2 Frucht bis 5,5 cm, hart	
3 B. nicht mehr als 1½mal so lang wie breit (3)	**Holzbirne** (S. 75)
3 B. deutl. länger als breit (5)	
4 Ausgewachsene B. kahl, unterseits mit feinen Anschwellungen	*amygdaliformis* (S. 76)
4 Ausgewachsene B. behaart oder unterseits wollig (5)	
5 Griffel dicht zottig behaart, zumindest an der Basis	*nivalis* (S. 77), *elaeagrifolia* (S. 76)
5 Griffel ± kahl	*salvifolia* (S. 76)

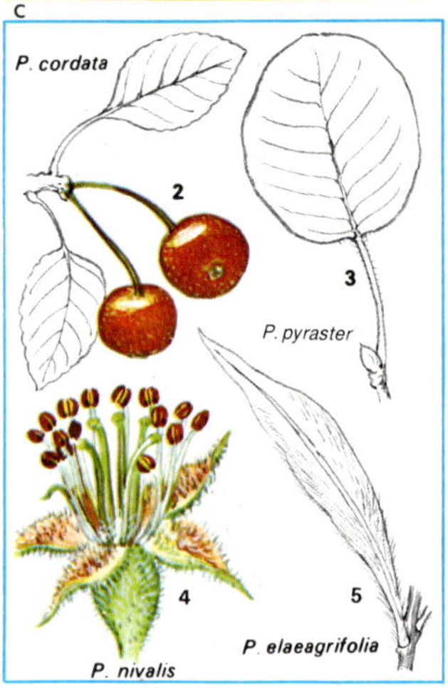

Kultur-Birne
Pyrus communis

■ ◇ *

Baum bis 20 m mit geradem Schaft und ausgebreiteten Ästen (dornig oder unbewehrt), leicht Schößlinge treibend, die oft um die Bäume ein Dickicht bilden. Wahrscheinlich durch Bastardierung entstanden. Bl. in schirmförmigen Bl.ständen mit auffälligen roten bis purpurfarbenen Staubbeuteln. Bl. erscheinen vor oder mit den B., Bl.stiele wollig behaart. B. eiförmig bis elliptisch, ganzrandig oder gezähnt, im Alter gewöhnlich kahl. Frucht unterschiedlich geformt: birnenförmig, spitz, rundlich, länglich; in reifem Zustand süß. Etwa 1000 Kultursorten; wegen der Früchte seit mindestens 2000 Jahren in Kultur.
P. cordata ist ein dorniger Strauch oder kleiner Baum, in W.-Europa in Dickichten und Hecken, mit kleineren Bl. (Bl.b. 6–8 mm) und winzigen Früchten, 8–15 mm. Die Früchte sind leuchtend rot und mit Lentizellen übersät (S. 74 [2]); Kelch zuletzt abfallend.

Holzbirne
Pyrus pyraster

■

Von den Kulturbirnen durch die kleinen, harten, rundlichen Früchte (1,3–3,5 cm) unterschieden, die sich bei der Reife gelb, braun oder schwarz färben. B. verschiedengestaltig, elliptisch bis rundlich, mit keilförmiger, rundlicher oder herzförmiger Basis; B.rand glatt oder gezähnt (S. 74 [3]). Kleiner, meist dorniger Baum C.-, S.- und W.-Europas. Einer der Stammväter der Kulturbirnen.

a

b

c

d

e

Mandelblättrige Birne
Pyrus amygdaliformis

Gekennzeichnet durch schmale, meist ganzrandige, verkahlende, unterseits sehr fein warzige B.. Junge Zweige grau-wollig behaart. Frucht 1,5–3 cm; Fruchtstiel kräftig, so lang oder länger als die Frucht. Strauch oder kleiner Baum bis 6 m, bisweilen dornig. Vorkommen: trockene, felsige Standorte im Mittelmeergebiet.
Pyrus salvifolia besitzt ähnlich gestaltete B., die oberseits verkahlen, unterseits aber grauwollig behaart sind. Stiele meist kahl. Vorkommen: in trockenen, lichten Wäldern und sonnigen Hängen von Belgien bis Griechenland, oft wegen der Früchte angepflanzt.

a

b

Kleinasiatische Birne
Pyrus elaeagrifolia

Busch oder kleiner Baum trokkener Standorte in S.- und O.-Europa. Pflanze mit kräftigen, dornigen Ästen. Zweige grauwollig, die B. dicht grau bis weiß behaart. Bl.stände fast ungestielt, weiß-wollig behaart. Bl.b. etwa 1 cm; Griffel an der Basis wollig. Frucht rundlich oder birnenförmig, reif 2–3 cm.

c

Schnee-Birne
Pyrus nivalis

Baum bis 20 m mit weiß-wollig behaarten B., Bl.ständen und jungen Zweigen. Die Behaarung der B. wird später oberseits spärlich, unterseits grau. Bl.b. weiß, 14–16 mm, Griffel nur an der Basis zottig behaart (S. 74 [4]). Reife Frucht gelblich-grün mit purpurnen Flekken, süß. Auf trockenen Standorten und lichten Wäldern in S.- und S.-C.-Europa.

Holzapfel
Malus sylvestris

Eine von mehreren Ausgangsarten des Kulturapfels, von dem er sich normalerweise durch kahle oder weitgehend kahle B. und kleine, sehr sauere Früchte unterscheidet. Dorniger, stark verzweigter Strauch oder kleiner Baum bis 10 m, kommt in ganz Europa in Hecken und Gestrüpp (Trockenwaldgesellschaften) vor. Oft als Unterlage für Pfropfungen verwendet. B. eiförmig bis elliptisch mit rundlicher oder keilförmiger Basis, kurzer B.spitze und gezähntem Rand. Bl. weiß oder rosa, Frucht 2,5–3 cm, grün bis gelb. Holz feinfaserig, bräunlich, sehr hart und zäh.

a

b

c

d

e

Apfel
Malus domestica

Es sind über 1000 europäische und asiatische Kultursorten bekannt. Wegen der Früchte in Obstbaumplantagen und Gärten angepflanzt, oft auch in Baumhecken und Dickichten zu finden. Kultursorten des Apfels sind gekennzeichnet durch ihre oberseits schwach, unterseits stark wollig behaarten B. und ihre großen grünen bis roten, süßen oder saueren Früchte.

Malus trilobata

Strauch oder kleiner Baum mit aufstrebenden Ästen. In der Türkei beheimatet, dringt er bis N.-O.-Griechenland vor. Seine tief dreilappigen, glänzenden B. erinnern an die des Feld-Ahorns, die büschelige Anordnung der etwa 3,5 cm großen, weißen Bl. und die gelblich-grünen, fleischigen Früchte sind jedoch unverwechselbar apfelähnlich. Zweige zunächst flaumig behaart, später kahl. Auffällige Herbstverfärbung.

Malus florentina

Kleiner, runder, dornloser, nur zerstreut in Italien, Jugoslawien und N.-Griechenland vorkommender Baum. B. und Früchte erinnern an die des Weißdorns. B. breit eiförmig, unregelmäßig seicht gelappt, unterseits weißwollig behaart. B.stiel 0,5–2 cm lang, Bl. weiß, 1,5–2 cm im Durchmesser. Reife Früchte rot, etwa 1 cm, ohne Kelch.

a

b

c

d

Vogelbeere, Eberesche, Mehlbeere, Elsbeere **Sorbus**

Wahrscheinlich beinhaltet die Gattung *Sorbus* in Europa die am schwersten zu bestimmenden Arten; es sind über 90 Arten beschrieben. Infolge natürlicher Bastardierung und künstlicher Kreuzung haben sich in den verschiedenen Gebieten Europas Hybriden zwischen vielen nah verwandten Formen entwickelt. Die wichtigsten Erkennungsmerkmale sind die Gestalt der B. und die Struktur des B.randes, die Farbe der Früchte sowie die Verteilung von Lentizellen auf den Früchten. Gefiederte B. besitzen Vogelbeere und Speierling, einfache B. u. a. die Mehlbeere *(S. aria* und *S. graeca),* gelappte B. die Nordische Bastardelsbeere und die Elsbeere.

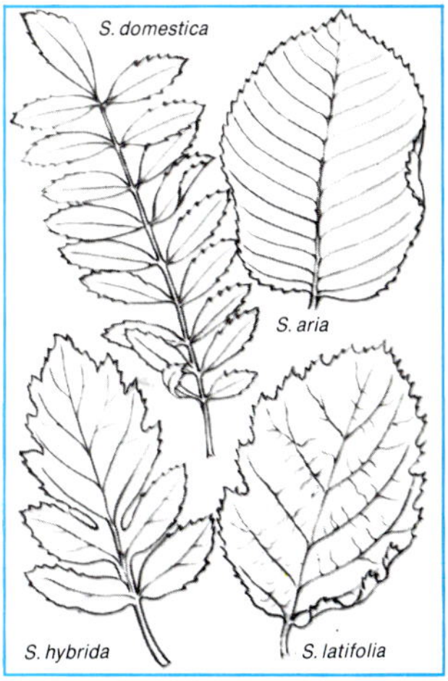

Speierling
Sorbus domestica

Dekorativer, langsamwüchsiger Baum bis 15 m, gefiederte B. mit 13–17 fein gezähnten Fiederb.. Im Gegensatz zur Vogelbeere, mit der er ohne Früchte leicht zu verwechseln ist, mit mehr ausladenden Ästen und rauher Borke. Knospen kahl, klebrig, glänzend. Bl. 1,5–2 cm in gewölbten Bl.ständen, Kelchb. dreieckig, 5 Griffel. Früchte rundlich bis birnenförmig, grünlich bis bräunlich, sehr adstringierend. Früchte überreif oder nach Frost eßbar, werden zur Herstellung alkoholischer Getränke verwendet. Holz zäh, schwer zu bearbeiten. Im größten Teil S.-Europas natürlich vorkommend; wegen der Früchte und als Zierbaum häufig in C.-Europa angepflanzt und stellenweise eingebürgert.

a

b

c

Vogelbeere
Sorbus aucuparia

*

Hübscher Baum bis 15 m mit glatter, glänzender, grauer Rinde, aufsteigenden Ästen und gefiederten B.. Vorkommen: ganz Europa; in lichten Wäldern, Hecken, Heidegebieten und auf felsigen Hängen; in C.-Europa im Gebirge bis an die Waldgrenze (ca. 2000 m) vorkommend. B. mit 11–15 gezähnten Fiederb., verkahlend; Knospen (1) kräftig, grau behaart, nicht klebrig. Bl. streng riechend, in 10–15 cm großen Bl.ständen mit wolligen Stielen; 3–4 Griffel. Früchte zunächst gelb, schnell nach orange bzw. scharlachrot umschlagend; die *Sorbus*-Art, die sich im Herbst am frühesten verfärbt. Früchte eßbar, jedoch sauer und scharf; Holz dicht und hart. In N.-Europa ranken sich viele Geschichten um diesen Baum.

a

b

c

Elsbeere
Sorbus torminalis

Im Gegensatz zu den anderen *Sorbus*-Arten mit handförmig gelappten, an Platanenb. erinnernden B., mit 3–4 Paar dreieckigen, gezähnten Lappen, die zur Spitze des B. hin kleiner werden, unterseits verkahlend. Zweige braun, glänzend; Knospen glänzend grün, rundlich (2). Die recht lockeren Bl.stände sind gewölbt, 10–12 cm groß und werden von weißen Bl. gebildet. Griffel 2;

d

Früchte ledrig, braun, mit Korkwarzen übersät, in lang gestielten Fruchtständen. Mittelgroßer Baum bis 25 m mit aufsteigenden Ästen und schuppig rauher Borke. Außer im Norden in ganz Europa zerstreut vorkommend. Hauptsächlich bekannt wegen der Früchte, die in der Vergangenheit zu medizinischen Zwecken verwendet wurden.

a

b

Mehlbeere
Sorbus aria

◇ *

Markanter Baum bis 25 m mit gewölbter Krone, aufwärtsgebogenen Zweigen und glattem, grauem Stamm. Im Frühjahr sind nur die weiß-wolligen B.unterseiten sichtbar, von weitem erscheint der Baum wie mit weißen Bl. übersät (d). Weit verbreitet in Wäldern, auf felsigen Triften, im Süden auch im Gebirge. Verwandte Arten kommen in Skandinavien vor. Die eiförmigen bis elliptischen B. (S. 79) sind unregelmäßig doppelt gezähnt (1), die spitzen Zähne sind zur B.spitze hin gekrümmt. Bisweilen ist die B.spreite seicht gelappt. Knospen groß, grün, manchmal behaart (2). Bl.stände 5–8 cm im Durchmesser, mit weiß-wollig behaarten Stielen. Früchte 8–15 mm, meist länger als breit, gewöhnlich mit vielen kleinen Korkwarzen.

c

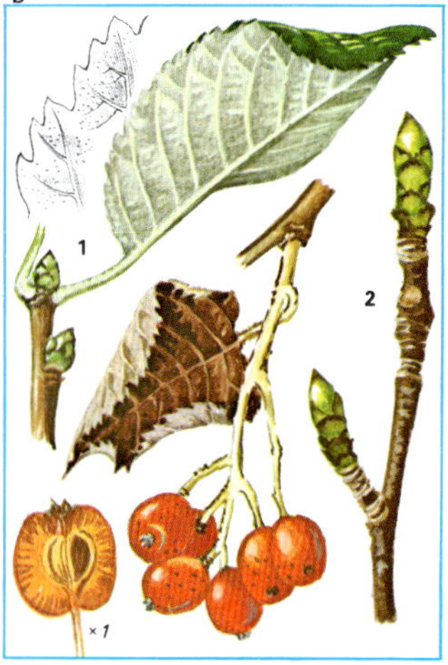

d

e

Sorbus umbellata

Diese *Sorbus*-Art ist auf der Balkanhalbinsel zu Hause und hat gelbliche, etwa 1,5 cm große Früchte. Die B. sind seicht gelappt, unterseits dicht weißwollig behaart und besitzen nur 4–7 Paar Seitennerven.

a

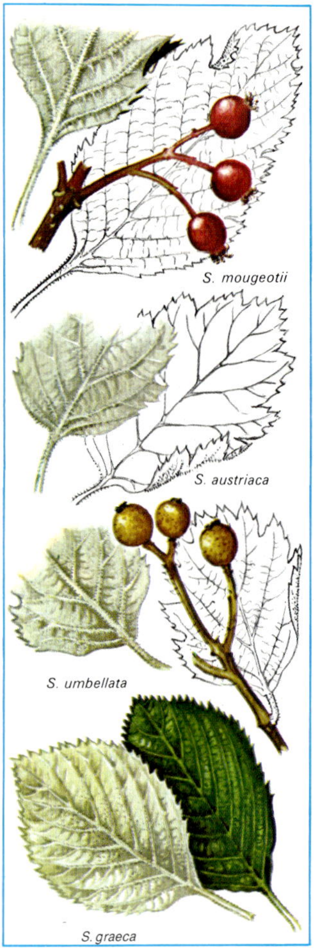

Nordische Bastardelsbeere

Sorbus hybrida

Mittelgroßer Baum Skandinaviens und Finnlands. Kenntlich an seinen tief gelappten B. (S. 79), die an ihrer Basis fast freie Teilblättchen aufweisen. Die Lappung der B. wird zur Spitze hin seichter (S. 79). Früchte rund, 10–12 mm, rot, mit kleinen zerstreuten Korkwarzen.

b

Mougeot-Mehlbeere

Sorbus mougeotii

Strauch oder Baum, an Berghängen der Westalpen und der Pyrenäen; selten. B. bis etwa 1/4 der Strecke zum Mittelnerv eingeschnitten, die einzelnen Abschnitte überlappen sich nicht. B.spreite an der Basis keilförmig, auf der Oberseite grün und kahl, unterseits grau-wollig. Früchte rund bis länglich, rot, Lentizellen klein, spärlich.

c

d

Sorbus austriaca

Mit breiteren, eiförmigen, tiefer eingeschnittenen B. (etwa 1/3 der Strecke bis zum Mittelnerv). Die Abschnitte überlappen sich meist ein wenig. Früchte mit zahlreichen, recht großen Korkwarzen. *Sorbus graeca* (S. 82) aus S.-O.- und S.-C.-Europa besitzt ungelappte B., die oberhalb der Mitte am breitesten sind. B.grund keilförmig. Früchte kugelig, scharlachrot, mit wenigen großen Lentizellen.

a

b

Schwedische Mehlbeere
Sorbus intermedia

Kleiner bis mittelgroßer Baum mit dichter, rundlicher Krone und dunklen, glänzenden B.. B. im basalen Teil gelappt, zur Spitze hin grob gezähnt, auf der Unterseite gelblich-grau filzig. Früchte scharlachrot, mit wenigen kleinen Lentizellen. Heimat: Skandinavien, Baltikum; darüber hinaus häufig als Zierbaum angepflanzt; relativ rauchtolerant.

c

d

Breitblättrige Bastardelsbeere
Sorbus latifolia

Früchte gelblich-braun mit großen Lentizellen, was auf eine enge Verwandtschaft zur Elsbeere hinweist. B. breit elliptisch (S. 79), an der Basis abgerundet, seicht gelappt, mit 14–20 dreieckigen Lappen. B. oberseits verkahlend, unterseits grünlich-grau filzig. Heimat: W.- und C.-Europa. Verwandte Kleinarten unterscheiden sich in der Farbe der Früchte und der Behaarung der B..

e

f

Japanische Mispel
Eriobotrya japonica

Auffälliger, kleiner, immergrüner Baum bis 10 m mit großen dunkelgrünen, lorbeerähnlichen B.. Wegen der Früchte und als Zierbaum in S.-Europa häufig angepflanzt. B. fest, ledrig, mit deutlichen Nerven, 12–25 cm lang, auf der Unterseite rotbraun oder grau-filzig behaart. Zweige bleiben behaart, Bl. weiß, duftend, etwa 1 cm, teilweise durch dichte, braune Haare verdeckt, in dicht verzweigten, braunstieligen Bl.ständen. Früchte goldgelb, elliptisch oder birnenförmig, 3–6 cm lang, süß und eßbar. Stein groß, braun und glatt. Heimat: China; bisweilen kultiviert. Die Früchte findet man auf den Märkten von Dörfern und Städten des Mittelmeergebietes.

a

b

c

Gemeine Felsenbirne
Amelanchier ovalis

Kleiner Strauch bis 4 m mit schneeweißen Bl.. Zweige und junge B. weiß-filzig behaart. Zweige schlank, meist aufrecht; Rinde schwärzlich. B. eiförmig bis verkehrt eiförmig, stumpf oder mit deutlicher Spitze, scharf gezähnt. Junge B. unterseits weiß-filzig, später verkahlend. Bl. mit schmalen, im Gegensatz zu anderen Vertretern der Rosaceae weit auseinanderstehenden Blütenb.; Bl. mit

d

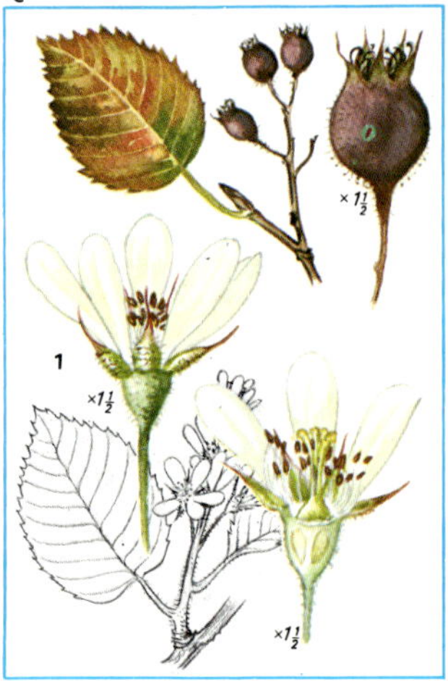

5 Griffeln. Früchte klein, süß, eßbar. Die Felsenbirne kommt in lichten Wäldern, an Felsen und auf steinigen Hängen hauptsächlich der Kalkgebirge S.- und C.-Europas vor.

Amelanchier grandiflora

↓

Junge B. rötlich, gewöhnlich nickende Bl.stände und 15–18 mm langen Blütenb.. Die nah verwandte ***Amelanchier spicata*** besitzt dicht weiß-wollig behaarte junge B., aufrechte Bl.stände und kürzere Blütenb. (4–10 mm). Beide Arten stammen aus Nordamerika und werden als Ziersträucher angepflanzt; stellenweise eingebürgert.

Filzige Zwergmispel
Cotoneaster tomentosa

In Europa kommen mehrere ähnlich aussehende, verwandte Arten der Gattung *Cotoneaster* vor, die jedoch kaum 2 m Höhe erreichen. *C. tomentosa* wächst an trockenen, steinigen Stellen, hauptsächlich der Gebirge S.- u. S.-O.-Europas und wird bis 3 m hoch. B. unterseits grau- oder weiß-filzig; Bl. leicht rosa, zu 3–12 in nickenden Bl.ständen. Früchte blutrot, weißlich behaart; mit 3–5 Kernen.

a

b

c

Simons Zwergmispel
Cotoneaster simonsii

Kleiner, laubabwerfender oder halb immergrüner Strauch bis 4 m aus Assam, Indien. Bl. zu 2–4 in kurzen Bl.ständen. Früchte scharlachrot, mit 3–4 Kernen. Oberscitc der B. dunkelgrün, in der Jugend behaart; Unterseite heller, spärlich mit steifen Haaren besetzt (1). Andere *Cotoneaster*-Arten sind stellenweise eingebürgert.

a

Feuerdorn
Pyracantha coccinea

Sehr dichter, dorniger, immergrüner Strauch, 2 m und höher, mit fein gezähnten, kahlen oder schwach behaarten B.. Bl. weiß, in dichten, abgeflachten, 2,5–4 cm breiten Bl.ständen. Früchte meist hellrot, seltener orange. Heimat: Südeuropa; in Hecken und Gestrüpp. Verwandte Arten und Kreuzungen werden häufig als Ziersträucher angepflanzt.

b

Mispel
Mespilus germanica

Laubabwerfender Strauch oder kleiner ausladender Baum bis 6 m mit länglich-lanzettlichen, fast ungestielten, ledrig aussehenden B.. In S.-O.-Europa beheimatet wurde die Mispel lange Zeit wegen ihrer Früchte in W.- und C.-Europa angepflanzt und ist hier vereinzelt in Wäldern und Hecken anzutreffen. B. oft fein gezähnt, oberseits behaart bis kahl, auf der Unterseite flaumig und hell-

c

d

grün. Junge Zweige sehr stark behaart, ältere häufig mit Dornen. Rinde in Längsrichtung abblätternd. Bl. 3–4 cm groß, ungestielt, zwischen den B.. Frucht kugelig, an der Spitze eingesunken, von den ausdauernden Kelchb. »gekrönt«. Die Früchte sind überreif oder nach Frost eßbar und ergeben eine gute Marmelade. Das Holz ist hart und feinfaserig.

a

Bestimmungsschlüssel für die Gattung *Crataegus*

1 Junge Zweige, B. und Bl.stiele kahl (3) oder mit geraden abstehenden Haaren	
2 B.lappen und Nebenb. gesägt (4)	
3 Griffel 1; Frucht mit 1 Stein	*calycina* (S. 88)
3 Griffel 2–3; Frucht mit 2 Steinen (6)	**Gemeiner Weißdorn** (S. 88)
2 B.lappen ganzrandig oder nur mit wenigen Zähnen, Nebenblätter ganzrandig, Griffel 1 (7)	**Eingriffeliger Weißdorn** (S. 88)
1 Junge Zweige, B. und Bl.stiele mit gekräuselten oder anliegenden Haaren (2)	
4 B.stiel 1–3 cm; B.lappen gesägt, Bl. 1–1,5 cm, reife Frucht schwärzlich	*pentagyna* (S. 89), *nigra* (S. 89)
4 B.stiel 0,2–1 cm; B.lappen ganzrandig oder mit 1–3 Zähnen (1) (5); Bl. 1,5–2 cm; Frucht nicht schwärzlich	
5 B. nicht größer als 3 cm; Frucht 7–10 mm im Durchmesser	*heldreichii* (S. 90)
5 B. 3–5 cm, Frucht 1,5–2 cm im Durchmesser	
6 Frucht dunkel rot-purpurn	*schraderana* (S. 90)
6 Frucht orange-rot bis gelb	*laciniata, azarolus,* (S. 89)

Die Bestimmung der Arten ist schwierig; Bastarde sind häufig. Angaben zu Form und Größe von B. und Nebenb. im Schlüssel beziehen sich auf Bl.triebe. Amerikanische Arten, die angepflanzt und verwildert sind, sind nicht berücksichtigt, ebenso Lokalarten: *C. macrocarpa,* O.-Alpen; *C. pycnoloba,* S.-Griechenland.

Eingriffeliger Weißdorn
Crataegus monogyna

Von allen europäischen Arten die am weitesten verbreitete. Ein sehr variabler, außerordentlich dorniger Strauch oder kleiner Baum bis 10 m. Verbreitet in Dickichten und an Waldrändern, besiedelt auch grasige Hänge. In großem Umfang als Feld- oder Wegbegrenzung angepflanzt, verträgt jährlichen Schnitt. B. sehr unterschiedlich gestaltet, seicht oder tief, stumpf oder spitz gelappt; die 3–7 B.lappen ganzrandig, zur Spitze hin gezähnt. Zweige rötlich-braun, später grau, kahl oder spärlich behaart; Dornen 1–2 cm, Bl. 8–15 mm; Griffel 1. Bl. mit stechendem Geruch. Frucht mit nur einem Stein (zerdrücken!) und unterschiedlich gefärbt, hellrot bis purpurrot. Rinde abblätternd. Holz schwer und dicht.

a

b

c

Gemeiner Weißdorn
Crataegus laevigata (oxyacantha)

Unterscheidet sich von *C. monogyna* durch die B., und die Zahl der Griffel und Steine. B. mit 3–5 kurzen, breiten, stumpfen B.lappen mit fein gezähntem Rand. Griffel 2–3. Frucht tiefrot, mit 2 Steinen (S. 87). *C. calycina* besitzt breite zugespitzte B.lappen mit ebenfalls fein gezähnten Rändern. Bl. 1,5–2 cm. Frucht meist zylindrisch, mit 1 Stein. Beide kommen in N.- und C.-Europa vor.

d

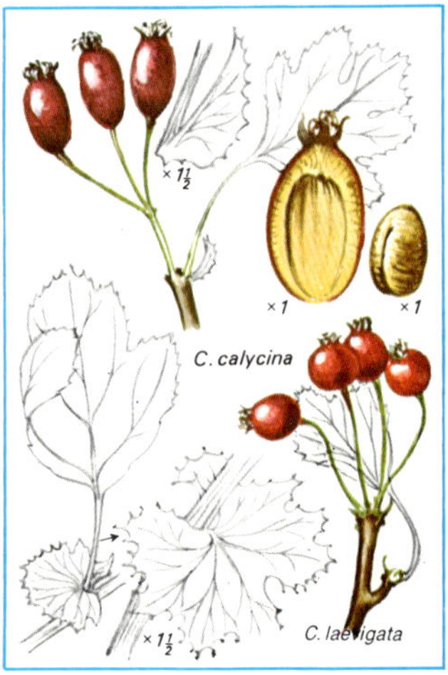

Fünfsteiniger Weißdorn
Crataegus pentagyna

Reife Früchte mattschwarz bis schwärzlich-purpurn mit 4–5 Steinen. B. 3–7lappig, unterseits spinnwebenartig behaart. Bl.stände reichblütig. *C. nigra* besitzt beiderseits wollig behaarte 7–11lappige B., wenigblütige Bl.stände und schwarz glänzende Früchte mit 4–5 Steinen. Beide kommen natürlich in Wäldern des östl. C.-Europas vor.

a

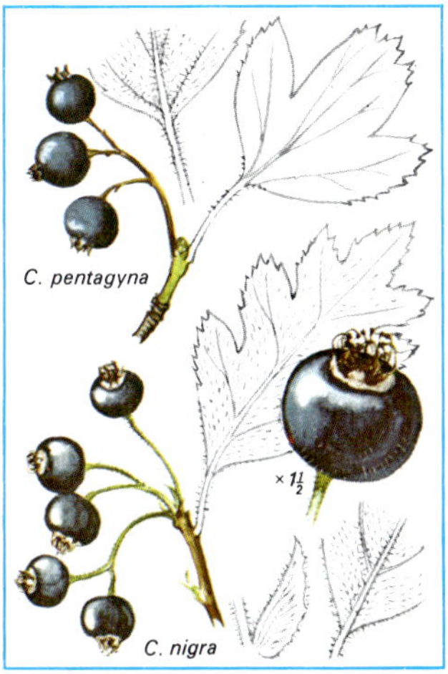

Crataegus azarolus

Kenntlich an den 2–2,5 cm großen, kugeligen, orangeroten oder gelben Früchten mit 1–3 Steinen. B. gewöhnlich mit 3 stumpfen, oft ungezähnten Lappen und anliegenden, gekräuselten Haaren. Bl.stand dicht filzig behaart (S. 87), Griffel 1–2. Strauch oder kleiner Baum; Heimat: Kreta; in S.-Europa wegen der eßbaren Früchte häufig angepflanzt.

b

c

Orientalischer Weißdorn
Crataegus laciniata (orientalis)

Strauch oder kleiner Baum in Hecken und auf felsigen Berghängen S.-O.-Europas und Spaniens. B. graugrün, tief eingeschnitten mit 3–7 schmalen, spitzen, gezähnten Lappen, flaumig behaart. Junge Zweige wollig, schwärzlich werdend, nur wenig bedornt. Bl. 1,5–2 cm, Griffel 3–5; Früchte birnenförmig oder kugelig, 1,5–2 cm, korallrot oder orangerot.

d

Crataegus schraderana (a)
Crataegus heldreichii (b)

Seltener Strauch, in den Bergen Griechenlands vorkommend. Früchte dunkelrot-purpurn mit 2–4 Steinen. B. und Zweige (S. 87) sind im jungen Zustand grau behaart, verkahlen jedoch bald. Bl. weiß, 15–18 mm. Letzter kommt in Griechenland, Albanien und Kreta vor. Er hat kleine, runde Früchte (etwa 7 mm) mit 1–3 Steinen. B. und Zweige sind wollig behaart.

Crataegus mollis (c)
Crataegus submollis (d)

↓

Einige nordamerikansiche Arten mit roten Früchten und ganzrandigen oder gelappten B. werden als Ziersträucher angepflanzt oder sind gelegentlich eingebürgert. *C. mollis* = unterseits dicht behaarte junge B. *C. submollis* = große hellorange-rote Früchte. *C. intricata* = gelappte B. und rötlichbraune Früchte.
Alle drei werden oft fälschlich als »*coccinea*« bezeichnet.

Gemeiner Hahndorn
Crataegus crus-galli

↓

Kleiner Zierstrauch oder -baum aus Nordamerika mit etwas ledrigen, dunkelgrünen, verkehrt-eiförmigen, scharf gezähnten B. und sehr langen (7–10 cm) schlanken Dornen. B. und Zweige kahl, Bl. in aufrechten Bl.ständen. Als Zierpflanze geschätzt (besonders wegen seiner Herbstverfärbung), in C.-Europa bisweilen verwildert.

a

b

c

d

e

Bestimmungsschlüssel für die Gattung ***Prunus*** **(Kirsche, Pflaume, Pfirsich)**

1 Frucht und Fruchtknoten behaart (1)	
2 B. breit oval oder rundlich (3)	**Aprikose** (S. 92)
2 B. mindestens doppelt so lang wie breit (7)	**Mandel** (S. 91), **Pfirsich**, *webbii* (S. 92)
1 Frucht und Fruchtkn. kahl (6)	
3 Bl. einzeln (4) (5), in Trauben oder Dolden (9)	
4 Fruchtstiel wenigstens doppelt so lang wie die reife Frucht (8)	**Kirsche** (S. 95), **Sauerkirsche** (S. 95)
4 Fruchtstiel kürzer oder kaum länger als die reife Frucht (6)	
5 B. kahl	**Schlehe** (S. 93), *cocomila* (S. 94)
5 B. behaart, wenigstens auf den Nerven der B.unterseite	
6 Junge Zweige matt, i. d. R. behaart (5)	**Schlehe** (S. 93), **Pflaume** (S. 94)
6 Junge Zweige glänzend, kahl (2)	*brigantina* (S. 94), **Kirschpflaume** (S. 93)
3 Bl. in verlängerten (10) oder rundl. Trauben (11)	
7 Bl. zu 3–10, in kurzen oder rundlichen Trauben (11)	*mahaleb* (S. 96)
7 Bl. zu 12–100, in verlängerten Trauben (10)	
8 B. immergrün, ledrig; Frucht am Ende zugespitzt	*lusitanica* (S. 98) **Kirschlorbeer** (S. 98)
8 B. sommergrün, dünn; Frucht am Ende abgerundet	*serotina* (S. 97) *virginiana* (S. 97) **Vogelkirsche** (S. 96)

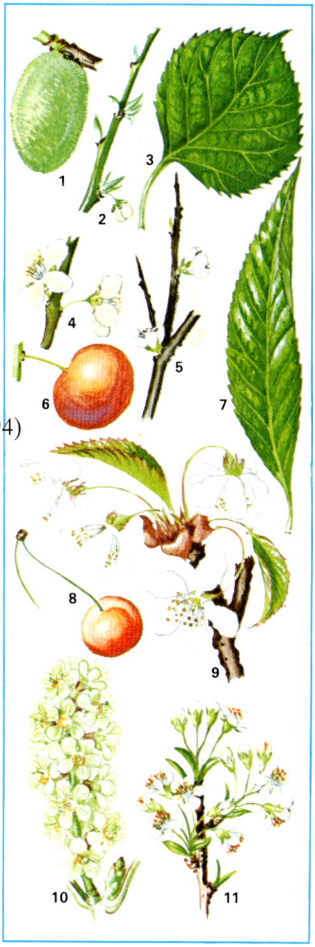

P. ramburii ist auf S.-Spanien beschränkt.

Mandel
Prunus dulcis (Amygdalus communis)

↓ *

Heimat: Asien, N.-Afrika; im Süden schon lange wegen der eßbaren Samen (Mandeln) in Plantagen und Gärten kultiviert, weiter nördl. als Zierbaum. Wildform mit dornigen Zweigen. B. gezähnt, V-förmig gefaltet. Bl. erscheinen vor den B.. Im Mittelmeergebiet »Vorbote des Frühlings«. Die Samen sind von einem harten, grünen Perikarp umgeben.

a

b

Aprikose
Prunus armeniaca

Bekannt durch ihre rötlich-orangen bis gelben, samtig behaarten Früchte. Unterscheidet sich vom Pfirsich durch breitere, länger gestielte B. und glatte Steine, die sich leicht vom Fruchtfleisch lösen. Junge Zweige und B. rötlich. Bl. weiß oder sehr schwach rosa. In Asien beheimatet; in Südeuropa wegen der Früchte in größerem Umfang angebaut.

a

Pfirsich
Prunus persica (c)

Prunus webbi (d)

Mit Früchten unverwechselbarer kleiner Baum. Stammt aus China, wird jedoch in Obstplantagen in S.- und S.-C.-Europa sehr häufig angebaut und ist in Gärten auch weiter nördlich zu finden. Im Süden gelegentlich verwildert. Die wohlschmeckenden Früchte besitzen gelbes oder blaßgrünes Fleisch, samtige Haut und einen tief zerfurchten Stein, der sich nur schwer vom Fruchtfleisch löst. B. lanzettlich, ohne Basaldrüsen, fein gezähnt, meist kahl. Zweige rötlich-grün, etwas kantig, kahl und unbewehrt. Bl. rosa, gelegentlich weiß, erscheinen mit den B., später als beim Mandelbaum. *P. webbi* gleicht mit seinen schmalen, nur 6–9 mm breiten B. und den grünen 2–2,5 cm großen Früchten dem wilden Mandelbaum. Bl. dunkelrosa. Kommt an felsigen Standorten auf der Balkanhalbinsel vor.

b

c

d

Schwarzdorn, Schlehe
Prunus spinosa

Die am weitesten verbreitete europäische *Prunus*-Art, fehlt lediglich auf Island und im hohen Norden. Sie kommt an trockenen Ufern, auf Hügeln, in Gebüsch, Hecken und an Waldrändern vor. Dichter, intensiv verzweigter, undurchdringlicher, sehr dorniger Strauch bis 4 m mit dunklen, schwärzlich-braunen Zweigen. Wurzelsprosse bilden oft Dickichte. Junge Zweige gewöhnlich behaart. B. klein, 2–4 cm, fein gezähnt, matt grün, oberseits kahl. Bl. erscheinen i. d. R. lange vor den B., bisweilen aber auch mit den jungen B.. Bl. 1–1,5 cm, meist einzeln, auf kurzen, kahlen, ca. 5 mm langen Stielen, an Kurztrieben büschelig gehäuft. Die kleinen, bereiften, bläulich-schwarzen Früchte, 1,5–2 cm, sind unverwechselbar und sehr adstringierend.

a

b

c

Kirschpflaume
Prunus cerasifera

Gewöhnlich die erste weißblühende Art im Frühling. Der Schlehe sehr ähnlich, aber ein kleiner, breitkroniger Baum in Hecken und Dickichten mit glänzend grünen, glatten (S. 94 [1]), gelegentlich dornigen Zweigen. B. 4–7 cm, oberseits glänzend. Bl. größer als bei der Schlehe, 2 cm im Durchmesser, meist einzeln, Bl.stiele circa 1,5 cm, Frucht eßbar, 2–3 cm, zunächst grün, später gelb oder

d

e

rot, Stein kugelig, glatt und gekielt. Heimat: Balkanhalbinsel; bisweilen in C.-Europa wegen der Früchte, als Hecke und als Unterlage für Veredelungen angepflanzt. Früh blühende Kulturformen mit weißen oder rosa Bl. und purpurroten B. sind oft als Ziergehölz anzutreffen.

a

Prunus brigantina (b)

Prunus cocomilia (c)

Ersterer, ein Strauch oder kleiner Baum trockener Hänge der S.-W.-Alpen, hat glänzende, kahle Zweige und unregelmäßig stark eingeschnittene B. mit unterseits flaumig behaarten B.nerven. Frucht etwa 2,5 cm, gelb, sauer. Letzterer ist kahl, Bl. weiß, zu 2–4 in Büscheln, mit den B. erscheinend.

b

c

Pflaume, Zwetsche
Prunus domestica

*

Wahrscheinlich ein Bastard zwischen Schlehe und Kirschpflaume. Mit vielen Kulturformen in Europa verbreitet. Die Zwetsche (d) besitzt fast kahle junge Triebe, grünlich-weiße Bl. und 4–7,5 cm große elliptische, schwarz-purpurn bis rote Früchte. Pflaumen besitzen purpurfarbene, Reineclauden gelbe bis grüne Früchte. Beide haben behaarte junge Zweige und weiße Bl..

d

Vogelkirsche, Süßkirsche
Prunus avium

■ ◇ *

Stattlicher, schlanker Baum bis 20 m Höhe mit aufstrebenden Ästen und glänzender rotbrauner Rinde, die sich in horizontalen Streifen ablöst (Ringelborke). Kommt in ganz Europa mit Ausnahme der nördlichsten Teile und des Mittelmeergebietes vor; in Wäldern, Dickichten und Hecken. Wegen der süßen Früchte in vielen Kulturformen angepflanzt. Farbe der Früchte reicht von Schwarz über Rot bis Weiß. B. oberseits matt, jung herabhängend, mit zwei deutlichen Drüsen (2). Bl. gehäuft mit meist trockenhäutigen Schuppen an der Basis der Stiele (1); Blütenb. verkehrt eiförmig. Kirschen wilder Bäume süß oder bitter, hell- oder dunkelrot; Stein glatt. Holz zäh, rötlich-braun.

a

b

c

Sauerkirsche
Prunus cerasus

■ ↓

Wie die Vogelkirsche, aber gewöhnlich buschförmig, mit dunkelgrünen, glänzenden, abstehenden B. und i. d. R. hellroten, sauren Früchten. Die Schuppen am Grunde des Bl.standes haben meist Blattcharakter; Blütenb. abgerundet; Bl.boden becherförmig. In Asien zu Hause wird sie wegen ihrer Früchte bei uns angepflanzt (Weichseln, »Schattenmorellen«). Nicht selten verwildert.

d

e

Felsenkirsche, Weichselkirsche
Prunus mahaleb

Stark verzweigter, ausladender Strauch, seltener baumförmig. Auf trockenen Hügeln, in trokkenen Gebüschen und lichten Wäldern C.- und S.-Europas. Bl. klein und weiß, zu 3–10 in 3–4 cm großen Bl.ständen, diese an kurzen, beblätterten Seitentrieben (1). B. breit oval, gezähnt, glänzend, unterseits kahl oder schwach behaart. Junge Zweige ± grau, drüsig, später bräunlich mit hellen Lentizellen. Bl. mit angenehmem Geruch, 1–1,5 cm. Früchte bitter, 8–10 mm. Holz wegen seines Cumaringehaltes aromatisch (Cumarin gibt auch dem Waldmeister seinen charakteristischen Geruch.); daher auch das besondere Aroma der aus diesem Holz gefertigten Pfeifen.

a

b

Traubenkirsche
Prunus padus

Ansehnlicher kleiner Baum bis 15 m mit hellgrüner Belaubung und zahlreichen langen ± aufrechten bis überhängenden oder herabhängenden Bl.trauben. Bl.stände an Seitentrieben. Bl. klein, intensiv duftend. In ganz Europa mit Ausnahme des Mittelmeergebietes und des Balkans zu Hause. *P. padus* kommt auch als Strauch bis 3 m im Norden und in den Gebirgen C.-Europas vor. B. 6–10

c

d

cm, fein gezähnt, oberseits matt grün, junge Zweige fein behaart oder kahl, Knospen schlank, spitz. An der Basis der Bl.stände mit einigen B. (1). Früchte schwarz glänzend, reich an Tannin und daher sehr adstringierend. Rinde und Holz mit unangenehmem Geruch; Rinde glatt, dunkel grau-braun.

Spätblühende Traubenkirsche
Prunus serotina

↓ *

Im Habitus wie die Traubenkirsche, aber von ihr durch glänzende, dunkelgrüne B. mit gebogenen Zähnen am B.rand unterschieden. Bl. größer als bei der Traubenkirsche, etwa 1 cm im Durchmesser. Früchte schwarz-purpurn mit ausdauerndem Kelch (2). Heimat: Nordamerika; in C.-Europa wegen des Holzes angepflanzt, darüber hinaus als Zierbaum, bisweilen eingebürgert. Rinde sehr aromatisch. Virginische Traubenkirsche – *P. virginiana,* gelegentlich in C.-Europa angepflanzt und verwildert. Früchte dunkelrot mit hinfälligem Kelch. Strauch bis 5 m, Rinde nicht aromatisch. B. mit sehr spitzen, mehr abstehenden Zähnen, matt. B. mit 8–11 hervortretenden Seitennerven (*Prunus serotina* mit mindestens 15 Nerven).

a

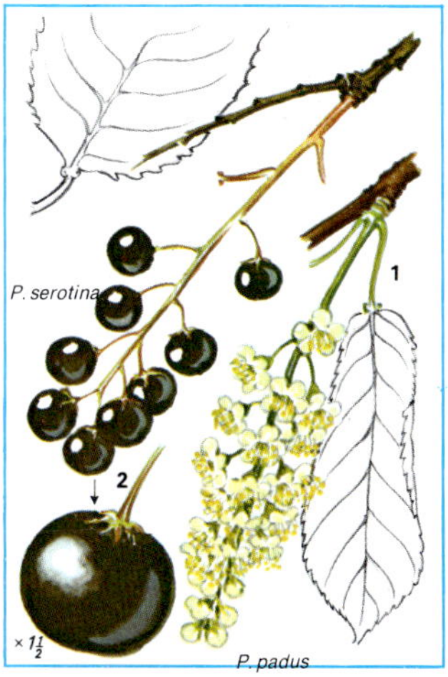

b

c

d

e

Portugiesischer Lorbeer
Prunus lusitanica

Dichter, dunkler, immergrüner Strauch oder Baum bis 8 m und mehr mit großen, glänzenden B. Bl.stand länger als die benachbarten B.. Heimat: Iberische Halbinsel; im Westen häufig als Zierstrauch angepflanzt. Rinde schwarz, glatt; Zweige, B.stiele und Knospen oberseits purpurrot, kahl. Bl. mit sehr aromatischem Duft, 1–1,5 cm. Früchte 8–13 mm, reif schwarzpurpurn.

a

b

Kirschlorbeer
Prunus laurocerasus

Wegen seiner bis zu 20 cm langen, immergrünen, glänzenden B. oft fälschlich als »Lorbeer« bezeichnet. Heimat: S.-O.-Europa; im Süden und Westen häufig als Zierstrauch gepflanzt und bisweilen eingebürgert. Rinde grau-braun. Zweige, B.stiele und Knospen grün. Bl.stände aufrecht, etwa so lang wie die benachbarten B.. B. enthalten Blausäure.

c

d

SCHMETTERLINGSBLÜTLER Leguminosae

Mit mehr als 13 000 Arten eine der größten Pflanzenfamilien. Weltweit verbreitet liefern ihre Vertreter wertvolle Nahrungsmittel, Viehfutter, Gummi, Harze und Holz. Ihre Fähigkeit, Luftstickstoff zu binden, ist wichtig für die Erhaltung der Bodenfruchtbarkeit. Die Leguminosae besitzen gefiederte (4), wechselständige B. und Hülsenfrüchte (5) (6), die sich mit 2 Klappen öffnen. Die Bl. sind entweder klein und radiär mit vielen Staubb. (2) oder zygomorph (3) mit ungleich gestalteten Blütenb. und 10 Staubb. (1). Die meisten europäischen Arten besitzen Bl., die aus einer Fahne, 2 Flügeln und dem Schiffchen (S. 110 [3]) bestehen. Die Filamente der Staubb. sind verwachsen (1). Die in Europa vorkommenden Arten sind meist krautig, nur wenige sind strauch- oder baumförmig und verholzt, viele dienen als Zierpflanzen.

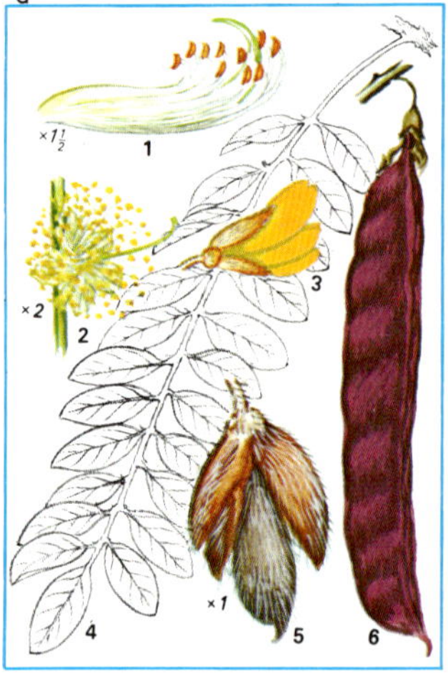

Bestimmungsschlüssel für die Leguminosae

1 Staubb. zahlreich, nicht in die Bl. eingeschlossen (2), Blb. klein oder fehlend	**Johannisbrotbaum** (S. 100), **Gleditschie** (S. 101), *Acacia* (S. 101–4), *Albizia* (S. 105)
1 Staubb. in Schmetterlingsbl. eingeschlossen (4), Bl. mit Fahne, Flügeln und Schiffchen	
2 Staubb. 5–10, nicht verwachsen (3)	*Cercis* (S. 99), *Sophora* (S. 105), *Anagyris* (S. 106)
2 Staubb. 10, zu einer Röhre verwachsen (1)	
3 Bl. gelb	
4 Dornige Sträucher über 2 m	**Stechginster** (S. 110), *Calicotome* (S. 107)
4 Dornlose Bäume oder Sträucher über 2 m	
5 Schlanke, besenförmige Sträucher, oft ohne B.	*Spartium* (S. 110), **Ginster** (S. 108–109), *Lygos* (S. 109)
5 Beblätterte Sträucher oder Bäume	
6 B. dreizählig (9) oder mit nur einem Blättchen (6)	*Medicago* (S. 113), *Adenocarpus* (S. 111), *Petteria* (S. 110), **Ginster** (S. 108–9) **Goldregen** (S. 106–107)
6 B. gefiedert (7) mit 2 oder mehr Fiederpaaren, oder gefingert (5)	**Blasenstrauch** (S. 112), *Lupinus* (S. 111)
3 Bl. weiß, purpurn, violett oder rosa	**Robinie** (S. 111), *Wisteria* (S. 112), *Amorpha* (S. 113), *Lygos* (S. 109), *Cytisus* (S. 108)

Judasbaum
Cercis siliquastrum

Kleiner laubabwerfender Baum bis 10 m mit ganzrandigen, rundlichen, schönen, rosa Bl. und rotbraunen Hülsen. Heimat: östliches Mittelmeergebiet; an felsigen Hängen, Flußläufen und in trockenen Wäldern; nach Westen bis Frankreich vorkommend; im Süden häufig als Zierbaum anzutreffen. B. 7–12 cm, an der Spitze rund oder eingekerbt, mit herzförmiger Basis (1). Bl. i. d. R.

a

vor den B. erscheinend, in Büscheln an den älteren Zweigen; Blb. ungleich groß, die oberen kleiner (2); Staubb. 10, nicht miteinander verwachsen. Junge Hülsen purpurrot. Rinde braun, fein rissig.

a

Johannisbrotbaum
Ceratonia siliqua

*

Dichter, dunkler, immergrüner, schattenspendender Baum bis 10 m mit kuppelförmiger Krone oder häufig auch als dichtes Gebüsch. In den trockeneren Teilen des Mittelmeergebietes beheimatet, sticht er in der ausgedörrten, braunen, sommerlichen Landschaft mit seinem dunkelgrünen Laub von den heller grünen Oliven deutlich ab. *Ceratonia siliqua* wird häufig auf Terrassen kultiviert. Seine Früchte (Hülsen) sind eßbar und werden auch als Viehfutter verwendet. Die reifen Hülsen sind schokoladenbraun und schmecken süß. Die Samen stellen das ursprüngliche »Karat«-Gewicht dar. B. zusammengesetzt, mit 2–5 Paar grossen , ledrigen, rundlichen, glänzenden B.fiedern. Bl. erscheinen im Herbst (c). Hülsen bis 20 cm, während der meisten Zeit des Jahres an älteren Zweigen zu finden. Holz hart, rötlich, glänzend.

b

c

d

Gleditschie
Gleditsia triacanthos

Laubabwerfender Baum aus N.-Amerika, in C.- und S.-Europa häufig als Zierbaum angepflanzt. Einmalig durch seinen gewöhnlich mit Büscheln verzweigter Dornen besetzten Stamm. B. einfach oder doppelt gefiedert, mit zahlreichen gezähnten B.fiedern. Bl. duftend, in achselständigen Bl.ständen. Hülsen 30–45 cm lang, 2–3 cm breit, sichelförmig oder spiralig gewunden.

a

b

Bestimmungsschlüssel für die Gattung *Acacia*

1 Alle B. doppelt gefiedert	
2 Laubabwerfende Pflanze, Zweige dornig	*farnesiana* (S. 102) *karoo* (S. 102)
2 Immergrüne Pflanze, Zweige nicht dornig	*dealbata* (S. 102) *mearnsii* (S. 102)
1 Wenigstens einige B. einfach, lang und schmal	
3 Bl. in langen, achselständigen Ähren; Frucht im Querschnitt rundlich	*longifolia* (S. 103)
3 Bl. in gestielten, rundlichen Bl.ständen; Frucht abgeflacht	
4 B. mit 2–6 Längsnerven; Frucht gebogen	*melanoxylon* (S. 103) *cyclops* (S. 104)
4 B. mit 1 Längsnerv; Frucht fast gerade	
5 B. deutlich sichelförmig; 10–20 Bl.köpfchen pro Bl.stand	*pycnantha* (S. 104)
5 B. mehr oder weniger gerade; 2–10 Bl.köpfchen pro Bl.stand	*cyanophylla* (S. 103) *retinodes* (S. 104)

Die meisten Akazien sind in Australien und Tasmanien beheimatet und werden in S.-Europa besonders entlang der Mittelmeerküste zur Zierde, zur Bodenbefestigung und gelegentlich wegen des Holzes angepflanzt. Bisweilen sind sie auch eingebürgert.

Acacia karoo

Unverwechselbar durch die 5–10 cm langen, kräftigen Dornen. B. doppelt gefiedert, Fiederb. 6–10 mm (S. 101). Bl.köpfchen gelb, zu 4–6 beieinander, in den Achseln der oberen B., schwach duftend. Hülse 8–13 cm, abgeflacht und zwischen den Samen eingeschnürt. Heimat: S.-Afrika; als Hecken und Ziergehölz in S.-W.-Europa bisweilen eingebürgert.

a

Acacia farnesiana

Dorniger Strauch bis 4 m mit doppelt gefiederten B. und kurz gestielten Bl.ständen. Bl. duftend. Fiederb. winzig, 3–5 mm, lineal-länglich. Dornen an alten Zweigen 2,5 cm. Bl.köpfchen 10–12 mm, 2–3 beieinander. Hülse zylindrisch, aufgeblasen, 5–9 cm. Heimat: Dominica (eine der Inseln über dem Winde); in S.-W.-Europa zur Zier und Parfumherstellung angepflanzt.

b

Silber-Akazie
Acacia dealbata

Sehr hübscher, zierlicher, silberig-grauer, immergrüner Baum mit glatter, grauer Rinde. B. groß, mit 10–12 Paar Fiedern, von denen jede 30–40 Paar 3–4 mm große Blättchen trägt. Bl. in lang verzweigten Bl.ständen, Einzelköpfchen (1) etwa 5 mm. In S.-Europa häufig anzutreffen. *A. mearnsii* sieht ähnlich aus, junge Zweige und B. gelblich, behaart; Fiederb. nur 2 mm. S.-W.-Europa.

c

Langblättrige Akazie
Acacia longifolia

An den schlanken, zylindrischen, hellgelben Bl.ähren in den B.achseln leicht zu erkennen. Bl. stark duftend. Strauch oder kleiner Baum, mit steifen, kahlen Zweigen und hellgrünen, stumpfen B. bis 15 cm, mit 2–4 Nerven. Hülse zwischen den Samen eingeschnürt, braun werdend. In S.-W.-Europa zur Dünenbefestigung angepflanzt.

a

Acacia melanoxylon

Baum mit geradem, dunkelbraunem Stamm, matt dunkelgrünen, leicht gebogenen, lanzettlichen B. und cremefarbig-weißen Bl.köpfchen. Diese kürzer als die B.. An jungen Bäumen kommen doppelt gefiederte und einfache B. nebeneinander vor (c). Hülsen gewunden, die rötlich-braunen Samen mit doppelt gefaltetem rotem Stiel. In S.-W.-Europa wegen des Holzes angepflanzt.

b

c

Blaublättrige Akazie
Acacia cyanophylla

Kleiner Baum mit schlanken Zweigen und blaugrünen, linealisch-lanzettlichen, einnervigen B. an hängenden Zweigen. Bl.köpfchen relativ groß, 1–1,5 cm, zu 2–6 beieinander, kurz gestielt. Hülsen zwischen den Samen eingeschnürt, blaugrün, dann bräunlich. Zur Bodenbefestigung und als Zierbaum in S.-Europa, besonders im S.-O..

d

Acacia retinodes

↓

Kleiner Baum bis 10 m mit schlanken Zweigen, hellgrünen, etwas überlaufenen, weidenähnlichen B. und winzigen, kugeligen, blaß gelben Bl.köpfchen in lockeren Ständen. Kann zu jeder Jahreszeit blühen, gedeiht auf den meisten Standorten und wird demzufolge sehr häufig als Zierbaum angepflanzt, besonders entlang der Mittelmeerküste; bisweilen eingebürgert. Zweige gewöhnlich braun. B. 6–15 cm, stumpf oder spitz. Bl.köpfchen 4–6 mm, zu 5–10 zusammenstehend. Hülse abgeflacht, zwischen den Samen nicht oder kaum eingeschnürt. Samen mit scharlachrotem, doppelt gefaltetem, den Samen umschlingenden Stiel.

a

b

Acacia pycnantha (c) *Acacia cyclops* (d)

↓

Erstere ist ein kleiner Baum mit gebogenen, einnervigen B. und überlaufenen Zweigen. Bl.köpfchen groß, 8–10 mm, in langen Ständen.

A. cyclops ist ein relativ niedriger Strauch bis 3 m, an den Klippen der Küste Portugals bisweilen eingebürgert. B. mit 3–6 Nerven. Bl.köpfchen gelb, 4–6 mm, einzeln oder zu 2–3. Hülse gewunden (S. 101); Samen mit rotem, geschwollenem Stiel.

c

d

Persische Akazie
Albizia julibrissin

Kleiner, anmutiger, laubabwerfender Baum mit großen, farnartigen, doppelt gefiederten B. und vielen kleinen, gebogenen Fiederb.. Bl. auffällig, mit zahlreichen rosa Staubb.. Bl.köpfchen zahlreich, an den Zweigenden doldig angeordnet. Hülse flach, 8–15 cm. Heimat: Asien; im Süden als Zierbaum und Schattenspender entlang von Straßen.

a

Japanischer Pagodenbaum
Sophora japonica

Heimat: O.-Asien; in C.-Europa oft als Zierbaum angepflanzt und örtlich eingebürgert. Gekennzeichnet durch seine gefiederten B. mit 7–17 oval-lanzettlichen, glänzend dunkelgrünen, unterseits blaugrünen oder behaarten Fiederb.. Zweige zunächst blaugrün, später grün; Knospen im Sommer unter der verdickten Basis der B.stiele verborgen. Bl. in zylindrischen Bl.ständen, cremefarben-weiß oder blaß rosa, erbsenähnlich, 1–1,5 cm. Hülse flach, zwischen den Samen deutlich eingeschnürt, kahl, 5–8 cm. Verwechslungsmöglichkeit mit der Robinie (S. 111), von der sich *S. japonica* jedoch durch kleinere Bl. in aufrechten Bl.ständen, fehlende Dornen und eine andere Rinde unterscheidet.

b

c

d

Stinkstrauch
Anagyris foetida

Niedriger, laubabwerfender Busch bis 4 m mit grünen Zweigen und dreizähligen B.. Im Mittelmeergebiet auf trockenen Hängen und in Gestrüpp anzutreffen. Bl. 18–25 mm, Fahne halb so lang wie die übrigen Blb.. Hülse 10–20 cm, reif cremefarbig, stinkend. Giftiger Strauch, besonders die violetten oder gelben Samen besitzen abführende Wirkung.

a

Goldregen
Laburnum anagyroides

Heimat: S.-C.-Europa; in Wäldern und Dickichten, meist im Gebirge bis 2000 m. Darüber hinaus ein bekannter und häufig angepflanzter Zierbaum; bisweilen eingebürgert. Kleiner aufrechter Baum bis 7 m mit aufsteigenden Ästen und schmaler oft unregelmäßiger Krone oder strauchförmig. Rinde charakteristisch grünlich-braun. B. dreizählig mit matt grünen, elliptischen Fiederb., jung deutlich grau, angedrückt seidig behaart. Zweige ähnlich grau-grün, seidig behaart. Bl. hellgelb, oft mit brauner Zeichnung, etwa 2 cm, in 10–30 cm langen, hängenden Trauben. Junge Hülsen angedrückt behaart, verkahlend. Einer der giftigsten einheimischen Bäume. Alle Teile des Baumes, besonders aber die Samen, enthalten Gifte (Cytisin und Laburnin) und dürfen nicht gegessen oder auch nur gekostet werden.

b

c

d

Alpen-Goldregen
Laburnum alpinum

Gleicht der vorigen Art sehr, mit ähnlicher Verbreitung in Europa. Bl. kleiner, 1,5 cm, mit süßerem Duft, zahlreich in 15–40 cm langen, schlankeren Trauben. B., Zweige und Hülsen meist kahl; Samen braun. Fiederb. oberseits glänzend grün, unterseits hellgrün, nicht grau-grün. An sonnigen, felsigen Standorten und in Bergwäldern vorkommend.

Calicotome villosa

Calicotome spinosa (e)

Die beiden sehr ähnlichen, dornentragenden Ginster sind stechginsterähnliche Sträucher bis 3 m und kommen in Dikkichten und trockenen Gebüschen des Mittelmeergebietes vor. Ersterer ist weiter verbreitet. Bl. 2–15 in Bl.ständen, Hülsen zottig oder seidig behaart, Dornen schlanker. B. dreizählig, unterseits wie die jungen Zweige und der Kelch dicht silberig oder zottig behaart. Letzterer ist im westlichen Mittelmeergebiet von Italien bis Spanien anzutreffen. Bl. meist einzeln, Hülsen kahl oder fast kahl. Junge Zweige schwach seidenhaarig, fast völlig verkahlend, Dornen kräftiger.

a

b

c

d

e

Besenginster

Cytisus scoparius (Sarothamnus scoparius)

Cytisus grandiflorus (c)

Der bekannte Besenginster ist in ganz Europa mit Ausnahme des Nordens zu finden. Die zahlreichen großen, gelben Bl. mit den langen eingerollten Griffeln sind ebenso kennzeichnend wie die grünen, 5-rippigen, rutenförmigen, oft fast blattlosen Sprosse. B. meist dreizählig; Fiederb. 0,5–2 cm. Bl. 1,5–2 cm; Kelch kahl, 2-lippig. Reife Hülse schwarz, bis auf den Rand kahl. Auf der Iberischen Halbinsel kommen weitere, sehr ähnlich aussehende Ginster vor, die sich nur geringfügig unterscheiden. *C. grandiflorus* besitzt größere Bl., 2–2,5 cm und dicht mit weißen Haaren besetzte Hülsen. B. ungestielt. Ginster wachsen auf sonnigen, oft sandigen oder steinigen Standorten, seltener an Waldrändern und im Gebüsch.

Cytisus multiflorus

Schlanker Strauch bis 3 m mit rutenförmigen, 5-kantigen, biegsamen, zunächst silberig behaarten, später kahlen Zweigen. Bl. klein, 1 cm, zahlreich, weiß; Kelch seidig; Hülse klein, 1,5–2 cm, behaart. Vorkommen: in Heidegebieten, lichten Wäldern und an Flußufern in C.- und N.-W.-Spanien und Portugal. Weitere *Cytisus*-Arten werden bisweilen über 2 m hoch.

a

b

c

d

e

Teline monspessulana (Cytisus monspessulana)

Dornloser Strauch bis 3 m mit dreizähligen B., achselständigen, gelben Bl.ständen und schmalen, behaarten Hülsen. B. gestielt, Fiederb. eiförmig mit abstehenden Haaren. Bl. etwa 1 cm, Fahne und Flügel kahl, Schiffchen behaart; Kelch behaart. In Dickichten und lichten Wäldern des Mittelmeergebietes und Portugals.

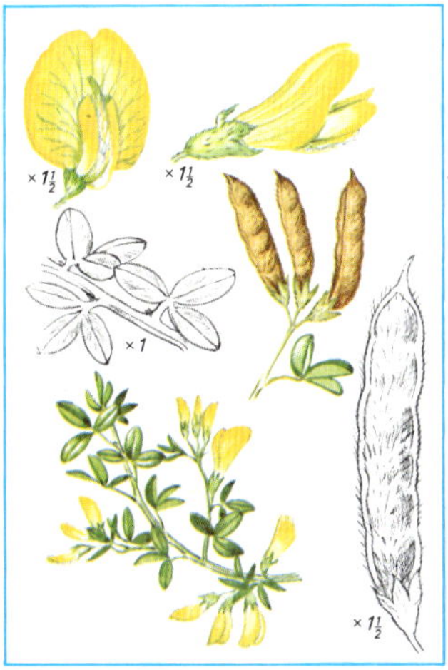

a

Genista aetnensis

Kleiner, anmutiger Baum bis 5 m, nur auf Sardinien und Sizilien vorkommend. Zweige binsenähnlich, blattlos; Bl. zahlreich, gelb, bis 1 cm. Hülse rundlich mit gekrümmter Spitze.
G. cinerea besitzt rutenförmige Zweige und gehört zu den Ginstern S.-W.-Europas, die höher als 2 m werden. Sprosse und Hülsen seidig, Bl. seidig gelb.

b

c

Lygos sphaerocarpa (d)
Lygos monosperma (e)

Drei Arten dieser Rutensträucher mit rundlichen, einsamigen Hülsen sind in Europa heimisch. Ersterer mit 5–8 mm großen, gelben Bl. kommt in Spanien und Portugal vor. Letzterer, eine weißblühende Art mit 1,5 cm großen Bl. stammt aus Sizilien. *L. raetam* blüht ebenfalls weiß und ist im S.-W. der Iberischen Halbinsel anzutreffen. Bl. 1–1,2 cm.

d

e

Spanischer Ginster
Spartium junceum

Aufrechter, stark verzweigter Strauch, meist ohne B.. Die endständigen Bl.stände mit 2–2,5 cm großen, prächtigen, duftenden, gelben Bl.. Zweige blaugrün–grün, biegsam; B. einfach, riemenförmig. Hülsen 5–8 cm, werden schwarz und verkahlen. Im Mittelmeergebiet und in Portugal häufiger Strauch auf trockenen, sonnigen Hängen, anderswo gelegentlich eingebürgert.

Petteria ramentacea

Kleiner, dichter, laubabwerfender Strauch bis über 2 m; in den Bergen Jugoslawiens und Albaniens; Gebüsche. B. ziemlich groß, dreizählig, gestielt; Bl.stände blattlos, aufrecht, endständig; Bl. gelb, duftend. Kelch zweilippig, die Oberlippe tief geteilt, die Unterlippe dreizähnig.

Stechginster
Ulex europaeus

Unverwechselbarer, äußerst dorniger, dichter Strauch bis 3 m, in Heidegebieten und auf grasigen Plätzen W.-Europas. Nördlich bis Skandinavien und östlich bis Österreich eingebürgert. Sprosse, Seitenzweige und schmale B. dornspitzig (1). Bl. chromgelb, duftend, kurz gestielt, 1,5–2 cm; Kelch und Außenkelch (3) dicht behaart. Hülse wenig länger als der ausdauernde Kelch (2).

a

b

c

d

e

Adenocarpus complicatus

Unbewehrter, dichter Strauch, dessen Hülsen durch drüsige Anschwellungen auffallen (1). In S.-W.-Europa und dem Mittelmeergebiet vorkommend. Sprosse und B. gewöhnlich mit silberigen Haaren besetzt. Fiederb. lanzettlich, vorn etwas breiter als an der Basis. *Adenocarpus decorticans* ist mit seinen etwa 1 mm breiten, silberigen Fiederb. und den 1,5 cm großen Bl. noch dekorativer. In den Bergen S.-Spaniens.

a

Baumlupine
Lupinus arboreus

↓

Verzweigter, wintergrüner Strauch bis 3 m. Heimat: Californien; auf den Britischen Inseln in Meeresnähe anzutreffen. B. gefingert (2), mit 5–12 Fiederb.. Bl. duftend, in 10–30 cm langen, endständigen Trauben; Bl.b. i. d. R. gelb, aber auch weiß, blau, purpurn oder mehrfarbig.

b

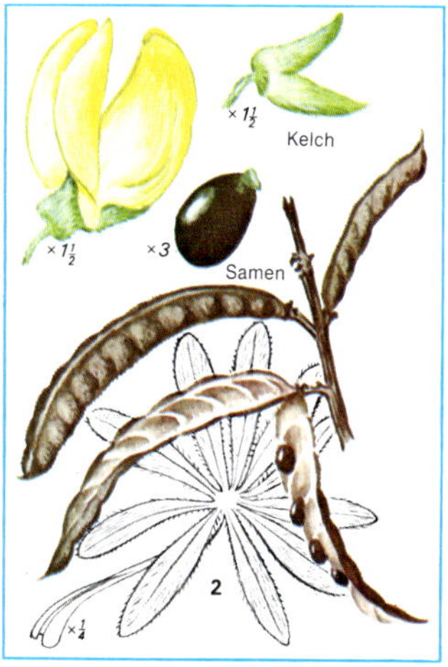

Robinie
Robinia pseudacacia

↓ ◇

Heimat: C.- und N.-Amerika; schon vor langer Zeit nach Europa eingeführt und heute in weiten Teilen, besonders im Süden und Westen eingebürgert. Erwachsene Bäume bis 25 m mit rauhem, tief gefurchtem Stamm, gebogenen, spröden Ästen und hellgrünem Laub. Bildet leicht Wurzelbrut, wodurch dichte, dornige Gestrüppe zustandekommen können. B. gefiedert, mit 7–12 ovalen,

c

d

kahlen Fiederb., 2,5–4,5 cm, an der Basis oft mit Dornen. Bl. weiß, zahlreich, in hängenden 10–20 cm langen Trauben, süß duftend. Hülsen 5–10 cm, braun, glatt, kahl. Oft zur Bodenbefestigung angepflanzt, besonders auf sandigen Böden, Dämmen und Ufern. Verwechslungsmöglichkeit mit *Sophora japonica* (S. 105).

a

Chinesische Wisterie, Glyzine
Wisteria sinensis

Kräftiger, laubabwerfender Kletterstrauch bis 10 m mit zusammengesetzten B. und 15–20 cm langen, hängenden, dunkel- oder hellvioletten Bl.ständen. Heimat: O.-Asien; oft zur Zier oder Bedeckung angepflanzt und gelegentlich eingebürgert. Fiederb. 7–13, oval, zugespitzt, seidig behaart, im Alter kahl. Bl. 2,5 cm; Hülsen 10–15 cm, samtig behaart.

b

c

Blasenstrauch
Colutea arborescens

Stark verzweigter, aufrechter, unbewehrter Strauch bis 6 m mit auffälligen, aufgeblasenen Früchten. B. mit 9–11 breit elliptischen Fiederb.. Bl. 1,5–2 cm, gelb, oft braun gestreift. Heimat: S.- und S.-O.-Europa, auf trockenen Hängen und in lichten Wäldern.
C. cilicica besitzt größere Bl., bis 2,2 cm, Flügel länger als das Schiffchen. N.-Griechenland und Türkei.

d

e

'alscher Indigo
Amorpha fruticosa

.aubabwerfender Strauch N.-Amerikas, an Flüssen und Weg-rändern C.- und S.-Europas an-zutreffen. B. gefiedert, mit 11–25 eiförmig – elliptischen, drüsigen Fiederb.. Bl. etwa 5 mm, blau-purpurn, in langen, dichten, aufrechten Bl.ständen, mit auffallenden gelben Anthe-ren. Hülse gebogen, 7–9 mm, ebenfalls drüsig (1).

a

Medicago arborea

Gedrungener, halb immergrü-ner Strauch bis 4 m. Zweige und junge Fiederb. dicht seidig be-haart. Hülsen (S. 99 [8]) deut-lich zusammengedrückt, sichel-förmig oder spiralig gewunden. B. dreizählig, B.fiedern ver-kehrt eiförmig. Bl. 1–1,5 cm, gelb, in kurzen, dichten Bl.stän-den. Heimat: Mittelmeerge-biet; auf felsigen Standorten, anderswo z. T. eingebürgert.

b

c

WOLFSMILCHGEWÄCHSE
Euphorbiaceae

Wunderbaum
Ricinus communis

Meist kräftige, nur einjährige Pflanze, im Süden jedoch bis 4 m hoher Baum. Pflanze der Tropen, mit ölhaltigem Samen; in S.- und S.-C.-Europa oft ein-gebürgert. Auffällig große, 5- bis 9lappige B.. Bl. einge-schlechtig, rötlich. Frucht 1–2 cm, mit oder ohne Stacheln; Sa-men glänzend, gesprenkelt.

d

e

Die Familie umfaßt etwa 1300 Arten Kräuter, Bäume und Sträucher. Ihre B. zeigen durchscheinende Drüsen, die wie bei *Citrus* stark aromatische Öle enthalten. Die meisten Arten sind in den südl. gemäßigten Breiten und den Tropen heimisch; holzige Arten kommen in Europa nicht natürlich vor. Die *Citrus*-Arten, die wegen ihrer Früchte und der aromatischen Öle in Plantagen und Gärten des Mittelmeergebietes kultiviert werden, stammen aus S.-O.-Asien, ihre genaue Abstammung ist jedoch unklar. Sie sind gekennzeichnet durch große, sehr saftige, dickschalige Früchte und Bl. mit 4–5 Kelchb., meist 5 Blb., zahlreichen Staubb. und einen oberständigen Fruchtknoten (1).

Pomeranze

Pomeranze
Citrus aurantium

Kleiner, immergrüner Baum mit rundlicher Krone, dornigen Zweigen und ziemlich breit geflügelten B.stielen (2). B. breit elliptisch, 7,5–10 cm, Bl. weiß, stark duftend, einzeln oder zu mehreren in den B.achseln. Frucht orange, etwa 7,5 cm, kugelig, an beiden Enden leicht abgeflacht, mit rauher, bitterer Schale und bitterem, sauerem Fruchtfleisch. Vorzügliche Marmeladenfrucht.

a

Apfelsine, Orange
Citrus sinensis

Der vorigen sehr ähnlich, jedoch Früchte mit fast glatter Schale und bei der Reife süßem Fruchtfleisch. B.stiele schmal geflügelt, im Umriß lanzettlich, (bei der Pomeranze breiter, umgekehrt herzförmig). Bl. weiß, duftend, in kurzen, lockeren Bl.ständen oder einzeln. Früchte unterschiedlich groß, mit dicker oder dünner, orangegelber bis gelber Schale.

b

c

Citrus deliciosa

Kleiner ausladender Baum mit dornigen Zweigen, schmal elliptischen B. und auffälligen, orangen Früchten. Diese 5–7,5 cm, kugelig, oben und unten deutlich abgeflacht, mit dünner, süßlich aromatischer Schale. Bei der reifen Frucht läßt sich die Schale leicht von dem süßen Fruchtfleisch lösen. Bl. weiß, einzeln oder in Bl.ständen.

a

b

Zitronat-Zitrone (c)
Citrus medica
Pampelmuse (d)
Citrus grandis

Erstere ist ein kleiner Baum mit gezähnten B., runden oder schmal geflügelten B.stielen und 15–25 cm großen, gelben Früchten. Schale sehr dick, rauh; Fruchtfleisch blaß grün oder gelb, sauer oder süßlich. Letztere besitzt grapefruitähnliche, 10–25 cm große, gelbe Früchte, die Zweige und Unterseiten der Mittelnerven der B. sind schwach behaart.

c

d

Grapefruit
Citrus paradisi

Kleiner, immergrüner Baum mit bis 1,5 cm breit geflügelten B.stielen. Zweige und Unterseite der B. kahl; Bl. weiß, in achsel- oder endständigen Bl.ständen. Früchte 10–15 cm groß, blaß gelb, kugelig, mit dicker, glatter Schale und blassem Fruchtfleisch.

e

Zitrone
Citrus limon

Mit reifen Früchten unverwechselbar. Diese sind hellgelb, länglich-eiförmig, mit einem etwas kegelförmigen Fortsatz an der Spitze und haben saures Fruchtfleisch. B.stiel schmal geflügelt, knotig; Spreite gezähnt. Bl. weiß, außen purpurn überhaucht; 25–40 Staubb.. Zweige mit kräftigen Dornen.

a

b

Süß-Zitrone (c)
Citrus limetta
Citrus bergamia (d)

Erstere ähnelt sehr stark der Zitrone, die Frucht ist jedoch kürzer, fast geschmacklos, die Bl. sind rein weiß. Letztere besitzt blaßgelbe 7,5–10 cm große, birnenförmige Früchte mit dünner Schale und duftendem Fruchtfleisch. In S.-Italien wegen der an aromatischen Ölen reichen Schale angebaut.

c

d

Hopfenstrauch
Ptelea trifoliata

Strauch oder kleiner ausladender Baum mit dreizähligen B., dichten Bl.ständen grünlichweißer Bl. und hängenden Büscheln flacher, scheibenförmiger Früchte. Heimat: N.-Amerika; zur Zier in C.-Europa angepflanzt und bisweilen eingebürgert. Blb. und Staubb. 4, dicht behaart. Frucht 1,5–2,5 cm, strohgelb und auffallend netznervig.

e

f

BITTERESCHENGEWÄCHSE
Simaroubaceae

Götterbaum
Ailanthus altissima

Stattlicher, schnellwüchsiger, laubabwerfender Baum mit großen gefiederten B. und stark duftenden, grünlichen Bl.. Heimat: China; als Zierbaum, Schattenspender und zur Bodenerhaltung, besonders in Gebieten mit Luftverunreinigungen, angepflanzt und in S.- und C.-Europa eingebürgert. B. 45–60 cm mit 13–25 großen, oval-lanzettlichen Fiederb.. Jedes Fiederb. an der Basis mit 2–4 Zähnen, jeder Zahn unterseits mit einer großen Drüse. Zweige glatt; Knospen scharlachrot (1). Bl. 7–8 mm, oft nur ♂ oder ♀ Bl. an einem Baum. Früchte in langen, hängenden Fruchtständen, jung rotbraun. Jeder Samen mit einem gedrehten Flügel. Rinde glatt, grau, wie bei der Buche. An Wegrändern und auf Ödflächen. Die Simaroubaceae umfassen hauptsächlich tropische Bäume und Sträucher.

a

b

c

ZEDERACHGEWÄCHSE
Meliaceae

Melia azedarach

Kleiner, ausladender, laubabwerfender Baum bis 15 m mit doppelt gefiederten B., lila Bl. und erbsengroßen, gelben bis cremefarbenen Früchten. Heimat: S.- und O.-Asien; in S.-Europa häufig als Schattenspender an Straßenrändern und als Zierbaum angepflanzt, stellenweise eingebürgert. B.fiedern zahlreich, oval bis ellip-

d

tisch, 2–5 cm, scharf gezähnt oder gelappt. Bl. in locker verzweigten, 10–20 cm großen Bl.ständen, duftend. Blb. violett; Früchte oft noch im Winter am Baum; sie werden in der Medizin verwendet und sind schwach giftig; auch als Rosenkranzkügelchen verwendet. Vertreter der Meliaceae kommen überwiegend in den Tropen vor.

a

b

GERBERSTRAUCHGEWÄCHSE Coriariaceae

Gerberstrauch
Coriaria myrtifolia

Strauch mit aufrechten rutenförmigen Zweigen, bis 3 m; in Dickichten, Hecken und an Ufern S.-W.-Europas. Die Blb. werden fleischig und umhüllen die Früchte. Zweige viereckig; B. gegenständig, dreinervig. Bl. winzig, grünlich, in kurzen Bl.ständen. Frucht fünflappig, gerippt, giftig.

c

d

SUMACHGEWÄCHSE Anacardiaceae

Kleine Familie mit etwa 600 überwiegend tropischen und subtropischen Arten. In Europa kommen 7 davon natürlich vor. Merkmale: kleine, regelmäßige Bl. (1), in verzweigten Bl.ständen, gewöhnlich je 5 Kelch- oder Blütenb. sowie 10 Staubb.. Frucht i. d. R. eine harzreiche Steinfrucht. B. gefiedert, gefingert oder einfach. Die meisten Arten enthalten einen scharfen Milchsaft oder sind harzig und sind als Gummi- und Harzproduzenten von Bedeutung; zudem liefern sie Farbstoffe und werden zum Gerben von Leder verwendet. Einige außereuropäische Arten wirken schon beim Berühren giftig.

Rhus coriaria (a)
Hirschkolben-Sumach (b)
Rhus typhina

Ersterer ist ein behaarter, halb immergrüner Strauch bis 3 m mit gefiederten B. (1), dichten grünlichen Bl.ständen (a) und bräunlich-purpurnen Früchten. B.fiedern 7–21, grob gezähnt, B.stiel oberseits geflügelt. Letzterer wird oft als Zierbaum angepflanzt. B.stiel nicht geflügelt; Früchte rötlich, auch im Winter am Baum.

a

b

Perückenstrauch
Cotinus coggygria

Dichter, ausladender Strauch, oft nur 1–2 m, gelegentlich bis 5 m mit zierlichen, rundlichen, im Herbst leuchtend roten B.. Außer auf der Iberischen Halbinsel in S.-Europa an trockenen, felsigen Hängen. B. lang gestielt, blaugrün, auffallend genervt, 3–8 cm. Bl. gelblich in lockeren, verzweigten, pyramidenförmigen Rispen. Viele Bl. sind steril und fallen bald ab, während die behaarten Bl.stiele am Strauch verbleiben. Fruchtstände unverwechselbar, zunächst braun oder purpurn, dann grau mit einer Vielzahl fedrig behaarter Stiele (2), die die B. im Sommer und Herbst wie mit einer Perücke bedekken. Frucht 3–4 mm, braun, glänzend. Junge Zweige werden zum Gerben, die Rinde zum Färben verwendet. *C. coggygria* ist giftig.

c

d

e

Pistacia terebinthus

Laubabwerfender Strauch oder kleiner Baum bis 5 m mit grauem Stamm und relativ ledrigen, gefiederten B.; in lichten Wäldern, Dickichten und an trockenen Hängen; im Mittelmeergebiet und in Portugal. B. (1) mit 3–9 eiförmigen bis länglichen B.-fiedern, mit rundlicher, ungeflügelter Rhachis (Verlängerung des Blattstiels). Bl. eingeschlechtig, grünlich bis rötlich-purpurn (b), in dichten Bl.ständen, mit den jungen B. erscheinend. Früchte in verzweigten Fruchtständen, zunächst auffallend korallrot (2), später braun. Die ganze Pflanze enthält Harze.

P. atlantica ist höher, bis 10–12 m. B. mit schmaleren, lanzettlichen B.fiedern, fein behaartem Stiel und schmal geflügelter Rhachis. Heimat: Türkei, bis N.-O.-Griechenland vorkommend.

a

b

c

Mastixstrauch

Pistacia lentiscus

Meist kleiner, ausladender, immergrüner Strauch; bisweilen baumförmig, bis 8 m; auf trokkenen, steinigen Hängen und in Dickichten des Mittelmeergebietes und Portugals. B. gefiedert (3) mit 6–12 dunkelgrünen, ledrigen, schmalen B.fiedern (keine Endfieder) und breit geflügelter Rhachis. Bl. in dichten, ährenähnlichen Bl.ständen. Früchte sehr aromatisch, rot, später schwarz.

d

Echte Pistazie
Pistacia vera

Kleiner, laubabwerfender Baum mit grauer Rinde. B. mit 1–3 oder mehr großen, graugrünen, eiförmigen, fein behaarten, später verkahlenden B.fiedern. Frucht groß, etwa 2,5 cm lang, mit harten äußeren Schalen und eßbarem Samen. Der Baum wird wegen der »Pistazien« hauptsächlich im östlichen Mittelmeergebiet angepflanzt. Heimat: Asien.

a

b

Peruanischer Pfefferbaum
Schinus molle

Kleiner immergrüner Baum oder Strauch mit hängenden Zweigen und zierlichen, gefiederten, aromatischen B., 15–27 B.fiedern. Rhachis ungeflügelt. Bl. gelblich-weiß; Frucht rosa. In S.-Europa häufiges Ziergehölz. *S. terebinthifolia,* ebenfalls aus C.-Amerika, ist in S.-W.-Europa stellenweise eingebürgert. Frucht hellrot. B.fiedern 5–15, Rhachis geflügelt, Zweige nicht hängend.

c

d

AHORNGEWÄCHSE Aceraceae

Kleine Familie mit etwa 150 Arten fast ausschließlich der Gattung *Acer.* Gewöhnlich laubabwerfende Bäume mit typischen, handförmig gelappten, gegenständigen B. (3) (bisweilen auch gefiederte oder einfache B.). Bl. klein, in Bl.ständen (1). Kelchb., Blütenb. und Staubb. i. d. R. 8, an einem Diskus inseriert (2). Fruchtb. 2; Griffel 2. Frucht (4) zerfällt in 2 geflügelte Einheiten, die die Verbreitung erleichtern. Pflanze oft mit Milchsaft. Aus dem amerikanischen Zucker-Ahorn *(Acer saccharum)* wird Ahornsirup gewonnen. In Europa sind etwa 13 Baum- und Straucharten heimisch.

Bestimmungsschlüssel für die Gattung *Acer*

1 B. gefiedert, mit 3–7 Fiederb.	**Eschen-Ahorn** (S. 127)
1 B. einfach, seicht oder tief 3–7lappig oder ganzrandig	
2 B. unter 8 cm, ± ledrig (5)	
3 Flügel der Früchte waagerecht (8); B. bewimpert	**Feld-Ahorn** (S. 123)
3 Flügel der Früchte mehr oder weniger parallel (6) oder einen spitzen Winkel bildend (7)	*sempervirens,* **Dreilappiger A.** (S. 126), **Schneeballblättriger A.,** *hyrcanum, granatense* (S. 125), *heldreichii* (S. 124)
2 B. bis 15 cm lang, nicht ledrig (1)	
4 B. meist ungeteilt oder angedeutet dreilappig (3)	*tataricum* (S. 124)
4 B. 3-, 5- oder 7-lappig (5) (9)	
5 Mittlerer Lappen fast bis zur B.basis reichend (9)	*heldreichii* (S. 124)
5 B.lappen bis höchstens ²/₃ der B.länge (1)	
6 Bl. in langen, hängenden, traubenähnlichen Rispen (2)	**Berg-Ahorn** (S. 124)
6 Bl.stand eine ± flache oder gewölbte, aufrechte oder hängende Rispe (4)	
7 B.stiele ohne Milchsaft; Flügel der Früchte bilden spitzen Winkel (7)	**Schneeballblättriger A.** *hyrcanum, granatense* (S. 125), *heldreichii* (S. 124)
7 B.stiele mit Milchsaft; Flügel der Früchte bilden stumpfen Winkel; bisweilen fast waagerecht	**Feld-Ahorn** (S. 123), **Spitz-Ahorn** (S. 122), *lobelii* (S. 123)

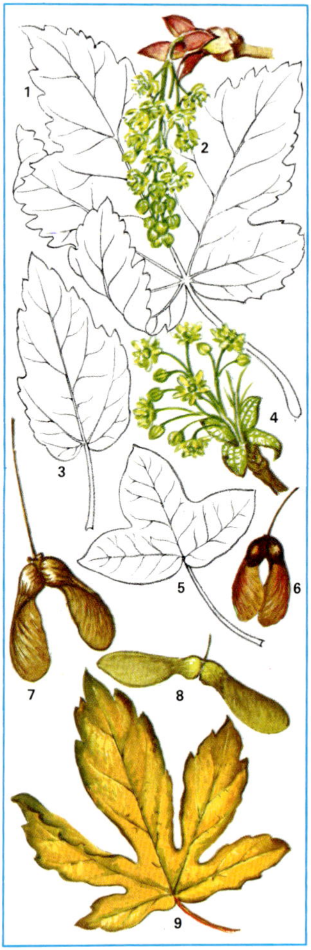

Spitz-Ahorn
Acer platanoides

■ ◇ *

Stattlicher, hoher Baum mit ausladender Krone, bis 30 m, mit dichtem, blaßgrünem Laub, spitz gelappten B., B.lappen mit spitz ausgezogenen Zähnen. Waldbaum. Im größten Teil Europas mit Ausnahme des äußersten Nordens; im Süden nur in höheren Lagen. Besonders im Frühling sehr attraktiv, wenn die aufrechten gelbgrünen Bl.stände (S. 122 [4]) noch vor den B. erscheinen. End-

a

knospen rötlich bis dunkelrot; treibende Knospen mit auffallenden Knospenschuppen (2). B. mit 5 oder 7 Lappen, die mittleren parallelrandig; Zähne der B.lappen mit lang ausgezogenen Spitzen; B.stiele lang, milchsaftführend. Junge Triebe überlaufen. Flügel der Früchte fast waagerecht ausgebreitet (1), zusammen 6–10 cm. Holz sehr hell und hart. *A. lobelii,* in den Bergwäldern C.- und S.-Italiens, ähnelt dem Spitz-Ahorn, hat jedoch einen säulenförmigen Wuchs und meist ungezähnte B.lappen.

a

Feld-Ahorn
Acer campestre

Strauch oder kleiner Baum bis 20 m mit 3- oder 5-lappigen, recht kräftigen B. und kleinen Früchten mit waagerecht ausgebreiteten Flügeln (3). In Europa weit verbreitet, im Norden bis S.-Schweden, im Süden auf höhere Lagen beschränkt. In S.-O.-Europa vermischt sich der Feld-Ahorn mit *A. monspessulanum* und *A. sempervirens,* was eine Bestimmung bisweilen erschwert. B. unterschiedlich; bis zur Hälfte oder darüber hinaus geteilt, Mittellappen an der Basis parallelrandig; B.lappen stumpf, bewimpert. Die B. verfärben sich im Herbst goldgelb-rot. Zweige braun; Knospen und Zweige fein behaart. Bl. grünlich, in aufrechten Bl.ständen (4), mit den B. erscheinend. Früchte fein behaart oder kahl, karmesinrot bis gelb. Stamm durch feine Längs- und Querrisse in ± schmale Felder geteilt.

b

c

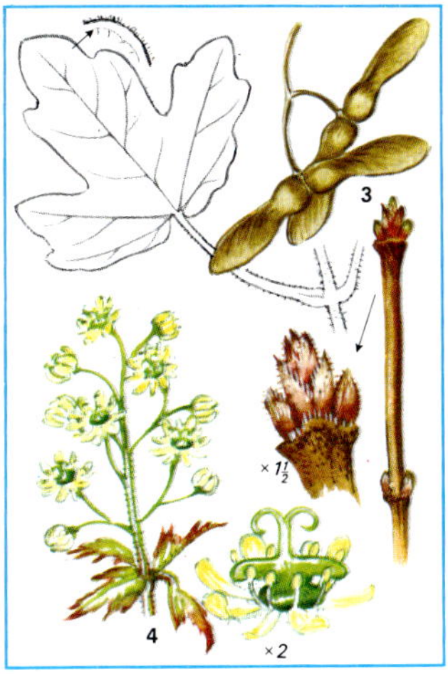

Berg-Ahorn
Acer pseudoplatanus

Großer Baum mit ausladender Krone, bis 30 m und bis etwa zur Hälfte geteilten, grob 5lappigen B.. B.spreite oberseits dunkelgrün, unterseits heller, meist etwas grau-grün oder auch rötlich, Lappen grob gezähnt; B.stiele lang, ohne Milchsaft. Bl. in dichten, hängenden, gestielten Bl.ständen, 6–12 cm (1). Flügel der Früchte meist einen annähernd rechten Winkel bildend (2). Rinde in unregelmäßigen Stücken abschuppend. Heimat: S.- und C.-Europa; in Wäldern und Heckenlandschaften, besonders im Gebirge und Mittelgebirge; weiter nördlich zum Schutz und als Zierbaum in großem Umfang gepflanzt und häufig – wie in Großbritannien – eingebürgert. Holz hart, hell, feinfaserig.

a

b

Acer tataricum (c)

Acer heldreichii (d)

Ersterer unterscheidet sich von den übrigen Ahorn-Arten durch seine nicht oder höchstens sehr schmal gelappten B. (S. 122 [3]). Bl. grünlich-gelb, in aufrechten Bl.ständen. Flügel der Früchte meist parallel. *A. heldreichii* ist durch den fast bis zur B.basis reichenden Mittellappen der B.spreite gekennzeichnet (S. 122 [9]).

c

d

Schneeballblättriger Ahorn
Acer opalus

Bl. vor oder mit den B. erscheinend, grünlich-gelb, in lang gestielten, hängenden Bl.ständen. Kleiner bzw. mittelgroßer Baum bis 15 m oder Strauch, hauptsächlich in Italien, Frankreich und Spanien. Die 5lappigen B. besitzen kurze, dreieckig-spitze Lappen; sie verkahlen unterseits bis auf die Nerven. Flügel der Früchte in spitzem Winkel zueinander (S. 122 [7]).

Acer obtusatum

Sehr eng mit dem vorigen verwandt, jedoch mit kurzen, breiten, stumpfen B.lappen und unterseits ausdauernd dicht, oft wollig behaarten B.. Auch die Stiele der Bl.stände sind behaart. Vorkommen: Korsika, Sardinien, Italien, Balkanhalbinsel.

Acer hyrcanum (d)

Acer granatense (e)

Ersterer besitzt ebenfalls lang gestielte, hängende Bl.stände, jedoch tief eingeschnittene B. mit parallelrandigen Lappen. B.unterseite fast kahl; B.stiel schlank.
A. granatense besitzt ähnliche, unterseits jedoch dicht behaarte B.. Junge Zweige und B.stiele behaart.

a

b

c

d

e

Dreilappiger Ahorn
Acer monspessulanum

Kleiner, laubabwerfender Baum oder Strauch, gekennzeichnet durch seine kleinen, dreilappigen B. (1). B.spreiten 3–8 cm, oberseits dunkel glänzend grün, unterseits etwas weißlich überlaufen, Lappen selten gezähnt; B.stiele rötlich. Bl. grünlich-gelb, in abgeflachten Bl.ständen, mit oder vor den B. erscheinend. Früchte oft rötlich überlaufen, mit fast parallelen (2) bzw. sich überlappenden Flügeln. Vorkommen: südliches Europa, auf trockenen Hängen, felsigen Standorten und in Gebüschen.

a

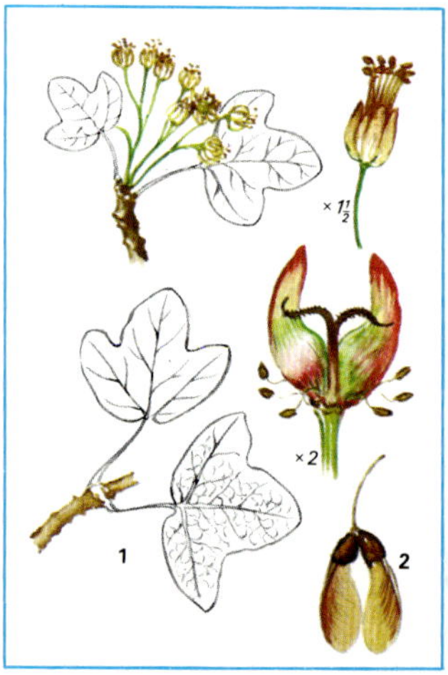

b

c

Acer sempervirens (orientale)

Immergrüner Strauch oder kleiner Baum S.-Griechenlands und des Ägäischen Raumes mit kleinen, ungeteilten oder seicht 3lappigen, ledrig steifen B., 2–5 cm, unterseits grün, kahl. Bl.stände aufrecht, grünlich-gelb, wenigblütig. Früchte mit parallelen oder einen spitzen Winkel bildenden Flügeln. Vorkommen: an felsigen, trokkenen Hängen, Gebüsche. Bei starker Überweidung werden die Zweige dornig.

d

e

Eschen-Ahorn
Acer negundo

↓

Heimat: N.-Amerika; häufig als Schutz- und Zierbaum, besonders auch als Straßenbaum gepflanzt. In S.- und C.-Europa gelegentlich eingebürgert. Schnellwüchsiger, kurzlebiger Baum bis 20 m, oft mehrstämmig, mit grünen Zweigen und oft vielen dem Stamm entspringenden Trieben. Im Gegensatz zu den übrigen Ahorn-Arten besitzt *A. negundo* gefiederte B. mit 3–5 hellgrünen, grob und unregelmäßig gezähnten Fiedern. Bl. grünlich, vor den B. erscheinend. ♂ Bl. (b) in aufrechten, traubigen Bl.ständen, ♀ hängend. Früchte mit schmalen, einen spitzen Winkel bildenden Flügeln, oft viel länger als die B. am Baum verbleibend. Es existiert eine große Zahl von Zwergformen; die häufigste, *Variegatum,* besitzt Fiederb. mit breitem, weißem Rand; häufig findet man an einigen Zweigen normal grüne B..

a

b

c

d

SEIFENBAUMGEWÄCHSE
Sapindaceae

Blasen-Esche
Koelreuteria paniculata

↓

Auffälliger Baum mit gefiederten B., pyramidenförmigen Bl.ständen mit etwa 1 cm grossen, gelben Bl. und aufgeblasenen Früchten (f). B. mit 7–15 gezähnten oder gelappten Fiedern. Bl. mit 4 Petalen, Staubb. flaumig behaart. Frucht eiförmig, zugespitzt, 4–5 cm. Heimat: O.-Asien; im Süden als Zierbaum.

e

f

ROSSKASTANIENGEWÄCHSE
Hippocastanaceae

Gemeine Roßkastanie
Aesculus hippocastanum

◇ *

Großer, auffallender Baum, unverwechselbar mit seinen handförmig gefingerten B., den pyramidenförmigen weißen Bl.rispen und den stacheligen Früchten mit den glänzenden Samen oder »Kastanien«. Wild nur auf der Balkanhalbinsel vorkommend, wird die Roßkastanie als Zierbaum und Schattenspender fast in ganz Europa (mit Ausnahme des Nordens) angepflanzt und ist stellenweise eingebürgert. Massiger Baum bis 25 m, mit nach oben gebogenen Ästen und dunkelbrauner, abblätternder Rinde. Die großen klebrigen Knospen und die hufeisenförmigen B.narben (1) sind auffallende Merkmale. B. aus 5–7 großen, gezähnten, ungestielten Blättchen zusammengesetzt. Bl.rispen 15–30 cm; Früchte ungenießbar, sie enthalten Tannine und Saponine und werden in schlechten Zeiten genutzt.

Rotblütige Roßkastanie
Aesculus carnea

↓

Bastard zwischen einer nordamerikanischen Roßkastanie und *A. hippocastanum,* in Europa manchmal als Zierbaum anzutreffen. Bl. rosa oder rot, Knospen nicht klebrig, Früchte mit weniger oder ohne Stacheln, Samen matt braun. B. gewöhnlich aus 5, 8–15 cm langen Blättchen zusammengesetzt, dunkelgrün, oberseits leicht glänzend.

a

b

c

d

STECHPALMENGEWÄCHSE
Aquifoliaceae

Stechpalme
Ilex aquifolium

Bekannter immergrüner Strauch oder kleiner Baum bis 10 m (bei entsprechender Pflege auch höher), in Wäldern, Gebüschen und Hecken S.- und W.-Europas. Der wellige Rand der glänzenden, ledrigen B. ist i. d. R. dornig gezähnt (2), der B.rand kann aber auch fast völlig glatt und unbewehrt sein (1), besonders bei älteren Bäumen. Zweige grün oder rötlich, kahl, Knospen sehr klein. Bäume eingeschlechtig; Bl. wohlriechend, etwa 8 mm, in reichblütigen Bl.ständen. Frucht hellrot, fleischig, viersamig, giftig. Rinde glatt, silbergrau; Holz hell, sehr dicht. Zahlreiche Formen mit gefleckten, gedrehten, dornigspitzigen oder glatten B. sind als Ziersträucher in Kultur. *I. colchica* reicht vom Osten bis in den europäischen Teil der Türkei. Strauch bis 3 m, dessen dornige B. sich beim Vertrocknen schwarz färben.

a

b

c

SPINDELSTRAUCHGEWÄCHSE Celastraceae

Kleine, weltweit verbreitete Familie mit etwa 500 Arten von Bäumen, Sträuchern und Kletterpflanzen; 5 davon sind in Europa heimisch. Einige sind Ziersträucher, die Familie besitzt jedoch keine wirtschaftliche Bedeutung. Botanisch ist sie gekennzeichnet durch einen Fruchtknoten, dessen fleischiger Diskus oft mit der Basis der Staubb. verwachsen ist (4) und Früchte (5), deren Samen von einer hell gefärbten Hülle oder Arillus umgeben sind. B. einfach, gegenständig (3). Bl. weiß bis grünlich, in kleinen doldigen Bl.ständen. Kelchb., Blütenb. und Staubb. 4 oder 5. Fruchtknoten mit 2–5 Fächern, jedes mit 2 Samen.

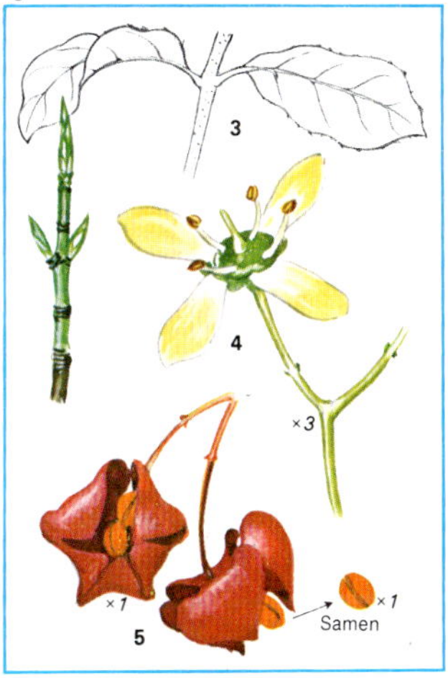

Gewöhnliches Pfaffenhütchen
Euonymus europaeus

Kleiner, schlanker, laubabwerfender Baum bis 6 m oder stark verzweigter Strauch mit glatter grüner Rinde an Stamm und Zweigen. Außer im höchsten Norden und im Mittelmeergebiet in ganz Europa weit verbreitet. Zweige mehr oder weniger vierkantig, häufig mit Korkleisten, Knospen grün, eiförmig (1). B. kahl, bis 10 cm, mit fein gesägtem Rand. Bl. gewöhnlich mit 4 Pentalen (2), zu 3–8 in seitlichen Bl.ständen. Frucht (3) dunkelrosa bis rot, mit 4 rundlichen Segmenten, die sich voneinander lösen und die von einer orangeroten fleischigen Hülle (Arillus) eingeschlossenen Samen freigeben. Im Herbst machen es die zahlreichen rosa-roten Früchte und die rot verfärbten B. zu einer der hübschesten Gehölzarten in Hecken, Gebüschen und an Waldrändern der Ebene wie höheren Lagen.

a

b

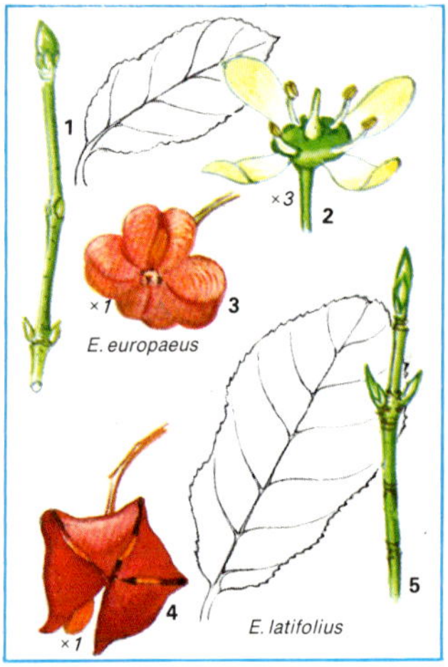

Breitblättriges Pfaffenhütchen
Euonymus latifolius

Kleiner Baum oder Strauch, dem Gewöhnlichen Pfaffenhütchen sehr ähnlich, jedoch mit größeren B. (8–16 cm lang, bis 7 cm breit) und spindelförmig zugespitzten Knospen (5). Bl. meist mit 5 mehr abgerundeten Petalen; Früchte (4) eckiger, meist mit 5 Fächern. In Wäldern und Gebüschen S.-C.- und S.-O.- Europas.

c

d

Warzen-Pfaffenhütchen
Euonymus verrucosus

Kleiner Strauch bis 3 m, in Wäldern und Gebüschen O.- und O.-C.-Europas. Kenntlich an den mit dunkelbraunen Korkwarzen übersäten runden Zweigen. B. bis 6 x 3,5 cm groß, auf der Unterseite oft fein behaart. Bl. einzeln oder zu 2–3. Früchte stumpf 4-kantig; Samen schwarz, von dem orange-roten Arillus nur teilweise eingehüllt.

a

b

Japan-Pfaffenhütchen
Euonymus japonicus

↓

Kleiner immergrüner Baum oder Strauch mit glänzenden, dunkelgrünen, verkehrt eiförmigen, gezähnten B.. Heimat: Japan; besonders in S.- und W.-Europa wegen seines dichten Wuchses häufig angepflanzt; im Süden bisweilen eingebürgert. Bl. grünlich-gelb (c). Frucht klein, rosa, 4-teilig, Viele Kulturformen mit gefleckten B..

c

d

STAPHYLEACEAE

Pimpernuß
Staphylea pinnata

Einziger europäischer Vertreter der mit 24 Arten aus der nördlichen gemäßigten Zone sehr kleinen Familie. In Gebüschen und Wäldern C.-Europas. Sie ist gekennzeichnet durch die aufgeblasenen Früchte, die sich an den Spitzen öffnen und 1 oder mehrere Samen enthalten. Die Pimpernuß

e

ist ein laubabwerfender Strauch bis 5 m, mit gefiederten B. und 5–12 cm langen, hängenden Bl.ständen (a, b). Fiedern 5–7, fein gesägt, kahl, an der Basis mit spitzen Zipfeln (S. 131 [1]), Frucht 2,5–4 cm; Samen groß, gelblich-braun.

a

b

BUCHSGEWÄCHSE
Buxaceae

Immergrüner Buchsbaum
Buxus sempervirens

Immergrüner Strauch oder kleiner Baum bis 5 m mit zierlichen, ovalen, glänzend dunkelgrünen, ledrigen Blättchen. Zweige 4-kantig; B. gegenständig, 1,5–3 cm, kahl, unterseits mehr bleichgrün mit etwas eingerollten Rändern. Bl. ohne Petalen, eingeschlechtig, mit einer ♀ (3) oder mehreren ♂ (1) Bl. in achselständigen Bl.ständen. Frucht eine 3-fächerige Kapsel (2) mit kurzen, geraden, ausdauernden Griffeln; Samen glänzend schwarz. Vorkommen: auf trockenen Hügeln; in S.-W.- und W.-C.-Europa weit verbreitet, stellenweise in großen Beständen. *Buxus sempervirens* ist eine der 2 europäischen Arten einer kleinen, überwiegend tropischen Familie, der Buxaceae, die zum grossen Teil durch den Bau des Fruchtknotens gekennzeichnet ist.

c

d

e

Balearen-Buchsbaum
Buxus balearica

Seltener, auf den Balearen, Sardinien und an der Südküste Spaniens beheimateter kleiner Baum oder Strauch. *Buxus sempervirens* ähnlich, jedoch mehr aufrecht, mit 2,5–4 cm großen B., großen Bl.ständen (etwa 1 cm) und Früchten mit ausdauernden, gebogenen Griffeln bis zur Länge der Kapsel (S. 132 [4]). Die Zweige sind kräftiger, die B. gelb-grün und weniger glänzend.

a

b

KREUZDORNGEWÄCHSE Rhamnaceae

Weltweit verbreitete Familie mit etwa 550 Arten, etwa 6 davon sind als Sträucher oder kleine Bäume in Europa heimisch. Botanische Merkmale sind u. a. die einfachen B., die Bl., deren Fruchtknoten an der Basis mit einem Achsenbecher verwachsen ist, an dessen Rand Sepalen, Petalen und auch die Staubb. entspringen (1) und die Staubb., die den Petalen gegenüberstehen. Kelchb., Blütenb. und Staubb. 4–5. Fruchtknoten mit 2–4 Fächern, jedes mit 1 Samen; Frucht oft fleischig. Familie ohne große wirtschaftliche Bedeutung, obwohl manche Arten in der Medizin und zum Färben verwendet wurden; z. T. Ziergehölze.

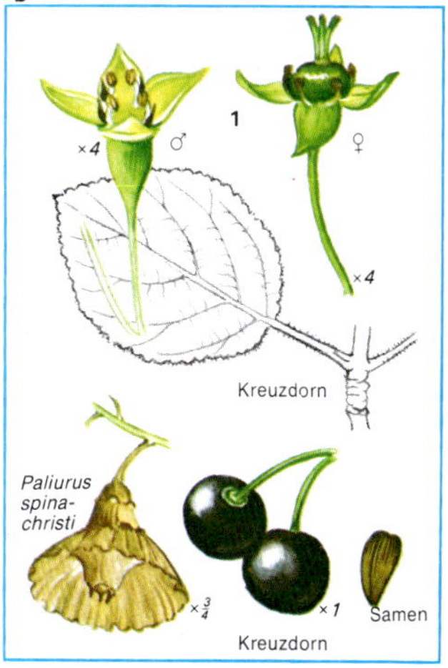

Christusdorn
Paliurus spina-christi

Äußerst dorniger, stark verzweigter, aufrechter Strauch bis 3 m, in den heißeren und trokkeneren Teilen des Mittelmeergebietes und der Balkanhalbinsel oft in dichten, undurchdringlichen Beständen. Die biegsamen, hin- und hergebogenen, fein behaarten Zweige tragen zahlreiche, paarig angeordnete, abwechselnd gerade und gekrümmte, nadelspitze Dornen und 2 Reihen ovale,

c

d

2–4 cm große, sehr fein gezähnte B.. Bl. gelb, etwa 2 mm, in lockeren, blattachselständigen Bl.-ständen. Frucht unverwechselbar, an ein kleines Schirmchen oder einen breitkrempigen Hut erinnernd; halbkugelig mit abstehendem, gewelltem Rand. Sehr widerstandsfähig gegen Verbiß, wird im Süden bisweilen als lebender Zaun benutzt.

a

b

Judendorn
Ziziphus jujuba

↓

Wie die vorige Art mit biegsamen, dornigen Zweigen, diese jedoch kahl. Frucht (2) fleischig, eßbar, dunkel rötlichbraun bis schwarz. Heimat: Asien; wegen der Früchte im östlichen Mittelmeergebiet angepflanzt und häufig verwildert. *Ziziphus lotus* ist im südlichen Mittelmeergebiet zu Hause, besitzt graue Zweige und kugelige, dunkelgelbe Früchte (1).

c

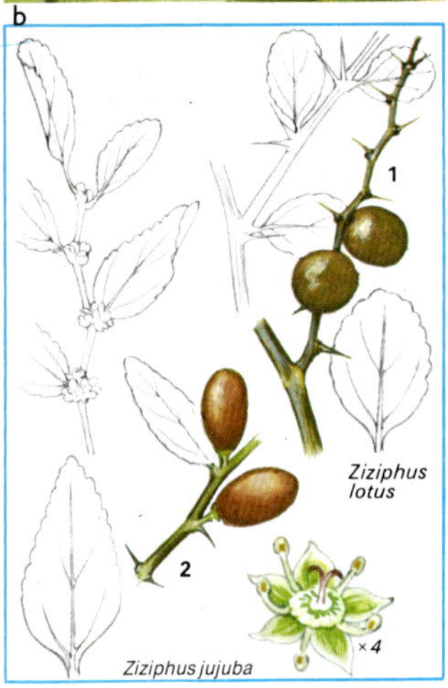

Immergrüner Kreuzdorn
Rhamnus alaternus

Aufrechter, buschiger, fast kahler, immergrüner Strauch bis 5 m, an trockenen, steinigen Standorten und in immergrünen Dickichten des Mittelmeergebietes und Portugals. B. wechselständig (S. 135 [1]), 2–6 cm, lanzettlich bis eiförmig, spitz oder stumpf, ganzrandig oder gezähnt, glänzend dunkelgrün, ledrig; Zweige leicht flaumig behaart. Bl. klein, gelblichgrün, in dichten, kugeligen

d

Bl.ständen. Kelchb. meist 5, Blütenb. fehlen. Frucht 4–6 mm, rot, dann schwarz, gehäuft zwischen den B.; Samen 3. An seinen wechselständigen B. leicht von der ähnlich aussehenden, aber mit gegenständigen B. ausgestatteten *Phillyrea latifolia* (S. 167) zu unterscheiden.

a

Echter Kreuzdorn
Rhamnus catharticus

■ *

Weit verbreiteter laubabwerfender Strauch oder kleiner Baum bis 6 m. Vorkommen: Waldränder, Hecken und Gebüsche im größten Teil Europas, von S.-Skandinavien nach Süden, jedoch nicht im Mittelmeergebiet. B. gegenständig, vorne stumpf oder eingekerbt, fein gesägt, mit 2–4 Paar hervortretenden Seitennerven. Alte Zweige laufen in einem Dorn aus und Seitenzweige übernehmen das weitere Wachstum. Knospen mit Schuppen (3). Rinde älterer Bäume fast schwarz. Bl. (2) winzig, süßlich duftend, eingeschlechtig, zu vielen an Kurztrieben zwischen den B.; Kelch- und Blütenb. 4, Früchte kugelig, 6–10 mm, zunächst grün, dann schwarz; mit 4 Samen; giftig.

b

c

d

Alpen-Kreuzdorn
Rhamnus alpina

Laubabwerfender, gewöhnlich aufrechter Strauch bis 4 m. Vorwiegend auf Hügeln und Bergen in S.- und S.-O.-Europa; fast nur auf Kalk. Alle B. wechselständig, 4–10 cm, glänzend grün, fein gezähnt, breit elliptisch, stumpf oder fein zugespitzt, mit 7–20 Paar hervortretenden Seitennerven. Frucht 4–6 mm, schwarz.

a

Faulbaum, Pulverholz
Frangula alnus

*

Im Gegensatz zum Kreuzdorn besitzt der Faulbaum nackte Knospen (1); zudem wechselständige, ganzrandige B. (2). Bl. zwittrig (3), mit je 5 Kelch-, Bl.- und Staubb.. Aufrechter Strauch oder Baum bis 5 m (und mehr) mit relativ schlanken Zweigen; in feuchten Wäldern, Hecken und Mooren auf sauren Böden; in ganz Europa mit Ausnahme des höchsten Nordens und großen Teilen des Mittelmeergebietes verbreitet. B. 2–7 cm, verkehrt eiförmig, mit 7–9 Paar hervortretenden, verkahlenden Seitennerven; B.stiel etwa 2 cm. Zweige grün, später braun bis schwärzlich mit länglichen, hellen Korkwarzen. Bl. sehr klein, einzeln oder gehäuft. Beeren 6–10 mm, zunächst rot, reif schwarz.

b

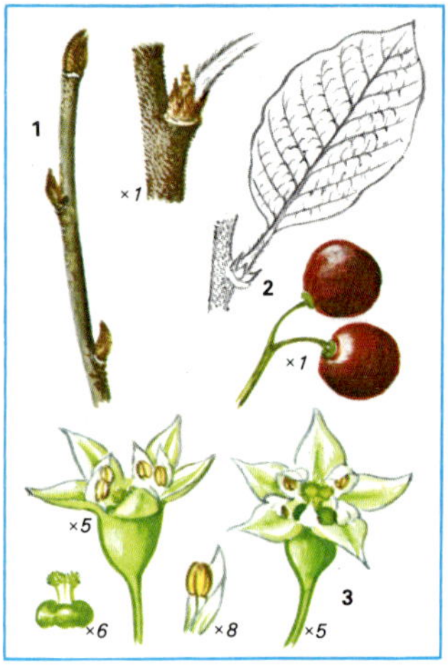

c

d

REBENGEWÄCHSE Vitaceae

Eine Familie meist holziger Kletterpflanzen mit gegenüber den B. entspringenden verzweigten Ranken (1). Sie umfaßt etwa 600 Arten, die hauptsächlich in den Tropen und Subtropen vorkommen; nur die Weinrebe ist in Europa heimisch. B. wechselständig, oft an verdickten Knoten, gewöhnlich handförmig gelappt oder gefiedert. Bl. sehr klein, in verzweigten Bl.ständen (2), diese, wie die Ranken, den B. gegenüber inseriert. Je 5 Kelch-, Blüten- und Staubb.; Blütenb. hinfällig. Fruchtknoten 2-fächerig; Frucht eine Beere mit 2–4 Samen. Die *Vitaceae* haben mit Ausnahme der Weinrebe kaum wirtschaftliche Bedeutung; einige wenige Arten dienen als Zierpflanzen.

Weinrebe
Vitis vinifera

Wilde Weinreben, *ssp. sylvestris,* kommen in S.-O.- und S.-C.-Europa vor. Sie sind eingeschlechtig; B. der ♂ Pflanze tiefer geteilt als die der ♀. Frucht etwa 6 mm, blau-schwarz, sauer. Kultur-Weinreben werden in ganz C.- und S.-Europa angebaut, nach mehreren Tausend Jahren als Kulturpflanze ist ihre Abkunft jedoch unklar. Heute dienen amerikanische Arten wegen ihrer Widerstandsfähigkeit gegen die Reblaus als Unterlagen, für Kreuzungen oder werden selbst angebaut. *Vitis vinifera* ist eine kräftige, holzige Kletterpflanze bis 25 m, wird jedoch meist jährlich zurückgeschnitten. Das Ergebnis sind dann »Weinstökke« mit kurzen, holzigen Stämmchen. Die Weinrebe besitzt die für die Familie charakteristischen gelappten B., verzweigte Ranken und kleine, grünliche, in Rispen angeordnete Bl. (2). Früchte sehr saftig, süß, von grün über rot bis violett-schwarz; als Weintrauben, Rosinen und Sultaninen im Handel.

a

b

c

Parthenocissus tricuspidata

Heimat: China und Japan. Sehr kräftige Kletterpflanze, kann sich mit ihren Ranken an Mauern, Bäumen und senkrechten Unterlagen anheften. In Europa als Zierpflanze weit verbreitet; stellenweise eingebürgert. B. dreilappig oder mit 3 Fiederb., selten einfach. Ranken verzweigt, an den Spitzen mit Haftscheiben. Bl. grünlich, in verzweigten Bl.ständen. Früchte blau, bereift. Leuchtende Herbstverfärbung.

Wilder Wein

Parthenocissus quinquefolia

Schlanke, holzige Pflanze, wie die vorige in der Lage, an Mauern oder Bäumen emporzuklettern. B. gefingert mit gewöhnlich 5 gestielten, oval-elliptischen, oberseits matt grünen, unterseits mehr blaugrünen Fiedern. Ranken mit 5–8 Verzweigungen und je einer Haftscheibe. Bl. in Bl.ständen gegenüber den B., mit winzigen Blütenb.. Frucht blau-schwarz (c), kugelig, etwa 6 mm, mit 2–3 Samen. Heimat: O.-Amerika; weit verbreitet als Zierpflanze, zur Mauerbedeckung und wegen der lebhaften roten Herbstfärbung; in C.-Europa und England stellenweise eingebürgert.

P. inserta ist dem wilden Wein sehr ähnlich. Ranken mit 3–5 Verzweigungen ohne Haftscheiben; wickeln sich um Zweige oder verdicken sich in Rissen und Vertiefungen der Unterlage und geben so der Pflanze Halt. Fiederb. unterseits glänzend grün. Heimat: Amerika, in C.-Europa häufig eingebürgert.

a

b

c

d

LINDENGEWÄCHSE Tiliaceae

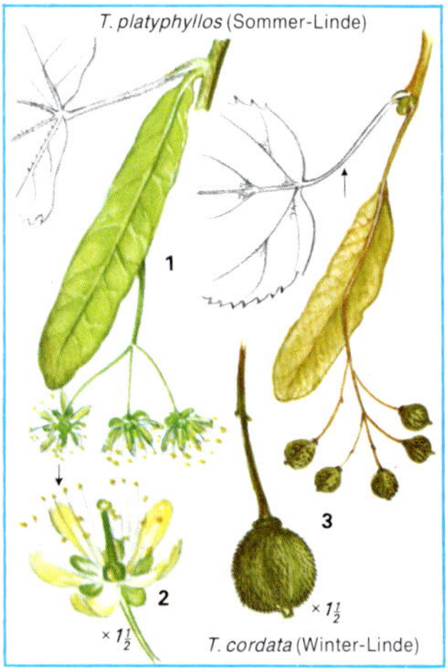

Weitgehend auf die Tropen beschränkte kleine Familie mit etwa 400 Baum- und Straucharten. In Europa sind nur 4 Lindenarten heimisch. Die Familie ist gekennzeichnet durch zahlreiche, in Gruppen stehende Staubb. (2) und den verzweigten, abgeflachten Bl.stand, der bei den Linden ein auffallendes mit dem Blütenstandsstiel verwachsenes, blattähnliches, häutiges Vorblatt besitzt (1). Je 5 Kelch- und Blütenb.; Fruchtknoten mit 5 Fruchtb.; Frucht mit 1–3 Samen. Alle europäischen Linden sind miteinander kreuzbar; Bastarde sind häufig und einige von ihnen werden als Zierbäume angepflanzt. Linden lassen sich oft nur schwer eindeutig bestimmen. Die Fruchtstände mit den als Flugorgan dienenden Vorblättern drehen sich beim Herabfallen, wodurch ihre Verbreitung begünstigt wird.

Bestimmungsschlüssel für die Gattung *Tilia*

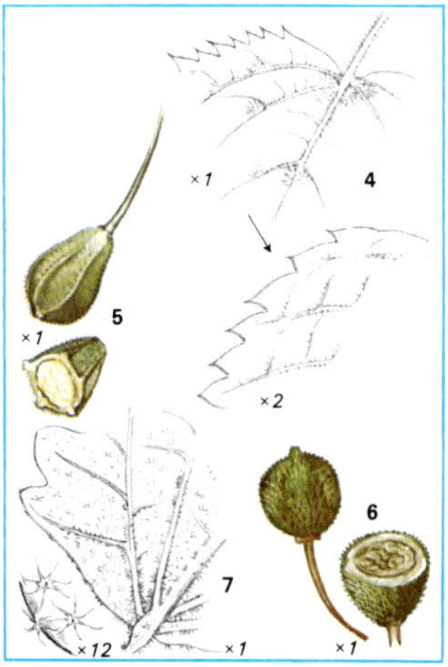

1 B. unterseits durch sternförmige Haare (7) weiß-wollig	*tomentosa* (S. 139) x *petiolaris* (S. 139)
1 B. fein behaart, (Haare einfach) oder bis auf die B.nerven und die Winkel zwischen den Nerven auf der B.unterseite (4) kahl	
2 Früchte stark gerippt (5)	**Sommerlinde,** *rubra* (S. 141)
2 Früchte glatt oder schwach gerippt (6)	
3 Bl.stand aufrecht oder aufsteigend, Hauptnerven der B. nicht hervortretend	**Winterlinde** (S. 140)
3 Bl.stand hängend (1); Hauptnerven hervortretend	x *vulgaris* (S. 141), x *euchlora* (S. 142).

Tilia tomentosa

Tilia x *petiolaris* (S. 140b)

Waldbaum der Balkanhalbinsel. Gekennzeichnet durch den starken Konstrast zwischen dunkler B.oberseite und weißwolliger Unterseite (bei Wind besonders auffällig). Großer, breit kegelförmiger Baum bis 30 m, mit steil nach oben gerichteten Ästen und weiß-wolligen jungen Trieben. B. 8–10 cm, abgerundet herzförmig, gezähnt oder seicht gelappt; B.stiel etwa halb so lang wie die

a

b

B.spreite. Bl. matt weiß, mit einigen sterilen Staubb., zu 6–10 gehäuft; Flugorgan schmal. Früchte 6–8 mm, eiförmig, fein warzig.
Tilia x *petiolaris* ist ein häufig gepflanzter Bastard mit langen, herabhängenden Zweigen und schlanken B.stielen etwa von der Länge der Spreite. Flugorgan spatelförmig. Frucht mit 5 Furchen, fast immer steril.

a

b

Winterlinde
Tilia cordata

Großer Baum mit gewölbter Krone bis 30 m; in den europäischen Wäldern weit verbreitet mit Ausnahme des hohen Nordens; häufig auch als Schattenspender und Straßenbaum angepflanzt. B. fast herzförmig, ledrig, mit 3–9 cm kleiner als die der meisten Linden, blaßgrün und mit Ausnahme von rotbraunen Haarbüscheln in den Achseln der Nerven (1) auf der B.unterseite kahl (Unterschied zur Sommerlinde). Bl.stände mit 4–15 Bl., aufrecht oder aufsteigend (2), Früchte glatt oder undeutlich gerippt (3). Junge Triebe kahl, oberseits rötlich, unterseits grünlich; Knospen eiförmig, dunkelrot glänzend. Rinde zunächst sehr glatt, grau, später dunkelgrau oder braun und schuppig.

c

d

e

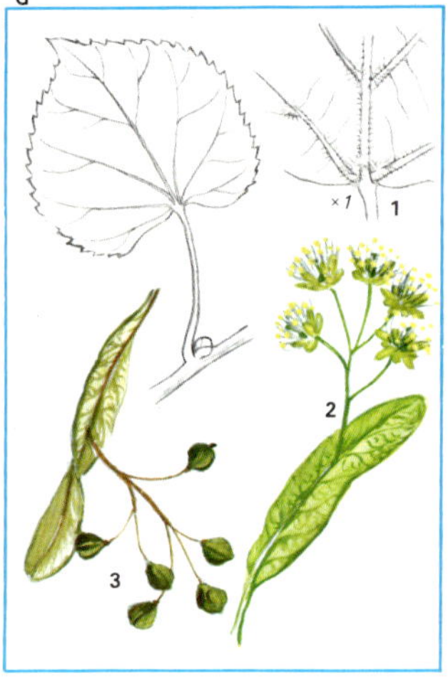

Sommerlinde
Tilia platyphyllos

◇ *

Reife Früchte mit 5 kräftigen Rippen (1), meist 3 Früchte pro Fruchtstand. Großer, regelmäßig geformter Baum bis 40 m mit zahlreichen, steil aufsteigenden Ästen. Heimat: C.- und S.-Europa; häufig als Zierbaum gepflanzt. Behaarung der B. und jungen Triebe schwankt sehr stark; B. weich, oberseits dunkelgrün, unterseits heller, beiderseits oder nur auf der Unterseite fein behaart (2), seltener unterseits fast kahl. B.stiel i. d. R. behaart. Bl. gelblich-weiß; Flugorgan 5–12 cm.
T. rubra gleicht der Sommerlinde, die B. sind jedoch kräftiger, kahl oder fast kahl und am Rand borstlich gezähnt. Heimat: S.-O.-Europa.

a

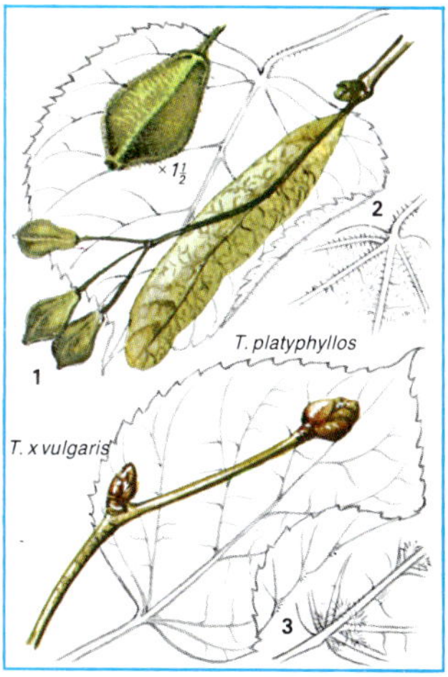

b

c

Tilia x *vulgaris (europaea)*

◇ *

Bastard zwischen Sommer- und Winterlinde, bisweilen natürlich vorkommend. Besonders in N.-W.-Europa häufig als Schattenspender und Zierbaum angepflanzt. Viele Merkmale zeigen Übergänge zwischen den Elternbäumen, i. d. R. ist *T.* x *vulgaris* jedoch an den bis auf die weißen Haarbüschel in den Achseln der B.nerven (Unterseite) (3) kahlen B., den hängenden, 5–10blütigen Bl.ständen und den kugeligen bis breit

d

e

eiförmigen, nur schmal gerippten Früchten zu erkennen. Stamm mit vielen Buckeln und Trieben. Im Sommer häufig durch einen Rußtaupilz geschwärzt und verunstaltet. *T.* x *euchlora,* ein anderer Bastard, wird wegen seiner geringeren Anfälligkeit gegen Blattläuse und Rußtaupilze häufig anstatt des vorigen angepflanzt. B. lang gestielt, oberseits glänzend dunkelgrün, unterseits mit rotbraunen Haaren in den Achseln der B.nerven. Bl.stände mit 3–7 Bl.; Früchte an beiden Enden zugespitzt.

a

MALVENGEWÄCHSE Malvaceae

Syrischer Eibisch
Hibiscus syriacus

Laubabwerfender Strauch bis 3 m mit großen lila oder weißen Bl.; Inneres der Bl. kräftig purpurn oder rötlich. B. 4–7 cm, dreilappig, unterseits mit sternförmigen Haaren. Heimat: S.- und O.-Asien; in S.-Europa als Zierstrauch und Hecke angepflanzt; viele Zuchtformen mit unterschiedlichen Farben.

b

c

ÖLWEIDENGEWÄCHSE Elaeagnaceae

Kleine Familie mit etwa 45 Arten, überwiegend auf der Nordhalbkugel zu Hause. Nur der Sanddorn ist in Europa heimisch. Die Familie ist leicht an den silberigen oder rostroten Schuppen oder Sternhaaren (4) zu erkennen, die den größten Teil der Pflanzenoberfläche einschließlich der Bl. und Früchte bedecken. Bl. röhrenförmig (1), mit 2 oder 4 Lappen; Petalen fehlen; Staubb. 2 oder 4. Fruchtknoten an der Basis der Röhre (2), wird bei der Reife größer und fleischig und enthält die Samen. Die Früchte (5) sind ausnahmslos beerenartig. Die Familie ist wirtschaftlich ohne größere Bedeutung; einige Arten werden in Europa als Ziergehölze angepflanzt.

Sanddorn
Hippophae rhamnoides

Dicht verzweigter, dorniger Strauch oder kleiner Baum bis 11 m, bildet gerne Schößlinge, und dadurch kleine Dickichte. Sanddorn wächst in weiten Teilen Europas an Küsten, auf Sanddünen, an felsigen Abhängen, trockenen Flußläufen und in Tälern, hauptsächlich im Bergland. Er wird auch häufig als Zierstrauch und zur Bodenbefestigung angepflanzt; eingebürgert. B. 1–6 cm, mit silberigen oder rostbraunen hinfälligen Schuppen (S. 142 [4]); Zweige dornspitzig, mit Schuppen bedeckt. Bl. winzig, grünlich, eingeschlechtig, ebenfalls mit rostfarbenen Schuppen; bei ♀ Pflanzen in dichten Bl.ständen, bei ♂ in Ähren. Bl. erscheinen vor den B. am vorjährigen Trieb. Früchte (S. 142 [5]) orangerot, sehr sauer, 6–8 mm.

a

b

c

Ölweide
Elaeagnus angustifolia

↓

Kleiner Baum bis 7 m oder dorniger Strauch mit grau-grünen, weidenähnlichen (S. 142 [3]), unterseits mit silberigen Schuppen bedeckten B.. Heimat: Asien; in S.-Europa als Zierpflanze und wegen der eßbaren Früchte gepflanzt. Zweige mit silberigen Schuppen. Bl. (S. 142 [1]) gelb, wohlriechend, einzeln oder gehäuft, etwa 1 cm lang. Frucht 1–2 cm, fleischig, elliptisch, mit silberigen Schuppen.

d

e

CISTROSENGEWÄCHSE Cistaceae

Familie mit etwa 175 krautigen und kleinen, gewöhnlich immergrünen, strauchförmigen Vertretern wärmerer Gebiete der Nordhalbkugel. Cistaceaen treten besonders im Mittelmeerraum gehäuft auf. Die meisten strauchförmigen Arten werden nicht höher als 2 m und bleiben demzufolge unberücksichtigt. B. einfach, i. d. R. gegenständig. Bl. regelmäßig, mit 3–5 Sepalen, 5 Petalen und zahlreichen Staubb.. Fruchtknoten 3–10 fächerig; Frucht eine Kapsel (1), die sich von oben her öffnet und teilweise von den ausdauernden Kelchb. umgeben ist. Typische Pflanzen trockener, sonniger, steiniger Standorte.

Harz-Cistrose
Cistus ladanifer

Größte der in Europa heimischen *Cistus*-Arten, erreicht an natürlichen Standorten 3 m Höhe. B. sehr klebrig, mit aromatischem, balsamähnlichem Geruch; oberseits grün, auf der Unterseite weiß-wollig behaart; immergrün. Bl. 7–10 cm, rein weiß oder in der Mitte rötlich-gelb; 3 Kelchb. Frucht 10fächerig. Auf trockenen Hügeln S.-W.-Europas; bildet Gestrüppe.

a

TAMARISKENGEWÄCHSE Tamaricaceae

Die Familie umfaßt sehr charakteristische, an Heidekraut erinnernde Sträucher oder kleine Bäume mit federartigem Aussehen. Zweige schlank, peitschenförmig, mit winzigen, wechselständigen, schuppenähnlichen B. besetzt. Etwa 100 Arten, vornehmlich im Mittelmeergebiet und in C.-Asien. Vertreter der Tamaricaceae besiedeln i. d. R. Küstengebiete, Salzmarschen, Sanddünen, aber auch Flußbette, Ufer und salzhaltige Standorte. Tamarisken sind schwer zu bestimmen, da sie sich im allgemeinen sehr ähnlich sehen. 9 Arten kommen in Europa natürlich vor, einige weitere aus S.-W.-Rußland sind nicht berücksichtigt. Bl. winzig, in Bl.ständen, meist rosa. 4–5 Sepalen und Petalen; Staubb. 4 bis viele; Frucht eine Kapsel, Samen mit zahlreichen langen Haaren.

Tamarix smyrnensis

Tamarix africana (c)

Strauch oder kleiner Baum mit rötlich-brauner Rinde. Bl.stände an der Basis kahl; Blb. 5, sehr blaß rosa, abgerundet oder eiförmig, deutlich gekielt. Marschen der Küsten und Gebirgsflüsse im östl. Balkan- und Ägäisgebiet. *T. africana* tritt in Salzmarschen und an Flußufern S.-W.-Europas auf und wird bisweilen als Zierbaum gepflanzt. Baum mit schwarzer oder purpurner Rinde und schlanken, 3–6 cm langen und 3–8 mm breiten Bl.ständen; blüht bevor die B. erscheinen oder im Herbst. 5 rosa oder weiße Blb., 2–3 mm, ausdauernd. Tragb. 3eckig, meist länger als der Kelch. *T. tetranda* besitzt eine schwarze Rinde und weiße Bl. mit meist 4 Petalen. Tragb. im oberen Teil grün, länger als die Bl.stiele, die Kelchb. nicht überragend. Baum oder Strauch, blüht i. d. R. im Frühling; hauptsächlich in den Bergen der östl. Balkanhalbinsel.

Tamarix gallica (anglica)

Kahler Strauch mit braunen bis dunkel-purpurfarbenen Zweigen und schlanken, 3–5 mm breiten, lockeren, rosa Bl.trauben, die meist im Sommer erscheinen. 5 Petalen, 1,5–2 mm lang (S. 144). *T. parviflora* besitzt schlanke, 3–5 mm breite, blaß rosa Bl.ähren; Petalen 4. Zweige dunkelpurpurn; Tragb. pergamentartig. Heimat: Balkanhalbinsel; in S.- und C.-Europa als Zierstrauch.

a

b

c

d

Deutsche Tamariske
Myricaria germanica

Blaugrüner, heideähnlicher Strauch bis 2,5 m mit rutenförmigen Zweigen und dichten, endständigen, blaßroten Bl.trauben. Tamarisken sehr ähnlich, jedoch mit an der Basis verwachsenen Staubb. und Samen mit einem gestielten Haarschopf. Vorkommen: im Binnenland auf Flußschottern, sandigen und steinigen Standorten; hauptsächlich in C.-Europa und Skandinavien.

a

KAKTEEN
Cactaceae

Feigenkaktus
Opuntia ficus-indica

↓

Der häufigste der im Mittelmeergebiet eingebürgerten Kakteen. Oft als Hecke oder Zaun angepflanzt, bildet der Feigenkaktus ein undurchdringliches Hindernis. Auch wegen seiner eßbaren Früchte wird er gepflanzt. Aufsteigender, oft baumförmiger Wuchs bis 5 m, mit abgerundetem Stamm und großen, ovalen bis länglichen, unbeblätterten, 20–50 cm langen Flachsprossen. Diese sind mit Höckern bedeckt, an denen viele kleine, gelbe, mit Widerhaken versehene Dornen stehen, häufig zusätzlich 1–2 längere, bleiche, bis 5 cm lange Dornen. Bl. groß, 7–10 cm, hellgelb, mit zahlreichen Sepalen und Staubb. mit gelben Filamenten. Früchte süß, 5–9 cm, eiförmig, gelb, rot oder purpurn. Die Heimat der Cactaceae mit ihren sukkulenten, dornigen, herrlich blühenden Vertretern ist der amerikanische Kontinent.

b

c

Opuntia maxima (amyclaea)

Mehr baumförmig als der Feigenkaktus, bis 3 m. Flachsprosse mattgrün mit Büscheln von 1–4 geraden, 3 cm langen, weißen oder durchscheinenden Dornen, dazu kurze braune Dornen. Bl. gelb; Früchte gelblich-rot. *O. monacantha* besitzt hellgrüne Flachsprosse mit 1–2 gelben bis dunkel-rötlichen Dornen bis 4 cm an filzigen Höckern. Bl. goldgelb; Filamente grünlich. Früchte rötlich-purpurn.

a

b

MYRTENGEWÄCHSE
Myrtaceae

Gemeine Myrte
Myrtus communis

Einziger europäischer Vertreter der wichtigen etwa 3000 Arten umfassenden tropischen Familie. Die typischen, ledrigen B. enthalten Sekretbehälter mit ätherischen Ölen. Die Myrte ist im Mittelmeergebiet und in Portugal weit verbreitet und wächst an trockenen, sonnigen Hängen, in Kiefernwäldern und immergrünen Dickichten. Außerhalb dieses Gebietes häufig als Zierstrauch. Dichter, intensiv verzweigter, immergrüner Strauch bis 5 m mit kleinen, oval-lanzettlichen, gegenständigen, ledrigen, drüsigen B. (1); zerrieben sehr aromatisch. Bl. lang gestielt, weiß, mit süßem Duft, in den Achseln der oberen B.; zahlreiche aus den Bl. herausragende Staubb.. Je 5 Kelch- und Blütenblätter. Reife Früchte dunkelblau überlaufen, 7–10 mm lang. Eine berühmte Pflanze der Antike.

c

d

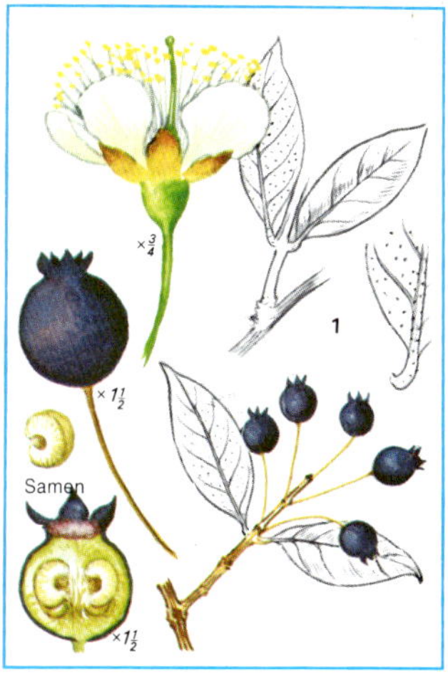

Bestimmungsschlüssel für die Gattung *Eucalyptus*

Nur wenige der rund 600 in Australien und Tasmanien heimischen Eukalyptusarten (»Gummibäume«) findet man auch in S.-Europa angepflanzt. Ihre Jugendb. unterscheiden sich gewöhnlich sehr stark von den Altersblättern. Petalen und Sepalen bilden zusammen eine mützenartige Struktur, das »Operkulum«, das quer aufreißt und die zahlreichen Staubb. freisetzt.

1 Bl. einzeln, Frucht länger als 1 cm — *globulus* (S. 148)
1 Bl. in Dolden (2); Frucht nicht länger als 1 cm
  2 Einzelfrüchte nicht (3) oder kaum gestielt
    3 Bl. und Früchte zu 3 in Dolden; Doldenstiele im Querschnitt abgerundet — *viminalis* (S. 149)
    3 Bl. und Früchte meist zu 5–10 in Dolden; Doldenstiele zusammengedrückt
      4 B. mehr als 18 cm; Rinde glatt; Früchte blaugrün, überlaufen (3) — *maidenii* (S. 149)
      4 B. kürzer als 18 cm; Rinde faserig, Früchte nicht blaugrün, nicht überlaufen
        5 Doldenstiele 7–10 mm, Frucht zylindrisch, 7–9 x 9 mm — *botryoides* (S. 149)
        5 Doldenstiele 2,5–3,5 cm; Frucht glockenförmig, 13–20 x 11–15 mm — *gomphocephalus* (S. 150)
  2 Einzelfrüchte deutlich gestielt (1)
    6 Doldenstiele zusammengedrückt, kantig oder bandförmig — *resinifer* (S. 150), *robustus* (S. 150)
    6 Doldenstiele im Querschnitt rund oder fast rund — *camaldulensis*, *tereticornis* (S. 150)

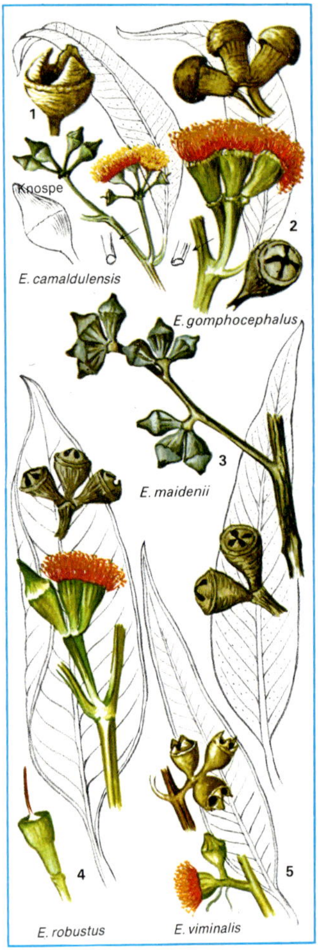

Fieberbaum
Eucalyptus globulus

Im Mittelmeergebiet die wohl am meisten verbreitete Art. Ansehnlicher, hoher Baum bis 40 m, mit glatter, grauer Rinde, deren äußere Partien Jahr für Jahr abblättern. Altersb. glänzend grün, lanzettlich, gerade oder gebogen, 10–30 x 3–4 cm; Jugendb. sehr viel kleiner, oval herzförmig, überlaufen. Bl. einzeln, weißlich, etwa 4 cm im Durchmesser; Knospenkapsel geschnäbelt. Frucht ungestielt,

a

b

kugelig, an der Spitze abgeflacht, 1–1,5 x 1,5–3 cm groß, mit 4 Rippen. Oft in malariaverseuchten Gebieten angepflanzt, da der Baum angeblich die Vermehrung der Moskitos beeinträchtigt. Das Holz ist nutzbar; die B. enthalten Eucalyptusöl.

a

Weißer Gummibaum
Eucalyptus viminalis

↓

Baum bis 50 m mit weißer Rinde, deren äußere Partien oft in langen Streifen herabhängen. Junge B. (c) umfassen den Zweig, ältere B. hellgrün, lanzettlich, zugespitzt, 11–18 x 1,5–2 cm. Bl. rot; Dolden dreiblütig (S. 148 [5]); Doldenstiele rundlich, 3–6 mm; Knospenbecher abgerundet. Frucht 5–6 x 7–8 mm, kugelig oder leicht zugespitzt, Klappen länger, klaffend.

b

c

Eucalyptus maidenii

↓

Baum bis 40 m, unter den abfallenden Rindepartien mit glatter weißer Rinde. Alte B. glänzend grün, bis 20 x 2–2,5 cm. Dolden meist 3–7blütig mit zusammengedrückten, 1–1,5 cm langen Stielen. Frucht kreiselförmig, bläulich überlaufen (S. 148 [3]). *E. botryoides* besitzt halbkugelig bedeckelte Bl.knospen und kleinere, faßförmige 7–9 x 7–9 mm große Früchte. Beide Arten werden in Italien und weiter westlich angepflanzt.

d

e

Eucalyptus resinifer

Großer Baum mit rötlicher, rauh faseriger Rinde. Altersb. lanzettlich 10–15 x 2–3 cm. Dolden mit 5–10 gelben Bl.; Doldenstiele zusammengedrückt oder kantig, 1,5–2 cm. Knospenbecher kegelförmig, zugespitzt. Reife Frucht halbkugelig, 5–8 mm lang. *E. gomphocephalus* besitzt grüne Rinde, lange, bandförmige Bl.-stiele, halbkugelige Knospenbecher und glockenförmige 13–20 x 11–15 mm große Früchte (S. 148 [2]).

Eucalyptus robustus

Mittelgroßer Baum mit rauher, brauner, ausdauernder Rinde. Ältere B. (c) breit lanzettlich, 10–18 x 4–8 cm. Bl. rot, zu 5–10 in Dolden; Doldenstiele bandförmig, 2–3 cm (S. 148 [4]). Knospenbecher geschnäbelt. Frucht zylindrisch, 12–15 mm, mit sehr kurzen Klappen. In Italien und weiter westlich in Sümpfen und salzigen Marschen.

Eucalyptus camaldulensis (rostratus)

Baum mit ausladender Krone und glatter, weißer, abfallender Rinde. Altersb. lineal-lanzettlich, 12–22 x 0,8–1,5 cm. Bl. rot, zu 5–10 in Bl.ständen; Doldenstiele 1–1,5 cm, rundlich. Knospenbecher kegelförmig oder geschnäbelt (S. 148 [1]). Frucht klein, halbkugelig 7–8 mm, mit langen Klappen. *E. tereticornis (umbellatus)* besitzt 5–12 mm lange Doldenstiele und zugespitzte Früchte.

a

b

c

d

e

f

PUNICACEAE

Granatapfel
Punica granatum

↓ *

Bekannter Strauch südlicher Gebiete mit gekräuselten, scharlachroten Bl. und großen, roten Früchten mit saftigem, orangeähnlichem Fruchtfleisch. Heimat: S.-W.-Asien; in S.-Europa wegen der Früchte angepflanzt und im Mittelmeerraum eingebürgert. Eine von zwei Arten der Punicaceae, bei denen der Kelch als Krönchen an der Frucht erhalten bleibt (1). Dorniger, laubabwerfender, stark verzweigter Strauch oder kleiner, unbewehrter Baum bis 5 m. B. gegenständig, 2–8 cm, glänzend, kahl; Zweige kantig, kahl. Bl. 3–4 cm, mit großer, rötlicher, fleischiger Kelchröhre, 4 Blütenb. (bei gefüllten Formen mehr als 4) und zahlreichen Staubb.. Frucht kugelig, 5–8 cm; Fruchtfleisch purpurn bis weiß, süß oder sauer; zahlreiche Samen. Früher in der Medizin verwendet.

a

b

NACHTKERZENGEWÄCHSE
Onagraceae

Fuchsie
Fuchsia magellanica

↓

Strauch bis 3 m mit zimt-brauner Rinde und unverwechselbaren Bl.. In W.-England und Irland eingebürgert. B. gegenständig oder zu dritt, gezähnt. Kelchröhre rot mit abstehenden Zipfeln, Petalen violett, Staubb. und Griffel weit aus der Bl. herausragend. Frucht eine schwarze Beere.

c

HARTRIEGELGEWÄCHSE Cornaceae

Kleine Familie mit etwa 90 Baum- und Straucharten der Tropen und der gemäßigten Zonen und nur 2 in Europa heimischen holzigen Arten. Die Familie unterscheidet sich von den nah verwandten Doldengewächsen durch ihren holzigen Aufbau, fleischige Früchte und i. d. R. gegenständige B.. Kelch-, Blüten- und Staubb. 4 oder 5. Ohne wirtschaftliche Bedeutung; einige Arten werden i, Europa als Ziergehölze angepflanzt und sind gelegentlich eingebürgert.

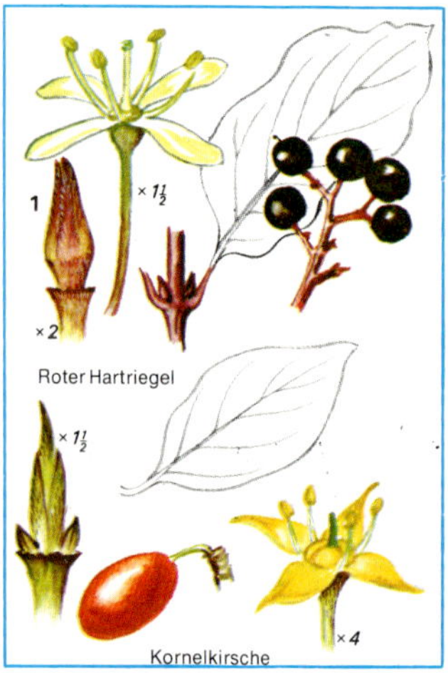

Roter Hartriegel
Cornus sanguinea

Laubabwerfender, Schößlinge bildender Strauch bis 4 m mit schlanken, im Winter auffälligen dunkelroten Zweigen. Mit Ausnahme des hohen Nordens in ganz Europa verbreitet, in Gebüschen, Hecken und an Waldrändern; bildet oft Dickichte. B. gegenständig, ganzrandig, 4–10 cm, mit erhabenen, gebogenen Seitennerven; blaßgrün, im Herbst dunkel rotviolett. Knospen ohne Knospenschuppen (1) (= nackt). Bl. zahlreich, in 4–5 cm großen doldenähnlichen Bl.ständen an den Spitzen der Zweige, mit 4 schmalen, weit ausgebreiteten Petalen. Früchte glänzend schwarz, bitter. *C. sanguinea* besiedelt alte Wiesen, besonders auf basischen und neutralen Böden.

a

b

c

Cornus alba (a)
Cornus sericea (stolonifera) (b)

Ersterer ist in Sibirien beheimatet; ohne wurzelnde Ausläufer; mit dunkelroten Trieben. Frucht weiß, fleischig, mit ovalem Kern. Zweiter stammt aus Amerika, besitzt zahlreiche dunkelrote wurzelnde Ausläufer und bildet dichte Dickichte. Große Ähnlichkeit mit *C. alba,* Kerne jedoch an der Basis abgerundet. Beide sind in N.- und N.-C.-Europa eingebürgert (b häufiger als a).

Kornelkirsche
Cornus mas

Kleiner laubabwerfender Baum bis 8 m oder Strauch mit kleinen, zeitig im Jahr an den kahlen Zweigen erscheinenden Bl.-ständen; gelb. In C.- und S.-O.-Europa beheimatet und weit verbreitet; auch als Ziergehölz und wegen der eßbaren Früchte angepflanzt. B. gegenständig, ganzrandig, eiförmig bis elliptisch mit 3–5 Paar hervortretenden Nerven. Zweige etwas grau. Bl.stände nur 1 cm groß, mit 4 gelblichen Brakteen an der Basis und 10–25 kurz gestielten gelben Bl.. Fleischige Frucht eiförmig, 1,5 cm lang, hängend, reif glänzend rot. Vorkommen: in Gebüschen, an Waldrändern und Abhängen; gewöhnlich auf kalkreichen Standorten.

a

b

c

d

Aukuba
Aucuba japonica

Dichter, immergrüner, lorbeerähnlicher Strauch bis 3 m; häufig mit dem Lorbeer oder dem Kirschlorbeer verwechselt. Heimat: O.-Asien; im Westen häufiger Zierstrauch – besonders die gelb gesprenkelte Form – und hier und da verwildert. Getrenntgeschlechtig; Bl.stände der ♂ Büsche (a) 5–10 cm, größer als die der ♀. Zweige grün, kahl. Frucht scharlachrot, bis 2 cm lang.

a

b

EFEUGEWÄCHSE
Araliaceae

Gemeiner Efeu
Hedera helix

Immergrüne Kletterpflanze mit charakteristischen ledrigen, dunkelgrünen, gelappten B.. Die kräftigen Sprosse sind mit braunen Würzelchen bedeckt, mit denen sich die Pflanze an senkrechten Unterlagen anheftet. Außer im höchsten Norden findet man Efeu in ganz Europa; an Felsen, Mauern und Bäumen; in Wäldern und an schattigen Stellen auch auf dem Boden kriechend. Die B. sind sehr unterschiedlich gestaltet: im vollen Sonnenlicht elliptisch und ungelappt (1), an beschatteten Trieben tief oder seicht 3–5lappig (2) (3). Efeu blüht im Spätherbst; die gewölbten, grünlichen Dolden werden wegen des hohen Nektargehaltes stark von Insekten besucht. Früchte grün, später schwarz, 6–8 mm. Von den in den Tropen und den gemäßigten Breiten vorkommenden 500 Arten der Araliaceae ist in Europa nur der Efeu heimisch.

c

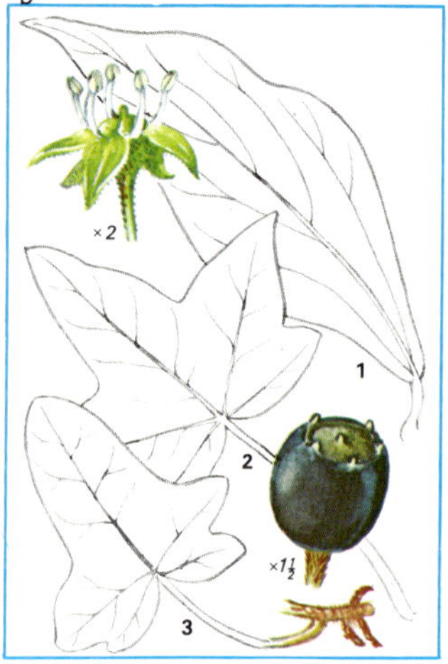

d

e

Kolchischer Efeu
Hedera colchica

Kräftige Kletterpflanze, dem Gemeinen Efeu sehr ähnlich, jedoch mit sehr großen, 15–20 cm langen, kaum gelappten B. an den nichtblühenden Trieben. Haare an jungen Trieben und dem Bl.stand gelblichbraun, mit 15–25 sehr kleinen Strahlen (bei *H. helix* mit 6–16 Strahlen). Heimat: Türkei und Kaukasus; in S.- und W.-Europa als Zierpflanze und manchmal eingebürgert.

a

DOLDENBLÜTLER
Umbelliferae

Bupleurum fruticosum

Eine der wenigen holzigen Doldenblütler in Europa. Recht seltener, immergrüner Strauch mit zierlichen, aufrecht stehenden, etwas fleischigen, blaugrünen B., rötlich-grünen Sprossen und kleinen kompakten Dolden (1) mit zahlreichen gelben Bl.. Strauch bis 2,5 m, auf felsigen und steinigen Standorten in S.-Europa; als Zierstrauch.

b

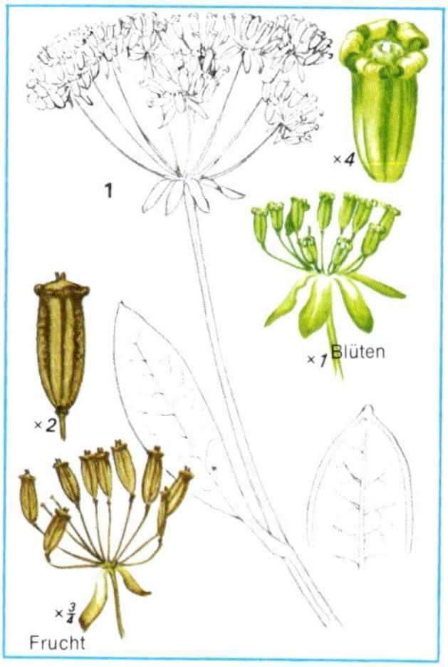

HEIDEKRAUTGEWÄCHSE Ericaceae

Wichtige Familie, speziell im Mittelmeergebiet und in W.-Europa, wo Heiden, Moore und z. T. auch Macchien von Ericaceen geprägt sein können. Es gibt etwa 1900 Arten, 43 davon sind in Europa heimisch. Sie sind gekennzeichnet durch röhren- oder glockenförmige Bl. mit 4–5zipfeliger Bl.krone. Kelchb. 4–5; Staubb. 8–10, Antheren öffnen sich mit Poren; Fruchtknoten mit 4–5 Fächern. Frucht eine Kapsel oder seltener eine Beere. Die Heiden besitzen nadelförmige B.; von den 18 europäischen Arten werden in freier Natur nur wenige höher als 2 m. Rhododendren, Erdbeerbäume und *Vaccinium*-Arten besitzen breitere, oft immergrüne B.. Viele Arten der Familie werden als Ziersträucher angepflanzt; einige sind eingebürgert.

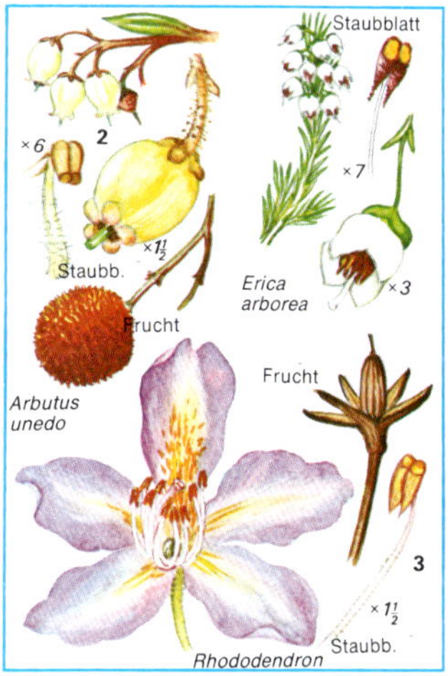

Baumheide
Erica arborea

Erica lusitanica (c)

Auffallender, dichter, immergrüner Strauch des Mittelmeergebietes und S.-W.-Europas mit buschigem Aussehen. Häufig bis 4 m, bisweilen auch als kleiner Baum bis 7 m. Vorkommen: in lichten Wäldern, immergrünen Dickichten, an Ufern und Flüssen. B. nadelähnlich, 3–5 mm, meist in Quirlen zu 4 die weiß behaarten Zweige bedeckend. Bl. sehr zahlreich, in seitlichen, pyramidenförmigen Bl.ständen. Bl.krone (3) 2–4 mm lang, weiß, breit glockenförmig, mit kurzen Zipfeln, die dunkleren, rötlich-purpurnen Antheren einschließend; Narben weiß. Letztere ist *E. arborea* sehr ähnlich, bis 3,5 m hoch, unterscheidet sich jedoch durch rosa Knospen, längere (4–5 mm), mehr zylindrische, blaß rosa Bl.kronen (2) und rote Narben. Bl. duftend.

Erica scoparia

Das Heidekrautgewächs mit den kleinsten und unauffälligsten Bl.. Bl.krone (1) glockig, 1–3 mm lang, grün oder unterschiedlich rot. Schlanker, aufrechter Strauch bis 6 m mit Nadelb., 4–7 mm, in Quirlen zu 3–4; Heiden und lichte Wälder S.-W.-Europas; östlich bis Italien vorkommend.

a

b

c

d

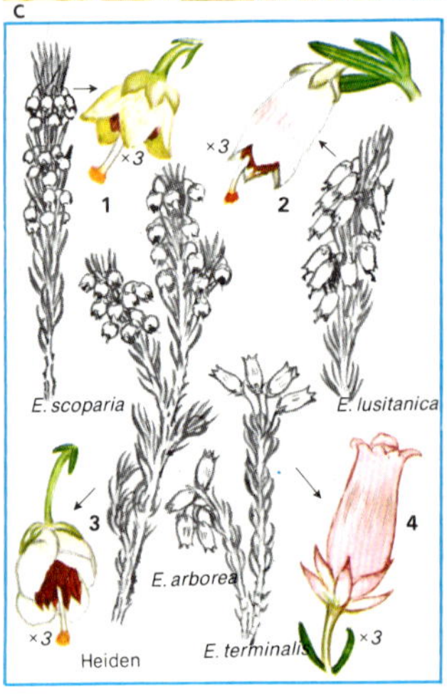

Steife Heide
Erica terminalis

Strauch des mediterranen Spaniens, Korsikas und S.-Italiens bis 2,5 m; in feuchten Schluchten, an Flußufern und schattigen Plätzen. Bl. zu 3–8 in dichten, endständigen Dolden; Bl.krone hell rosa (S. 156 [4]), 5–7 mm lang, mit zurückgeschlagenen Zipfeln. Staubb. in der Bl.krone eingeschlossen. B. abstehend, gewöhnlich je 4 in einem Quirl.

a

Rhododendron
Rhododendron ponticum

Immergrüne Pflanze, im Westen häufig als Zierstrauch und Schutzgehölz angepflanzt und vielerorts eingebürgert. Im äußersten S.-W.- und S.-O.-Europa kommt sie an Flüssen und in Gehölzen auch natürlich vor. B. glänzend dunkelgrün, unterseits heller, ledrig, lorbeerähnlich. Bl. hellviolett bis lila-rosa, in stattlichen, etwa 12 cm großen Bl.ständen. Staubb. 10, nach oben gebogen (S. 155[3]).

b

c

Rhododendron luteum (Azalea)

Laubabwerfender Strauch, kommt in der Türkei, weiter östlich und – wenn auch selten – in S.-O.-Europa natürlich vor. Zierstrauch mit endständigen Bl.ständen aus gelben, süß duftenden Bl., die vor den B. an den kahlen Zweigen erscheinen. Bl. 5 cm im Durchmesser; Staubb. 5. B. länglich-lanzettlich, fein gezähnt, bewimpert; Knospen und Triebe klebrig. Durch Wurzelbrut häufig in Gruppen.

d

Erdbeerbaum
Arbutus unedo

*

Dichter, dunkelgrüner, immergrüner Strauch oder kleiner Baum bis 12 m. Im Mittelmeergebiet, S.- und S.-W.-Europa, im Norden auch in S.-W.-Irland. Vorkommen: Macchien, Waldränder und trockene, felsige Hänge. B. glänzend, 4–11 cm, länglich-lanzettlich, meist mit gesägtem Rand; B.stiel rötlich, behaart. Junge Zweige mit rötlichen Drüsenhaaren. Bl. krugförmig (S. 155 [2]), in kurzen, hängenden Bl.ständen, weiß, oft grün oder rosa überhaucht. Im Herbst gleichzeitig Bl. und reife Früchte. Früchte fleischig, mit körniger Oberfläche, etwa 2 cm im Durchmesser, gelb, zuletzt dunkelrot, sauer (außer wenn voll ausgereift). Rinde dunkelbraun, in schmalen Streifen abfasernd.

a

b

c

Griechischer Erdbeerbaum
Arbutus andrachne

◇

Vaccinium arctostaphylos
(S. 159b)

Ersterer ist ein Strauch oder kleiner Baum des Mittelmeergebietes. Ähnlich *Arbutus unedo,* aber mit orangerotem, nach dem Abblättern der Rinde glattem, hell zimtfarbenem Stamm; junge Zweige kahl. Bl. im Frühjahr, in aufrechten Bl.ständen. B. meist nicht ge-

d

e

sägt und breiter (weniger als doppelt so lang wie breit) als beim Erdbeerbaum. Frucht klein, orange, 8–12 mm. Letzterer ist laubabwerfend, ein Strauch oder kleiner Baum bis 5 m, auf S.-O.-Bulgarien und die Türkei beschränkt, in Waldschluchten. B. elliptisch, fein gezähnt, im Herbst reich gefärbt. Bl. grünlich-weiß bis schwach rosa, glockig, 5–7 mm, zu 5–8 in hängenden Bl.ständen. Frucht (b) 6–8 mm.

a

b

EBENHOLZGEWÄCHSE
Ebenaceae

Lotos-Pflaume
Diospryros lotus

Kleiner, eingeschlechtiger, laubabwerfender Baum aus Asien; im Süden oft wegen seiner eßbaren Früchte angepflanzt. B. elliptisch, spitz, verkahlend. Bl. klein, ungestielt, rötlich oder grünlich-weiß, glockig, Zipfel bewimpert. Frucht 1,5–2 cm, gelb oder blauschwarz bereift; Kelch ausdauernd.

c

d

Kaki-Pflaume
Diospryros kaki

Kleiner Baum aus Japan und Korea. Im Süden bisweilen wegen der großen, eßbaren Früchte gepflanzt. B. oberseits glänzend dunkelgrün, unterseits heller, behaart. Zweige mit bräunlichen Haaren. Bl. gelblich-weiß. Früchte groß, tomatenförmig, hellgelb bis orange, 3,5–7 cm, unreif äußerst sauer.

e

f

STYRACEAE

Storaxbaum
Styrax officinalis

Relativ schlankastiger Strauch oder kleiner laubabwerfender Baum bis 7 m; Bl. weiß, bis 2 cm, in hängenden Trauben. Bl. und Zweige mit weißen, sternförmigen Haaren bedeckt. Frucht eine trockene Steinfrucht. Bildet das aromatische Harz »Styrax«.

a

ÖLBAUMGEWÄCHSE Oleaceae

Familie von Bäumen und Sträuchern, selten Kletterpflanzen, mit i. d. R. gegenständigen, kahlen, einfachen oder zusammengesetzten B.. Umfaßt etwa 500 Arten überwiegend der gemäßigten Breiten und der nördlichen Teile der Tropen. 13 Arten sind in Europa heimisch. Bl. im typischen Falle mit 2 Staubb., glockenförmigem Kelch und oft röhrenförmiger Bl.krone sowie mit oberständigem, zweifächerigem Fruchtknoten (1) mit gewöhnlich je 2 Samenanlagen. Unterschiedliche Fruchttypen: Beere (Liguster); Steinfrucht (Ölbaum), Kapsel (Flieder), geflügelte Nuß (Esche). Von wirtschaftlicher Bedeutung sind besonders der Ölbaum (Oliven, Öl) und die Esche als Holzlieferant. Viele Arten der Oleaceae haben als Ziergehölze Bedeutung und sind nach Europa gelangt.

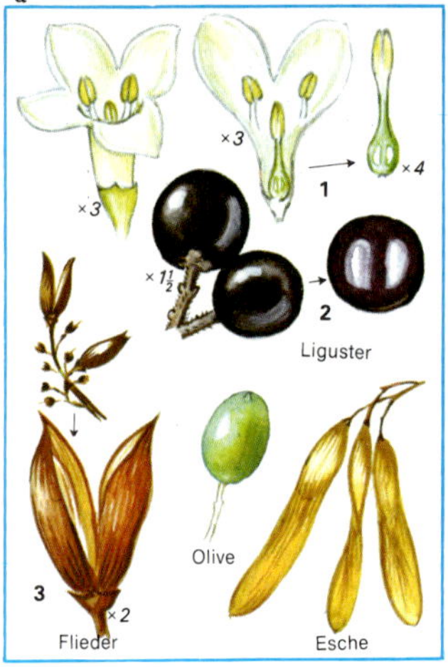

Bestimmungsschlüssel für die Oleaceae

1 B. zusammengesetzt (5)	**Eschen** (S. 61–63), **Jasmine** (S. 163–164)
1 B. einfach (4) (6)	
2 B. unterseits mit kleinen Schuppen	**Ölbaum** (S. 166)
2 B. unterseits ohne Schuppen	
3 Bl. gelb (9)	**Forsythie** (S. 164)
3 Bl. weißlich oder lila	
4 Bl. unauffällig, etwa 2 mm (8)	*Phillyrea* (S. 167)
4 Bl. mindestens 5 mm lang	
5 Bl. lila (7); Frucht trocken aufspringend	**Flieder** (S. 164)
5 Bl. weiß (1); Frucht fleischig (2)	**Liguster** (S. 165–166)

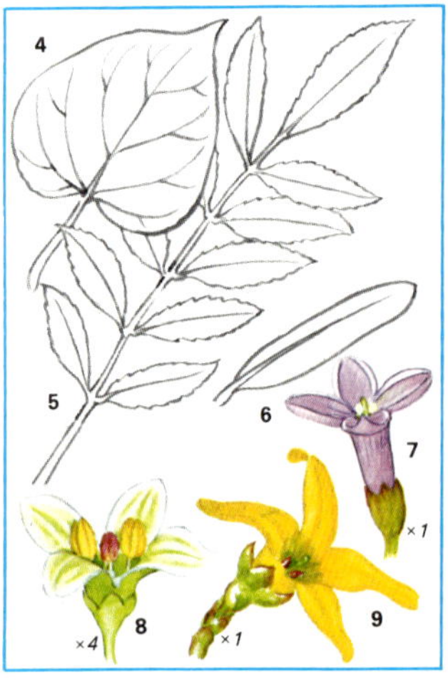

Gemeine Esche
Fraxinus excelsior

■ ◇ *

Bekannter und weit verbreiteter, laubabwerfender, europäischer Baum mit schlankem, grauem, rissigem Stamm, hellgrünen, zusammengesetzten B. und geflügelten Früchten. Waldbildender Baum bis 40 m, auf tiefgründigen Böden in fast ganz Europa verbreitet bis zum 64. Breitengrad, fehlt im Mittelmeergebiet. Gekennzeichnet durch rußschwarze Winterknospen (1) und glatte graue bis grünliche Triebe. B. gewöhnlich mit 7–15 ungestielten breiten oder schmalen, lang zugespitzten Fiedern. B.fiedern mit gesägtem Rand und unterseits auf dem Hauptnerv zottig behaart. Bl. rötlich, ♂ (3), ♀ und zwitterig (6) in kleinen Büscheln (4), vor den B. erscheinend. Sepalen und Petalen fehlen. Frucht geflügelt (2), 2,5–5 cm lang, lanzettlich oder sich zur Spitze hin verbreiternd. Das sehr gefragte Holz ist hell, hart und elastisch.

a

b

c

Schmalblättrige Esche
Fraxinus angustifolia

F. excelsior sehr ähnlich, jedoch kleiner (bis 25 m). An den kleineren kaffeebraunen Knospen (5) leicht zu unterscheiden. B.fiedern gewöhnlich schmaler, 8–25 mm breit, länglich bis lineal-lanzettlich, mit gezacktem Rand. Die Zahl der Zähne entspricht gewöhnlich der der Seitennerven (bei der Gemeinen Esche meist mehr Zähne als Nerven). Fiederblättchen unterseits entweder kahl, *ssp. an-*

d

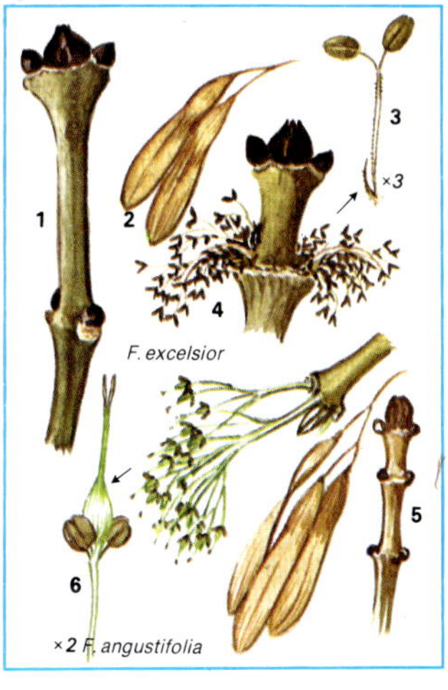

gustifolia (b), oder entlang des Mittelnervs bis zur Basis behaart, *ssp. oxycarpa* (a). B. junger Bäume mit breiteren B.fiedern als bei alten Bäumen. Frucht 2–4,5 cm, kahl. Der Stamm wird früh fein-, dann grob längsrissig und mit der Zeit knorrig. Ein Baum der Flußufer, Flußauen und laubabwerfenden Wälder in S.- und S.-O.-Europa, nach Norden bis zur Tschechoslowakei und Ungarn.

a

b

Fraxinus pallisiae

Seltener Baum der Flußufer und Flußauen S.-O.-Europas, von Rumänien und Bulgarien ostwärts vorkommend. Der Schmalblättrigen Esche sehr ähnlich, jedoch mit dicht samtig behaarten Trieben und B.stielen. Junge B.fiedern beiderseits samtig behaart, später oberseits fast kahl. Frucht fein behaart.

c

d

Manna-Esche
Fraxinus ornus

◇ *

Kleiner Baum mit rundlicher Krone, bis 20 m, mit sehr glatter grauer Rinde. An den auffallenden, kegelförmigen Bl.ständen zu erkennen. Bl. weiß, wohlriechend; erscheinen gleichzeitig mit den B. an den Zweigspitzen. Vorkommen: in Mischwäldern, Dickichten und auf felsigen Standorten im Mittelmeergebiet und S.-C.-Europa. Knospen grau oder bräunlich, oft überlaufen, behaart;

e

f

Zweige olivgrün. B. mit 5–9 eiförmigen bis lanzettlichen, deutlich gestielten, fein und unregelmäßig gezähnten Fiedern. B.fiedern junger B. sägezähnig. Bl. mit 4 bandförmigen, 5–6 mm langen Petalen. Frucht 2–2,5 cm, an der Spitze eingekerbt oder zugespitzt. Von den Zweigen wird eine zuckerhaltige Substanz, »Manna«, abgeschieden, die in der Medizin Verwendung findet. Die Manna-Esche wird aus dem Grunde in S.-Italien und Sizilien kultiviert.

Rot-Esche
Fraxinus pennsylvanica

Ein Baum aus N.-Amerika mit bräunlich-roter, rissiger Rinde und deutlich gestielten B.fiedern. Wegen des Holzes und als Schutz in C.- und S.-O.-Europa angepflanzt. Knospen klein, braun; Triebe kahl bis dicht behaart. 5–7 große B.fiedern, 8–15 cm lang, unterseits behaart, in Breite und Zähnung des Randes sehr unterschiedlich. Frucht im unteren Teil nicht abgeflacht.

Strauchjasmin
Jasminum fruticans

Kleiner immergrüner oder halbimmergrüner Strauch bis 3 m mit aufrechten, viereckigen, grünen Zweigen und gelben, röhrenförmigen Bl.. Heimat: S.-Europa; in Gehölzen und an Waldrändern. B. meist dreizählig; Fiedern glänzend, 1–2 cm. Bl. 1–1,5 cm lang, mit 5 stumpfen Zipfeln, diese etwa so lang wie die gelbe Röhre. Frucht kugelig, 7–9 mm, schwarz, fleischig.

a

b

c

d

e

Winterjasmin (a)
Jasminum nudiflorum

Jasminum officinale (b)

Ersterer wird häufig als Zierstrauch angepflanzt. Ein laubabwerfender Strauch mit gegenständigen, dreizähligen B.. Bl. gelb, erscheinen im Winter, vor den B.. Letzterer ist eine Kletterpflanze; B. gegenständig, gefiedert, mit 5–7 Fiederblättchen. Bl. weiß, duftend, in doldigen Bl.ständen.

Forsythie
Forsythia europaea

Seltener, laubabwerfender Strauch N.-Albaniens und S.-Jugoslawiens, auf Hügeln und Serpentingestein. B. eiförmig bis lanzettlich, gegenständig, gezähnt oder ganzrandig. Bl. gelb, vor den B. erscheinend; Kelch und Bl.krone 4zipfelig, Bl.kronröhre kurz, Zipfel 12 mm (S. 160 [9]). Frucht eine zugespitzte Kapsel, mit 2 Klappen aufspringend. Als Zierstrauch weit verbreitet.

Gemeiner Flieder
Syringa vulgaris

Syringa josikaea (S. 165b)

Ersterer ist ein laubabwerfender Strauch bis 3 m oder auch ein kleiner Baum bis 7 m mit eiförmigen B. und dichten, kegelförmigen Bl.ständen mit duftenden, röhrenförmigen, lila, selten weißen Bl.. Heimat: Zentralteil der Balkanhalbinsel; in Gehölzen und an felsigen

a

b

c

d

e

Hängen. Als Zierstrauch sehr weit verbreitet.
B. kahl, 4–8 cm, ganzrandig mit abgerundeter oder leicht herzförmiger Basis. Bl.stände meist paarweise, 10–20 cm; Bl. röhrenförmig, mit 4 ausgebreiteten Zipfeln (S. 160 [7]). Frucht eine zugespitzte Kapsel (S. 160 [3]). Letzterer besitzt schmalere, elliptische B. mit keilförmiger Basis. Bl.stände einzeln, an der Basis beblättert, mit dunkel bis hellvioletten, trichterförmigen Bl.. Heimat: Berge Rumäniens, Ukraine.

a

b

Gemeiner Liguster, Rainweide
Ligustrum vulgare

Japanischer Liguster (e)
Ligustrum ovalifolium

↓

Der gemeine Liguster ist ein weit verbreiteter, laubabwerfender Strauch, kaum über 3 m, in W.-, C.- und S.-Europa, bis S.-Skandinavien. Ausladender Strauch, an Waldrändern, Ufern und in Hecken, besonders auf basischen Böden. B. gegenständig, lanzettlich, 3–6 cm, oft auch im Winter noch am Strauch. Bl. weiß, mit intensivem Geruch, in dichten, aufrechten, endständigen Rispen. Bl.kronröhren etwa so lang wie die 4 Kronzipfel (S. 160 [1]). Frucht glänzend, schwarz, 6–8 mm. *L. ovalifolium* wird meist als Hecke gepflanzt, gelegentlich in der goldgelben Form. Heimat: Japan. Zu unterscheiden an den kahlen jungen Trieben und den breiteren, ovalen, mehr immergrünen B.. Bl.stände kahl, Bl.röhre 2–3mal so lang wie die Kronzipfel.

c

d

e

Ligustrum lucidum

↓

Kleiner, dichter, immergrüner Baum bis 10 m oder großer Strauch, die kahlen Zweige mit weißen Korkwarzen. Bl. gelblich-weiß, in verhältnismäßig großen, lockeren, verzweigten, kegelförmigen Bl.ständen (Rispen), 12–20 cm; junge B. rötlich. Frucht überlaufen, bläulich-schwarz. In S.-Europa häufig als Straßenbaum. Heimat: China und Japan.

a

b

Ölbaum

Olea europaea

◇ ✳

Wohlbekannter und ausgesprochen wichtiger kleiner Baum bis 15 m, mit silbrig-grünem, winterhartem Laub, gedrehtem, oft knorrigem Stamm und ausgebreiteten, grauen Ästen. In seiner Heimat – Mittelmeergebiet und Portugal – wegen seiner Früchte in großem Umfang angebaut. Kultivierte Bäume mit lanzettlichen B., 2–8 cm, unterseits fahlgrau und wie die Zweige mit kleinen silbrigen Schuppen bedeckt. Bl. weiß, in dichten, b.achselständigen Bl.ständen. Frucht eiförmig, 1–3,5 cm, zunächst grün, später meist schwarz oder bräunlichgrün, selten elfenbeinweiß. Wildpflanzen mit sehr unterschiedlichem Aussehen, oft buschig, mit bewehrtem, viereckigem Stamm und kleinen, ovalen B.. Vorkommen: immergrünes Buschwerk auf trokkenen, steinigen Standorten und in lichten Wäldern. Große wirtschaftliche Bedeutung.

c

d

e

f

Phillyrea latifolia

Dichter, kleinblättriger, immergrüner Strauch oder kleiner Baum bis 15 m mit glatter, grauer Rinde; in immergrünen Wäldern des Mittelmeergebiets und in Portugal. B. (2) gegenständig, mit 7–12 Paar Seitennerven, eiförmig und gezähnt oder lanzettlich bis elliptisch und ganzrandig bzw. sehr fein gezähnt. Bl. grünlich-weiß, in kurzen, dichten Bl.ständen; Kelch dreikantig. Frucht zuletzt bläulich-schwarz, ohne Spitze.

Phillyrea angustifolia

Dichter, immergrüner Strauch bis 2,5 m mit gegenständigen, linealischen bis lanzettlichen B. (1) und glatten, grauen Zweigen. Heimat: Mittelmeergebiet, von Jugoslawien nach Westen bis Portugal; immergrüne Gebüsche. B. mit 4–6 Paar undeutlicher Nerven. Kelch mit kurzen, rundlichen Zipfeln. Frucht mit einer Spitze.

a

b

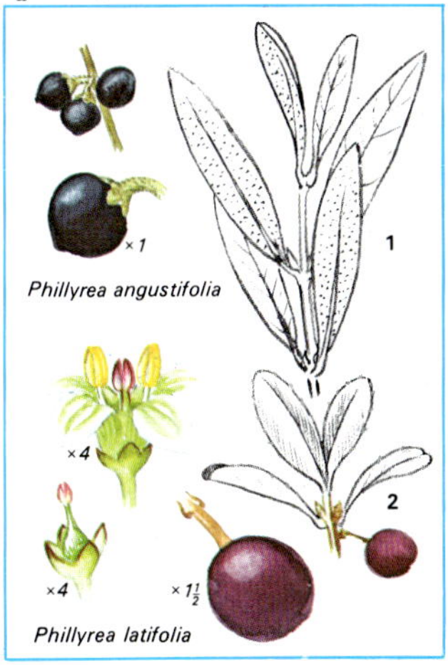

c

HUNDSGIFTGEWÄCHSE
Apocynaceae

Oleander
Nerium oleander

Eine der schönsten Pflanzen des Mittelmeerraumes und Portugals. Strauch bis 4 m, in trokkenen Flußbetten, an Flußufern, entlang der Küste und im Landesinneren immergrüne, kleinere Bestände bildend. Im Süden oft als Zierstrauch und bisweilen eingebürgert. B. linear-lanzettlich, 6–12 cm, ledriggrün, zu 2, 3 oder 4 in Quirlen.

d

Bl. 3–4 cm im Durchmesser, meist rosa, gelegentlich weiß, in endständigen Bl.ständen; Bl. im Schlund mit 5 großen, gezackten Schuppen. Frucht 8–16 cm, rötlich-braun; Samen mit Haarbüscheln. In Europa der einzige größere holzige Vertreter der vorwiegend tropischen Apocynaceae, die im typischen Falle B. und Sprosse mit Milchsaft besitzen, der vielfach – wie beim Oleander – giftig ist.

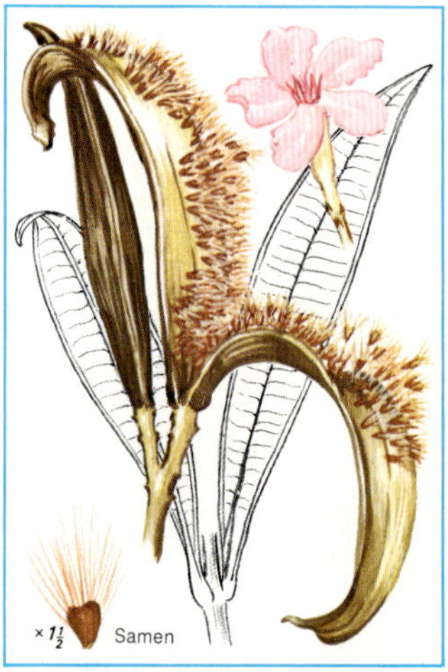

a

SEIDENPFLANZENGEWÄCHSE
Asclepiadaceae

b

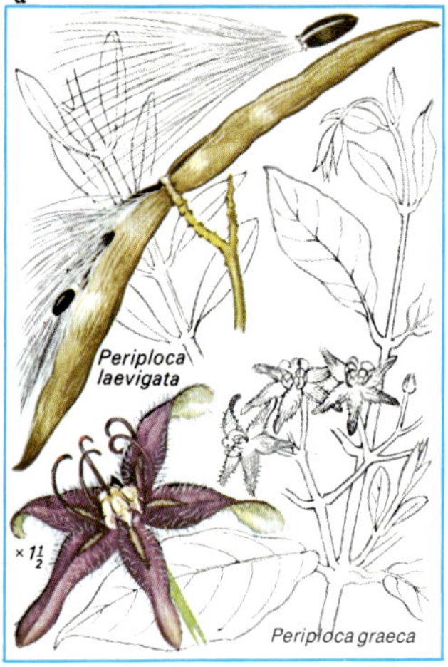

Griechische Baumschlinge
Periploca graeca

Laubabwerfender, windender Strauch bis 12 m mit vielblütigen, purpur-braunen Bl.ständen. B. 4–12 cm, eiförmig, kahl. Bl. 2 cm; Bl.b. mit hornähnlichen Gebilden. Frucht paarig, jedes Fruchtb. 10–15 cm. *P. laevigata* hat ledrige, lanzettliche B. und kleinere purpurbraune, etwa 1 cm große Bl..

Araujia sericifera

Kräftiger, immergrüner, klimmender Halbstrauch aus Südamerika, in S.-W.-Europa stellenweise eingebürgert. Er besitzt gestielte, meist armblütige Bl.stände. Bl. duftend, 1,5–2 cm, weiß, mit rosa Streifen. B. länglich-eiförmig, unterseits weiß bepudert; junge Stämmchen flaumhaarig. Frucht groß, eiförmig, 10 cm, überlaufen. Samen mit einem Büschel seidiger Haare.

c

Cynanchum acutum

Schlanke, windende Kletterpflanze bis 3 m mit blaugrünen, pfeilförmigen, kahlen B.. Bl. rosa oder weiß, 8–12 mm, mit 5 fadenförmigen, vorspringenden Zipfeln (1), süßlich duftend, in gestielten Bl.ständen. Frucht (2) aus 2 spindelförmigen Fruchtb.. Samen mit Haarbüscheln. Heimat: S.-Europa; in Hecken und Dickichten, oft in Meeresnähe.

a

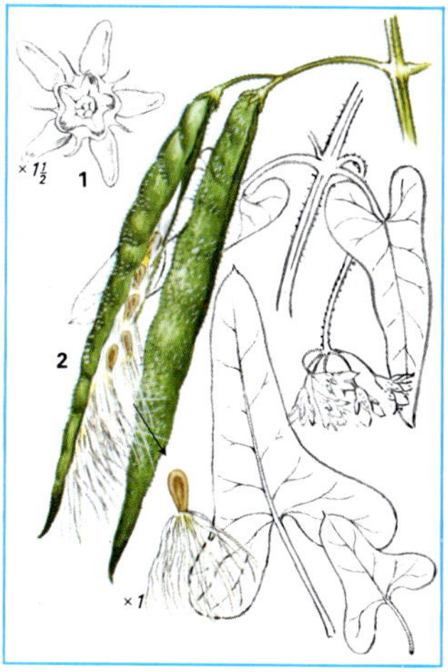

WASSERBLATTGEWÄCHSE
Hydrophyllaceae

Wigandia caracasana

↓

Aufrechter, rauhhaariger Strauch bis 4 m mit ovalen, grob gezähnten B., 20–45 cm, unterseits weißlich behaart. Bl. etwa 3 cm, lila mit hellerer Kronröhre, in großen, lockeren, gebogenen Bl.ständen. Heimat: C.- und S.-Amerika; in Frankreich, Spanien und Italien als Zierstrauch und z. T. eingebürgert, an Mauern und Felsen.

b

EISENKRAUTGEWÄCHSE
Verbenaceae

Keuschbaum
Vitex agnus-castus

Graublättriger Strauch bis 4 m mit schlanken, dichten, lila, rosa oder seltener weißen Rispen mit duftenden Bl.. In S.-Europa, an Flüssen, in Meeresnähe. B. aromatisch, mit 5–7 schmalen, unterseits weiß-wolligen Fiederb.; Zweige vierkantig. Bl. zweilippig mit aus der Bl. herausragenden Staubb..

c

d

LIPPENBLÜTLER Labiatae

Wichtige Familie, umfaßt über 3000 Arten, mit einem Verbreitungsschwerpunkt im Mittelmeergebiet, wo sie stellenweise dominiert. Viele Arten sind krautig, andere Zwergsträucher unter 2 m. Die Vertreter der Labiatae besitzen aromatische Öle und viele unserer Küchenkräuter gehören zu dieser Familie. Botanische Merkmale: gegenständige, meist einfache B., viereckiger Stengel, zweilippige, quirlig angeordnete Bl. und häufig ährige oder traubige Bl.stände. Kelch röhrenförmig, 5zipfelig, oft zweilippig; Staubb. gewöhnlich 4; Fruchtknoten 4teilig. Frucht aus 4 Nüssen. Viele Zierpflanzen.

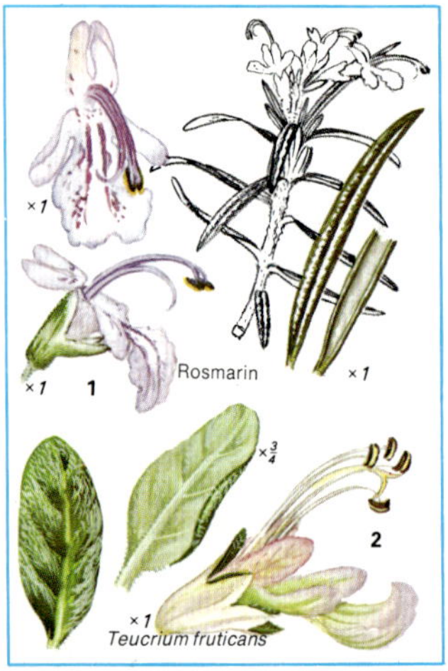

Rosmarin
Rosmarinus officinalis

Dichter, sehr aromatischer immergrüner Busch bis 2 m oder höher, auf trockenen, felsigen Standorten im Mittelmeergebiet und in Portugal. B. steif, oberseits dunkelgrün, unterseits weiß-wollig, mit eingerolltem Rand. Bl. blau, selten rosa oder weiß, mit 2 langen aus der Bl. herausragenden Staubb. und einem Griffel (1). Wichtiges Gewürzkraut; auch als Zierstrauch häufig angepflanzt.

a

Strauchgamander
Teucrium fruticans

Kleiner, immergrüner Strauch bis 2,5 m mit weiß-wolligen, 4eckigen Sprossen und kleinen, glänzenden, unterseits kontrastreich weiß-wolligen B.. Bl. (2) blau oder lila, ohne Oberlippe; Staubb. 4. Im westlichen Mittelmeergebiet; nach Osten bis Italien und Sizilien; an lichten, trockenen, sonnigen Stellen. Im Süden bisweilen als Heckenpflanze verwendet.

b

NACHTSCHATTENGEWÄCHSE Solanaceae

Wichtige Familie mit über 2000 überwiegend tropischen und südamerikanischen Arten. Etwa 18 Arten sind in Europa heimisch, nur wenige sind holzig. Wirtschaftlich wichtig durch Nahrungspflanzen wie Kartoffel und Tomate, durch Arzneipflanzen wie Bilsenkraut und Tollkirsche sowie Tabak. Die Solanaceae besitzen regelmäßige, röhrenförmige, 5zipfelige Bl. (1) und 5 mit der Kronröhre verwachsene Staubb.. Fruchtknoten i. d. R. mit 2 vielsamigen Fächern. Frucht eine Beere (2) – gewöhnlich mit ausdauerndem Kelch – oder eine aufspringende Kapsel. Viele Zierpflanzen, einige sind verwildert und stellenweise eingebürgert, andere sind Kletterpflanzen; viele Arten sind giftig.

Bocksdorn
Lycium barbarum

Von mehreren sich ähnelnden, dornigen Sträuchern bis 2,5 m die in Europa am häufigsten eingebürgerte Art. Bl. violett (1), später bräunlich; Kronzipfel so lang wie die Kronröhre; Staubb. aus der Bl. herausragend, im unteren Teil behaart. Heimat: China. *L. europaeum* ist im Mittelmeergebiet heimisch. Bl. weiß oder rosa, Filamente kahl; Zweige starr, mit kräftigen Dornen.

a

b

Solanum sodomeum

Strauchige, stark verzweigte, ausdauernde Pflanze bis 3 m mit gelben, bis 1,5 cm langen Stacheln. B. tief gelappt, mit Stacheln und sternförmigen Haaren besetzt. Bl. violett, 2,5–3 cm, Frucht eine gelbe bis braune etwas fleischige, giftige Beere. Heimat: Afrika; in S.-Europa eingebürgert; an Straßenrändern und Ödland, hauptsächlich in Meeresnähe.

c

Cestrum parqui

Laubabwerfender Strauch bis 3 m mit schlanken Zweigen, ganzrandigen, lanzettlichen B. und endständigen, vielblütigen Bl.ständen. Bl. gelb bis grünlich, röhrenförmig, besonders nachts duftend. Kronröhre (1) 2–2,5 cm, Kronzipfel ausgebreitet, spitz. Frucht 7–10 mm, eiförmig, schwärzlich; Samen rötlich-braun. Heimat: S.-Amerika; im Mittelmeergebiet stellenweise eingebürgert.

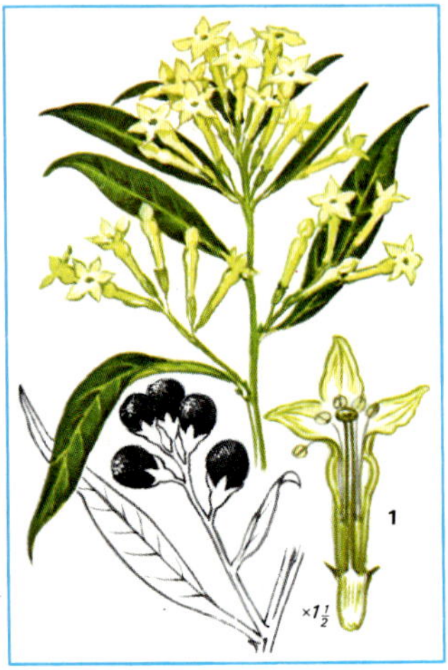

a

Nicotiana glauca

Schlanker Strauch bis 6 m und höher mit hängenden Bl.ständen aus röhrenförmigen, gelben, 3–4 cm langen Bl.. B. blaugrün, eiförmig bis lanzettlich, kahl; Zweige grün. Frucht eine eiförmige Kapsel. Heimat: S.-Amerika; im Mittelmeergebiet häufig als Zierpflanze; oft eingebürgert; an Straßenrändern, Ufern und Mauern.

b

BUDDLEJACEAE

Sommerflieder
Buddleja davidii

Laubabwerfender Strauch bis 5 m mit lanzettlichen B., vierekkigen, behaarten Zweigen und langen, übergeneigten, endständigen Bl.ständen. Bl. stark duftend (»Schmetterlingsstrauch«), bläulich oder violett, Kronröhre orangefarben. B. oberseits dunkelgrün, unterseits weißwollig, gezähnt. Häufig auf Ödflächen in der Nähe von Städten.

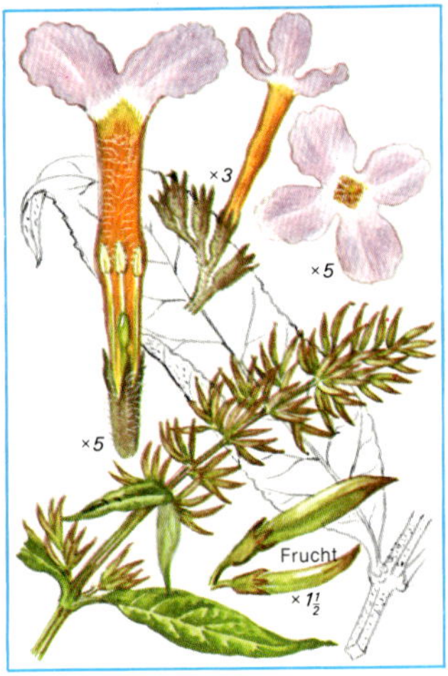

c

RACHENBLÜTLER
Scrophulariaceae

Paulownie
Paulownia tomentosa (imperialis)

Baum bis 12 m; B. groß, dreieckig-herzförmig. Bl. trichterförmig, 5–6 cm, violett, in großen Bl.ständen. B. gegenständig, 12–25 cm; an kräftigen Trieben größer und gelappt. Zweige wollig behaart. Frucht holzig, 3–4 cm. Heimat: China; im S. oft an Straßenrändern.

TROMPETENBAUMGEWÄCHSE
Bignoniaceae

Trompetenbaum
Catalpa bignonoides.

Sehr auffallender Baum, mit seinen großen, dreieckig-herzförmigen B. der Paulownie ähnlich, jedoch nicht in Bl. und Frucht. Ältere Bäume mit ausladenden Ästen und kräftigem, blaß-braunem, schuppigem Stamm. B. junger Bäume zunächst purpurn, später blaßgrün, 10–20 cm lang, gegenständig oder wirtelig, oberseits fast kahl. Bl.stände breit kegelförmig, 15–20 cm; Bl. röhrenförmig, mit abstehenden Zipfeln, 4–5 cm. Frucht 20–40 cm lang, dünn, auch während des Winters an den Zweigspitzen hängend. Heimat: N.-Amerika; in S.-Europa oft als Allee- und Straßenbaum; bisweilen verwildert.

a

b

c

d

GEISSBLATTGEWÄCHSE Caprifoliaceae

Recht kleine Familie, hauptsächlich auf der Nordhalbkugel, zu der Holunder, Schneeball, Geißblatt und Schneebeere gehören. Die meisten Arten sind holzig, einige sind Kletterpflanzen. In Europa gibt es 21 einheimische Arten, von denen einige 2 m nicht erreichen. Die Caprifoliaceae besitzen unterständige Fruchtknoten mit 3–5 Karpellen. B. gegenständig, i. d. R. einfach. Kelch und Bl.krone 4–5teilig; Staubb. 5, mit der Kronröhre verwachsen. Frucht meist eine Beere oder Steinfrucht. Familie ohne wirtschaftliche Bedeutung; viele Caprifoliaceen sind als Zierpflanzen geschätzt.

Schwarzer Holunder
Sambucus nigra

■ ◇ *

Bekannter, stark verzweigter Strauch oder kleiner Baum bis 10 m mit zusammengesetzten B., flachen Bl.ständen mit gelblichweißen, streng riechenden Bl. und schwarzen, glänzenden Früchten. Zerriebene B. streng riechend; B.fiedern 5–7, oval bis lanzettlich, scharf gezähnt; Zweige grau, glatt, mit Korkwarzen und weitem, weißen Mark (1). Bl. etwa 5 mm, zahlreich in großen 5strahligen, 10–20 cm großen Bl.ständen. Früchte oft hängend, fleischig, 6–8 mm, i. d. R. schwarz, gelegentlich auch grün. Vorkommen: Auwälder, Gebüsche und Ödflächen; in ganz Europa verbreitet, im S. häufig kultiviert.

a

b

Trauben-Holunder
Sambucus racemosa

Strauch bis 4 m, ebenfalls mit gefiederten B., aber mit grünlich-gelben Bl. in dichten, rundlichen Bl.ständen und scharlachroten Früchten. Zweige mit zimtfarbenem Mark (S. 174 [2]). In schattigen Bergwäldern C.-Europas von Spanien bis Bulgarien; weiter nördlich eingebürgert.

a

b

Gemeiner Schneeball
Viburnum opulus

Ausladender, laubabwerfender Strauch bis 4 m mit auffallend flach ausgebreiteten Bl.ständen aus weißen Bl.. Die randständigen Bl. eines Bl.standes sind erheblich größer als die inneren. Bl.stände 5–10 cm im Durchmesser; die äußeren Bl. bis 2 cm, steril, die inneren bis etwa 8 mm, fertil. B. gewöhnlich 3lappig, B.lappen spitz, grob und unregelmäßig gezähnt, unterseits fein behaart; an der Basis der B.spreite mit 2 Drüsen. B. im Herbst scharlachrot. Zweige glatt, kantig (2). Frucht 8 mm, fast kugelig, rot glänzend, oft länger am Strauch als die B.. *V. opulus* ist außer in den äußersten Zipfeln des Kontinents in Europa weit verbreitet; in Auwäldern, Gebüschen und Dickichten. Eine Form mit ausschließlich großen, sterilen Bl. in kugeligen Bl.ständen wird oft als Zierstrauch angepflanzt.

c

d

Wolliger Schneeball
Viburnum lantana

Bekannter, auffallender, laubabwerfender Strauch bis 6 m mit grau-filzigen Zweigen, herzförmigen, stark geaderten, runzeligen, unterseits weißwolligen B. und cremefarben-weißen Bl. in dichten, flachen Bl.ständen. Bl. alle fertil und gleich groß; Bl.stände 6–10 cm im Durchmesser. B. 5–12 cm, fein gezähnt, mit kurzen, wollig behaarten Stielen. Knospen ohne Knospenschuppen (1). Früchte in flachen oder gewölbten Fruchtständen, zunächst grün, dann rot, zuletzt schwarz, oft nicht zur gleichen Zeit reifend und dadurch rote und schwarze Früchte im selben Fruchtstand. Vorkommen: Waldränder, Gebüsche, Hekken und steinige Plätze; im größten Teil C.- und S.-Europas, besonders auf kalkhaltigen Standorten.

a

b

c

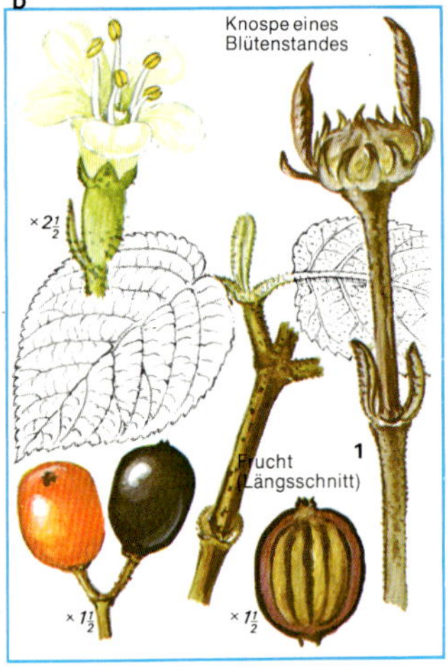

Lorbeer-Schneeball
Viburnum tinus

Dichter, dunkler, stark verzweigter, immergrüner Strauch bis 4 m. Im Mittelmeergebiet und Portugal in Wäldern, immergrünen Dickichten und steinigen Plätzen, im Bergland und in tieferen Lagen bis zur Küste. Oft als Zierstrauch und zum Schutz angepflanzt, besonders auch im Westen, wo er häufig während des Winters blüht. B. ledrig, glänzend dunkelgrün, schmal, oval, stumpf oder spitz,

d

mit glatten Rändern. Auf der Unterseite der B. mit Haarbüscheln in den Achseln der Nerven. Zweige kahl oder schwach behaart. Bl. weiß oder außen rosa, in kleinen endständigen, flachen, 5–10 cm großen Bl.ständen. Frucht metallisch blau, oft zwischen den B. verborgen.

a

Bestimmungsschlüssel für die Gattung *Lonicera*

1 Holzige Kletterpflanzen	
2 Bl. paarig in B.achseln (3)	*japonica* (S. 180) *biflora*
2 Bl. in Köpfchen oder Quirlen (1) (2)	
3 Oberste B. (direkt unterhalb des Bl.standes) nicht miteinander verwachsen	**Wald-Geißblatt** (S. 178)
3 Oberste B. miteinander verwachsen (1) (2)	
4 Bl.stände gestielt (2)	*etrusca* (S. 179)
4 Bl.stände ungestielt	**Echtes Geißblatt** (S. 178), *implexa* (S. 179), *splendida*
1 Aufrechte Sträucher	
5 Zweige und B. kahl oder fast kahl	**Alpen-Heckenkirsche** (S. 179), *tatarica* (180)
5 Zweige und B. fein behaart zumindest auf der Unterseite	*arborea, nummulariifolia* **Rote Heckenkirsche** (S. 179)

Örtlich begrenzt vorkommende Arten über 2 m sind: die Kletterpflanze *L. splendida* in den Bergen S.-Spaniens, *L. biflora* in S.-O.-Spanien sowie die Sträucher *L. arborea* in der Sierra Nevada in S.-Spanien und *L. nummulariifolia* in S.-Griechenland und auf Kreta.

Wald-Geißblatt
Lonicera periclymenum

Das am weitesten verbreitete und kräftigste der kletternden Geißblätter in Europa; leicht zu erkennen an den obersten, unmittelbar unter den Bl.ständen stehenden B. (1). Diese wie die tiefer stehenden B. länglich bis elliptisch, stumpf oder spitz, unterseits blaugrün. Bl.stände gestielt, endständig, gewöhnlich drüsig behaart. Bl. sehr süß duftend, mit langer Kronröhre, zweilippig, cremefarben-weiß, oft rosa überhaucht. Staubb. und Griffel aus der Bl. herausragend. Frucht rot, in gestieltem Fruchtstand. Kletterpflanze bis 6 m, laubabwerfend; in W.-C. und S.-Europa, nördlich bis S.-Schweden vorkommend. Mit Efeu und Waldrebe die wichtigste Liane in europäischen Wäldern. Verursacht oft Schäden an jungen Bäumen.

a

b

Echtes Geißblatt
Lonicera caprifolium

Im Habitus ähnlich dem Wald-Geißblatt, jedoch sind die obersten B. um den Sproß herum miteinander verwachsen. Bl.stände ungestielt, eng von einer becherförmigen Hülle aus paarigen B. umgeben. Weniger kräftige, mehr blaugrüne Kletterpflanze in Gebüschen O.-C.- und S.-Europas; darüber hinaus häufig eingebürgert.

c

Lonicera etrusca (a)
Lonicera implexa (b)

L. etrusca (S. 177 [2]) ist laubabwerfend oder halbimmergrün und hat gestielte Bl.stände. Oberstes Blattpaar verwachsen. *L. implexa* (S. 177 [1]) hat immergrüne, ledrige, überlaufene B. und ungestielte, von paarigen B. becherförmig umhüllte Bl.stände. Beide sind schlanke Kletterpflanzen in Gebüschen des Mittelmeergebietes und Portugals.

a

b

Rote Heckenkirsche
Lonicera xylosteum

Aufrechter, verzweigter, laubabwerfender Strauch bis 3 m, mit eiförmigen B. und gestielten, achselständigen, paarigen, gelblich-weißen, kleinen Bl. (S. 177[3]). In Wäldern und Dikkichten fast ganz Europas mit Ausnahme der nördlichsten und südlichsten Teile des Kontinents. Frucht paarige Beeren, nicht miteinander verwachsen.

c

d

Alpen-Heckenkirsche
Lonicera alpigena

Dicht beblätterter Strauch bis 3 m, in Wäldern, Dickichten und auf Felsen, i. d. R. in den Kalkgebirgen S.- und S.-C.-Europas. Bl. zweilippig, gelb bis rötlich, 12 mm, lang gestielt, paarig. B. 4–11 cm, mehr oder weniger elliptisch, zugespitzt, oberseits glänzend, unterseits behaart. Frucht scharlachrot, paarig, mehr oder weniger verwachsen (S. 177 [4]).

e

f

Japanisches Geißblatt (a)
Lonicera japonica

Lonicera tatarica (b)

L. japonica ist ein kräftiger Kletterstrauch mit blaß-grünen, halbimmergrünen B., paarigen, kurz gestielten weißen, gelb verblühenden Bl. und schwarzen Früchten. *L. tatarica* ist ein kahler Strauch bis 3 m, mit weißen bis roten, duftenden Bl., 1,5–2 cm. Frucht rot, gelb oder orange. Heimat: Asien.

Schneebeere
Symphoricarpos albus (rivularis)

Schlanker, durch Schößlinge oft Gestrüpp bildender Strauch bis 3 m, an seinen schneeweißen, schwammigen, kugeligen Früchten leicht zu erkennen. B. variabel, oval, ganzrandig, an Schößlingen auch gelappt. Bl. rosa, 5–6 mm, glockig, in achselständigen Bl.ständen. Heimat: N.-Amerika; in Europa eingebürgert, an Ufern, steinigen Stellen und in Hecken.

LILIENGEWÄCHSE
Liliaceae

Smilax aspera

Immergrüne, rankende Pflanze mit Haken am Sproß und B.. Bl. eingeschlechtig, duftend, in end- oder achselständigen Bl.ständen. Frucht rot. Im Mittelmeergebiet und Portugal weit verbreitet, in Gestrüpp und Hecken. *S. excelsa* hat B. mit 3 Nerven, keine Haken un(oft unbestachelte Sprosse. Dolden einfach; S.-O.-Europa.

a

b

c

d

e

AGAVACEAE

Gewöhnliche Agave
Agave americana
Yucca aloifolia (c)

↓

Agaven sind – obwohl aus Mexiko stammend – wie Palmen oft typisch für Landschaften im Mittelmeergebiet. Die riesigen B.rosetten können 4 m Durchmesser erreichen und der Bl.stand, der nur einmal nach etwa 10 Jahren gebildet wird, 10 m Höhe. Durch Ausläufer und Ableger entstehen oft große, undurchdringliche Gruppen. B. bis 2 m, mit scharfer Spitze und dornigen Rändern, im Querschnitt 3-eckig. Bl. gelblich, röhrig, Staubb. aus der Blüte herausragend. *Yucca aloifolia* ist eine von mehreren baumförmigen Arten, die im Mittelmeergebiet zur Zier gepflanzt werden und gelegentlich eingebürgert sind. B. blaugrün, starr, scharf zugespitzt, 0,5–1 m lang, Bl. in unverzweigten Bl.ständen, weiß, purpurn punktiert. Frucht eßbar, reif schwarz-purpurn; gleicht kleinen Bananen.

Cordyline australis (d)
Drachenbaum
Dracaena sp. (e)

↓

Cordyline stammt aus Neuseeland und besitzt harte, spitze, 30–90 cm lange B.. Bl. cremefarben, duftend, etwa 1,5 cm, in Bl.ständen mit 3 großen Tragb. an der Basis. Frucht eine Beere. *Dracaena*-Arten haben ein ähnliches Aussehen, jedoch Bl.stände ohne Tragb. an der Basis, größere, weißliche Bl. und einsamige Fächer im Fruchtknoten.

a

b

c

d

e

GRÄSER
Gramineae

Italienisches Rohr
Arundo donax

Größtes europäisches Gras bis 5 m, bambusähnlich. Wächst in Gräben und an Flußufern im Mittelmeergebiet und Portugal. Von Bambus an den B. zu unterscheiden, die einzeln an den Knoten stehen und den Sproß umgreifen. Bl.stände endständig, federig, 40–70 cm, später silbrig-braun.

Japanischer Bambus
Arundinaria japonica

↓

Bildet schnell Schößlinge und dichte, 3–6 m hohe Bestände an sumpfigen Stellen; häufig als Zierpflanze, bisweilen verwildert, jahrelang ausdauernd. Stengel im Querschnitt rund, grün; B.scheiden braun, ausdauernd. B. 2–3 cm breit, lang zugespitzt, mit sehr fein gezähnten Rändern. Verzweigungen i. d. R. einzeln an einigen der oberen Nodien.

Phyllostachys nigra (d)
Phyllostachys viridi-glaucescens (e)

↓

Schwer zu unterscheidende Gruppe, mit abgeflachten oder rinnigen Stengeln und 2–3 Seitenzweigen an jedem der oberen Nodien. Die Stengel von *Ph. nigra* werden dunkelbraun bis schwarz, die von *Ph. viridi-glaucescens* sind grün, später gelblich-grün; B.scheiden borstig. Beide erreichen 5 m Höhe und mehr.

a

b

c

d

e

PALMEN
Palmaceae

Dattel-Palme
Phoenix dactylifera

In den humiden Teilen des Mittl. Ostens zu Hause wird sie bisweilen im Mittelmeergebiet zur Zier angepflanzt. Stamm schlank, bis 20 m hoch. B. sehr groß, steif, auffallend graugrün mit vielen Paaren, unterseits etwas blaugrünen, starren B.fiedern. Bl.stände groß, Frucht (Dattel) rötlich-braun.

Kanarische Dattel-Palme
Phoenix canariensis

Zierpflanze, auf den Kanarischen Inseln beheimatet, im Mittelmeergebiet oft als Alleebaum und bisweilen eingebürgert. Ähnelt stark der Dattel-Palme, hat jedoch einen kürzeren (6–8 m), dickeren Stamm und glänzend grüne B. mit weniger starren, unterseits grünen B.fiedern. Frucht klein, etwa 1,5 cm, trocken, ungenießbar.

Phoenix theophrasti

Jubea spectabilis (S. 184b)

Erstere ist sehr selten und kommt nur im östl. Kreta vor. Obwohl schon seit dem Altertum bekannt, wurde sie erst in neuerer Zeit als eigene, mit der Dattel-Palme eng verwandte Art erkannt. Von ihr unterscheidet sie sich durch 1,5 x 1 cm große trockene, ungenießbare Früchte.
Der Stamm wird bis 10 m hoch.

a

b

c

d

e

B. 3–5 m lang, die unteren B.fiedern dornspitzig, die oberen flach, graugrün. Bl.stände (a) kurz gestielt.
Letztere ist eine ausgesprochen majestätische Palme, im Mittelmeergebiet bisweilen als Alleebaum und in Parks anzutreffen. Ihr kräftiger, glatter, grauer Stamm ist unverwechselbar.

a

b

Chamaerops humilis

Sie und *Phoenix theophrasti* sind die einzigen in Europa heimischen Palmen. *Ch. humilis* kommt entlang der Mittelmeerküste von Italien und Sizilien nach Westen (nicht in Frankreich) auf trockenen, sandigen oder felsigen Standorten vor. Sie ist eine Fächer-Palme mit schlanken, bewehrten B.stielen und einer rundlichen, wie ein Fächer zu 1/3 oder mehr in 12–15 starrspitzigen Teilen geteilten Spreite. Wilde Pflanzen besitzen i. d. R. keinen Stamm, vermehren sich leicht vegetativ und bilden häufig Gruppen (d). In Kultur (c) kann sie einen kräftigen, mehrere Meter hohen faserigen Stamm bilden. Bl. gelb, in dichten Bl.ständen; zunächst von einer großen rötlichen Scheide bedeckt. Frucht etwa 2 cm, ungenießbar.

c

d

e

Hanf-Palme
Trachycarpus excelsus

↓

Hohe Fächer-Palme, im Mittelmeergebiet oft als Zierbaum. Heimat: China, Japan. Stamm kräftig, zottig, faserig, bis 9 m. B. mit rundlicher, in viele starre Abschnitte unterteilter Spreite. B.stiel kräftig gezähnt. Bl. klein, gelb, in verzweigten, herabgebogenen Bl.ständen. Scheiden zahlreich und hervortretend. Frucht klein, kugelig, blauschwarz.

a

b

Washingtonia filifera

↓

Hohe Fächer-Palme bis 15 m, stammt aus Kalifornien; im Mittelmeergebiet bisweilen als Alleebaum. B.spreiten 1–1,5 m im Durchmesser mit zahlreichen hell-faserigen Abschnitten. B.stiele mit kräftigen, gelben Dornen. Der Stamm wird glatt und quergefurcht. Bl. weiß, in langgestielten Bl.ständen, länger als die B..

c

d

MUSACEAE

Banane
Musa sp.

↓

Heimat: Tropen; in wärmeren Gebieten des Mittelmeerraumes kultiviert. Unverwechselbar mit ihren riesigen, früh zerschlitzten B.. Bl. in hängenden Bl.ständen mit breiten, rötlichpurpurnen Tragb.. Frucht eßbar. Bananenstauden sind zwar krautig, jedoch zu imposant und bedeutend, um nicht genannt zu werden.

e

f

Rinden

1

2

3

4

5

6

7

8

1 **Juniperus foetidissima** S. 28
2 **Taxus baccata** S. 30
3 **Salix fragilis** S. 32
4 **Salix caprea** S. 33
5 **Populus alba** S. 37
6 **Populus tremula** S. 38
7 **Populus nigra Italica** S. 39
8 **Juglans regia** S. 41

1

2

3

4

5

6

7

8

1 Betula pendula S. 43
2 Alnus glutinosa S. 44
3 Alnus viridis S. 46
4 Carpinus betulus S. 47
5 Ostrya carpinifolia S. 48
6 Corylus avellana S. 49
7 Fagus sylvatica S. 50
8 Castanea sativa S. 51

1

2

3

4

5

6

7

8

1 **Quercus ilex** S. 52
2 **Quercus suber** S. 53
3 **Quercus coccifera** S. 54
4 **Quercus cerris** S. 55
5 **Quercus petraea** S. 57
6 **Quercus pubescens** S. 58
7 **Ulmus procera** S. 61
8 **Ulmus minor** S. 62

1

2

3

4

5

6

7

8

RINDEN

1	**Ficus carica**	S. 66
2	**Laurus nobilis**	S. 70
3	**Platanus hybrida**	S. 71
4	**Platanus orientalis**	S. 72
5	**Pyrus communis**	S. 75
6	**Malus domestica**	S. 78
7	**Sorbus domestica**	S. 79
8	**Sorbus aria**	S. 81

1

2

3

4

5

6

7

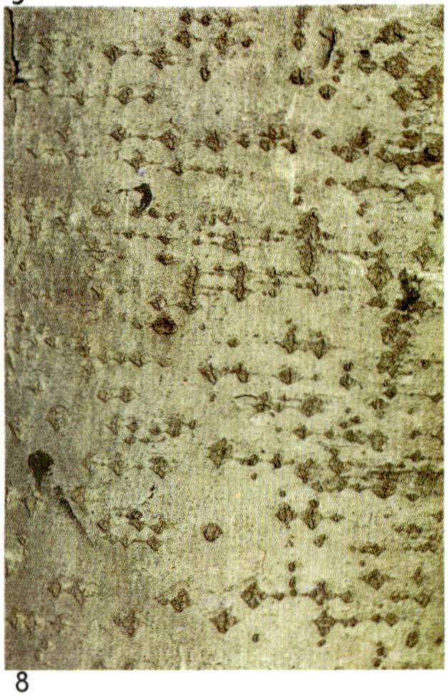

8

1 Prunus spinosa S. 93
2 Prunus avium S. 95
3 Robinia pseudacacia S. 111
4 Acer platanoides S. 122
5 Acer campestre S. 123
6 Acer pseudoplatanus S. 124
7 Aesculus hippocastanum S. 128
8 Ilex aquifolium S. 129

1

2

3

4

5

6

7

8

1	**Euonymus europaeus**	S. 130
2	**Tilia platyphyllos**	S. 141
3	**Tilia x vulgaris**	S. 141
4	**Arbutus andrachne**	S. 158
5	**Fraxinus excelsior**	S. 161
6	**Fraxinus ornus**	S. 162
7	**Olea europaea**	S. 166
8	**Sambucus nigra**	S. 174

1

2

3

4

5

6

7

8

Nutzungsmöglichkeiten einiger Bäume und Sträucher

	Holz, Verwendungszweck	Nahrungs- und Arzneimittel, Farben usw.	Bedeutung für Landschaft und Umwelt
Ahorn	Das Holz des Feld-Ahorns ist zunächst weiß, dann bräunlich, fest, feinfaserig, für Drechsel- und Schnitzarbeiten. Holz des Spitz-Ahorns ist sehr hart und wird für Drechselarbeiten, Tischlerarbeiten und für Möbel verwendet.	In Skandinavien wird aus dem Rindensaft ein Zucker gewonnen.	Feld-Ahorn ist sehr widerstandsfähig und wird bisweilen als Zaun gepflanzt; wegen der schönen Herbstfärbung auch als Zierbaum. Spitz-Ahorn ist sehr rauchfest und wird häufig in Parks, städtischen Grünanlagen und Schutzstreifen zwischen Feldern angetroffen. Blüht sehr früh; schöne Herbstfärbung.
Aleppo-Kiefer	Im Mittelmeergebiet als Bauholz, für Möbel und zum Bootsbau verwendet; Holz grobfaserig, harzreich, nicht besonders wertvoll; gutes Brennholz.	Aus dem Harz wird Terpentin gewonnen; auch zum »Harzen« von Wein »Retsina«. Rinde zum Gerben.	Wertvoller Baum auf flachgründigen Kalkböden trockenerer Gebiete des Mittelmeerraumes; erträgt die rauhen Verhältnisse an der Küste, Trokkenheit, verhindert Erosion und dient als Windschutz.
Apfelbaum	Holz braun oder rötlich, fest und gleichmäßig, arbeitet und reißt jedoch beim Trocknen sehr stark; zum Drechseln, Schnitzen und für Möbel verwendet, auch für Holzhämmer und Golfschläger. Gutes Brennholz	Die Früchte sind sehr gefragt als Nachtisch, für Marmelade, Gelee; sie lassen sich trocknen und zu Konserven verarbeiten. Unvergoren als Saft, vergoren als Apfelwein; Frucht reich an Vitamin C und Pektin, mit allgemein gesundheitsfördernder Wirkung.	Mit Ausnahme des äußersten Nordens und Südens wegen der Früchte in ganz Europa angebaut.
Berg-Ahorn	Holz weiß bis gelblich mit seidigem Schimmer, astarm, wenig faserig; für Drechsel- und Schnitzarbeiten, Möbel, Schreinerarbeiten und Musikinstrumente (Geigen); viele Haushaltsgegenstände wie Löffel, Teigrollen usw. werden aus Ahornholz hergestellt. Wegen der glatten, schön gemaserten Furniere sehr gefragt. Hervorragendes Brennholz.		Sehr widerstandsfähige Baumart; als Windschutz auf exponierten Standorten, besonders auf Bergen. Relativ rauchtolerant; früher häufig in städtischen Parkanlagen und an Straßen. Das dichte Laub wirft kräftigen Schatten. Als Schutzgehölz für Tiere nicht geeignet.
Birke	Holz hart und fest, aber besonders im Freien nicht sehr dauerhaft. Hauptsächlich in Skandinavien für Sperrholz, Möbel, Furnier, Skis, Dielen und viele kleinere gedrechselte Artikel verwendet, Zweige für Besen und Bürsten; die Rinde als Deckmaterial für Dächer, für Schachteln und zum Gerben. Gutes Brennholz.	Rindensaft ist zuckerhaltig und läßt sich vergären; zum Süßen und als Shampoo. Junge Blätter sind reich an Saponinen und werden in der Medizin verwendet. Rinde ist tanninhaltig; sie liefert Teeröl, das zur Herstellung von Russisch Leder und gegen Insekten verwendet wird.	Schnellwüchsig, kurzlebig, braucht viel Licht; wächst gut auf leichten, trockenen Böden; Flachwurzler, wirft nur wenig Schatten. Kann auf den Stock gesetzt werden, schlägt nach Brand schnell wieder aus. Birkengruppen wirken dekorativ; hoher Landschaftswert.
Birnen	Holz alter Bäume hart, dicht, gut polierbar; für Drechsel-, Schnitzarbeiten und für Möbel sehr geschätzt; auch für Druckstöcke. Bisweilen zur Herstellung von Zeichengeräten; gutes Brennholz, liefert gute Holzkohle.	Früchte gewöhnlich eßbar, sowohl frisch wie getrocknet verwendbar, auch zur Herstellung alkoholischer Getränke. Rinde liefert gelbe Farbe; enthält »Arbutin« mit antibakterieller Wirkung. Blattaufgüsse werden im Süden bei Infektionen der Harnwege verwendet.	In ganz Europa wird eine Vielzahl von Birnensorten in Gärten angepflanzt.

	Holz, Verwendungszweck	Nahrungs- und Arzneimittel, Farben usw.	Bedeutung für Landschaft und Umwelt
Buche	Holz feinfaserig, glatt, astfrei, leicht zu spalten. Für Möbel, Wagen, Werkzeug- und Bürstenstiele, Holzpflaster, Holzschuhe und viele gedrechselte Gegenstände des täglichen Gebrauchs wie z. B. Stuhlbeine. Liefert gutes Brennholz und Holzkohle. Läßt sich biegen (nicht so gut wie Esche); zu Sperrholz verarbeitet.	Die Samen oder »Bucheckern« enthalten ein wertvolles Öl, das auch zur Beleuchtung verwendet wurde. Rinder-, Schweine- und Geflügelfutter. »Bucheckermast«, d. h. starke Bildung von Bucheckern tritt nur alle paar Jahre ein.	Geeigneter Baum in Schutzstreifen, in Mischung mit Nadelhölzern; hervorragende Heckenpflanze. Imposante Einzelbäume, herrliche Herbstfärbung; wirft tiefen Schatten; schwer zersetzbare Streu; empfindlich gegen Luftverunreinigungen. Bevorzugt kalkhaltige Böden oder tiefgründige sandige Lehme.
Buchsbaum	Holz hart, schwer, sehr dicht und engringig. Für Holzschnitte, Schnitzereien, Druckstöcke oder Einlegearbeiten sehr geeignet; ebenso für kleine Zeichengeräte, Spindeln, Rollen, kleine Gerätestiele.	Blätter und Samen stark abführend; getrocknete Blätter zur Blutreinigung; homöopathisch gegen Rheuma; auch in der Tiermedizin verwendet.	Langsames Wachstum, winterhart, immergrün, als Sichtschutz oder Hecke geeignet. Läßt sich hervorragend zu verschiedenen Formen schneiden (wie die Eibe). Erträgt Schatten und etwas Luftverunreinigung; Unterstand für Wild.
Celtis australis	Holz hart und gerade; wurde für Spazierstöcke, Werkzeugstiele, Schreinerarbeiten, Ladestöcke und zur Holzkohleherstellung verwendet.	Früchte eßbar; die Samen enthalten ein süßes Öl. Rinde liefert gelbe Farbe.	In Südeuropa oft als Zierbaum und Schattenspender entlang von Straßen.
Echte Kastanie	Holz zäh, hart und dauerhaft; jedoch nicht von hohem Wert, da es leicht reißt und kernrissig wird. Im Freien für Pfosten, Stangen, Zäune; zudem zum Verschalen, für Särge, grobe Möbel, Eisenbahnschwellen und Weinfässer. Dünne Stämmchen werden für Stangen, Zäune, Spazierstöcke usw. verwendet.	Die Früchte dienen in C.- und S.-Europa als Nahrungsmittel; Mehl, im Brot; allg. in der Küche. Auch als Mastfutter für Vieh. Blattaufgüsse bei Infektionen der Atemwege, Hausmittel bei Keuchhusten. In der Homöopathie viel verwendet.	Langsamwüchsiger Baum mit im Alter bizarr strukturierter Rinde und schöner Herbstfärbung; bevorzugt trockenere, sandige Böden.
Eibe	Holz sehr hart, elastisch, engringig, dunkel rötlich-braun und sehr dauerhaft. Für Möbel, Dielen, Wandverkleidungen, Faßreifen, Peitschenstiele, Hämmer, Werkzeugstiele; früher für Bögen und Armbrüste. Auch für Drechsel- und Schnitzarbeiten; Holz im Freien sehr dauerhaft.	Nadeln, besonders abgeschnitten und getrocknet, für Tiere giftig. Alle Teile der Eibe mit Ausnahme des fleischigen roten Arillus sind für den Menschen giftig, besonders die Samen.	Sehr widerstandsfähiger, langlebiger Zierbaum mit dichter, dunkler Benadelung. Rauchtolerant; erträgt Schatten. Für lebende Zäune sehr geeignet, wenn auch langsamwüchsig; erträgt regelmäßigen Schnitt. Eiben lassen sich zu den phantastischsten Formen schneiden; Ungewöhnliches Ausschlagsvermögen.
Erdbeerbaum	Holz rotbraun, hart, für Schnitzereien, Holzkohle und als Brennholz.	Früchte eßbar, jedoch nicht besonders schmackhaft. In Spanien und auf Korsika zur Herstellung alkoholischer Getränke verwendet. In Griechenland wurde die Rinde zum Gerben von Leder verwendet.	Bisweilen zum Schutz angepflanzt; erträgt die harten Bedingungen an der Küste. Eine der wenigen Ericaceen, die auf kalkhaltigem Boden gedeihen können.
Eschen	Holz hell, grau-weiß, sehr fest, zäh und elastisch, leicht spaltbar, splittert nicht, läßt sich leicht biegen; wertvolles Holz, für alle Arten Gerätestiele, Sportartikel, Reifen, Spazierstöcke, Möbel, Leitern, Wagen, Räder usw. Bei Nässe nicht dauerhaft; gutes Brennholz; liefert gute Holzkohle.	Blätter in Skandinavien als Viehfutter; Rinde zum Behandeln von Fischernetzen. Rinde früher zur Linderung von Fieberanfällen usw. Blätter abführend; auch gegen rheumatische Beschwerden. Die Zweige der Manna-Esche enthalten süßen Saft, der an der Luft zu »Manna« erstarrt. In der Pharmazie als schwaches Abführmittel für Kinder und Schwangere.	Stattlicher, schnellwüchsiger Baum, spendet kaum Schatten, bevorzugt Kalkböden. Widersteht Seewind und ist relativ rauchfest. Sollte nicht in der Nähe von Gebäuden gepflanzt werden, da die Wurzeln dem Mauerwerk schaden können. Die Manna-Esche ist ein kleiner, hübscher Baum mit stark duftenden Blüten und glatter Rinde; relativ rauchfest.

	Holz, Verwendungszweck	Nahrungs- und Arzneimittel, Farben usw.	Bedeutung für Landschaft und Umwelt
Feige	Holz zäh, aber porös und leicht biegbar; ohne großen Wert.	Getrocknete Früchte in manchen Gegenden des Mittelmeergebietes als Nahrungsmittel für den Winter. Feigen werden für Umschläge bei äußeren Verletzungen und Verbrennungen sowie zur Verdauungsförderung verwendet. Frischer Saft aus den Blättern gegen Warzen.	Im Süden oft als Schattenspender und Schutz in Höfen, an Mauern und an Brunnen.
Fichte	Holz leicht spaltbar, leicht und fest. Vielfältig verwendbar: für Schindeln, Fässer, Kisten, Pfähle, Spanplatten, Papier, Brennholz; in großem Umfang als Bauholz für den Innenausbau, für Schreinerarbeiten, auch für Musikinstrumente (z. B. Geigen).	Aus dem Harz von Stamm und Ästen wird Terpentin gewonnen. Die Fichte liefert »Burgundisches Pech«; die Rinde wird zum Gerben verwendet.	Die Fichte ist der klassische Weihnachtsbaum.
Föhre	Wenn glatt und astfrei, eines der besten Nadelhölzer; als Bauholz, für Boote und Schreinerarbeiten. Auch im Freien verwendbar als Schwellen, Grubenholz, Telegrafenmasten, für Zäune, Kisten; auch für Spanplatten und zur Papierherstellung.	Liefert Harz für Terpentin und Kolophonium, ebenso Pech und Teer. Harze und Öle in der Vergangenheit gegen Husten. Holzteer ist fäulnishemmend. Zapfen liefern rötlich-gelbe Farbe.	Für leichte, saure Böden geeignet, in Heide und Moorgebieten; meidet staunasse Böden und Küsten. Bei entsprechendem Wuchs ein widerstandsfähiger Zierbaum mit hübscher roter Rinde; am besten in kleinen Gruppen angepflanzt.
Granatapfel		Früchte werden frisch gegessen, Fruchtfleisch für Erfrischungsgetränke. Rinde reich an Tanninen, zum Gerben von Leder. Rinde, Wurzel und Fruchtschale wurden früher in der Medizin hauptsächlich als Wurmmittel verwendet. Fruchtschale und Blüten liefern rosa-rote Farbe.	Im Süden oft in Gärten, wegen der Früchte und der schönen Blüten. Kulturformen auch mit gefüllten Blüten. Der Granatapfel war schon 2000 Jahre v. Chr. Ägyptern und Chinesen bekannt.
Hainbuche	Holz sehr hart und zäh, aber schwer zu bearbeiten. Sehr widerstandsfähig gegen mechanische Belastungen; für Kugeln, Holzhämmer, Bürstenrükken, Rollen und Kegel. In Niederwaldwirtschaft oft alle 15–35 Jahre genutzt.	Gutes Brennholz	Sehr geeignet für Hecken und Zäune; langsamwüchsig, erträgt Schnitt, ist relativ rauchtolerant, unempfindlich gegen Schatten und Wind. Schöne Herbstfärbung.
Hasel	Holz weiß oder rötlich, weich und leicht spaltbar, jedoch zäh und elastisch. Für Flechtzäune, Erbsreiser, Zaunstangen, Lachsreusen; in der Vergangenheit für Dachsparren, Pferche und Holznägel. Oft zur Gewinnung von Ruten und Stecken regelmäßig auf den Stock gesetzt.	Nüsse eßbar, besonders beim Backen verwendet. Sehr kalorienreiches Nahrungsmittel.	Als Zäune angepflanzt, erträgt regelmäßigen Schnitt.
Holunder	Holz gelblich-weiß, hart; für kleine Gegenstände wie Kämme, Spielzeug und in kleinen Stücken als Ersatz für Buchsbaumholz verwendbar. Holundermark wird bei der Herstellung botanischer Schnittpräparate und zum Säubern empfindlicher Geräte wie Uhren von Öl und Schmutz benutzt.	Blüten und Früchte werden für alkoholische Getränke genutzt; Holunderwein gegen Husten. Früchte reich an Vitamin C. Viele Teile des Strauches dienten als Hausmittel. Rinde abführend, liefert ein gutes schwarzes, die Blätter ein grünes, die Früchte blaue, lila und violette Färbemittel.	Der Strauch besiedelt mit Vorliebe Schuttplätze.

	Holz, Verwendungszweck	Nahrungs- und Arzneimittel, Farben usw.	Bedeutung für Landschaft und Umwelt
Johannisbrotbaum	Holz alter Bäume weinrötlich; für Möbel, Einlegearbeiten und von Stellmachern verwendet; verträgt keine Feuchtigkeit.	Samen enthalten 40% Zucker, 17% reduzierende Zucker und etwa 10% Protein; wertvolles Futter für Rinder, Pferde und Schweine und in Notzeiten auch für den Menschen. Das Harz kann bei der Papierherstellung, der Lebensmittel- und Tabakherstellung und für alkoholische Getränke verwendet werden. Blätter und Rinde dienen zum Gerben.	Wertvoller Schattenspender in regenarmen Gebieten des Mittelmeerraumes. Oft als Straßenbaum. Wächst auf trockenen, steinigen Böden.
Kermes-Eiche	Holz nur für Holzkohle und als Brennholz.	Rinde tanninreich, zum Gerben von Leder und Färben von Wolle. Früher wurde ein scharlachroter Farbstoff aus Läusen gewonnen, die von den Blättern leben.	Wenn unbeeinflußt, wächst *Q. coccifera* im Süden zu einem kleinen, gedrungenen Baum heran.
Kirsche	Farbe des Holzes: gelbgrün bis hell rotbraun. Im ausgereiften Zustand beständig und für Möbel sehr gesucht. Auch für gedrechselte und für durchbohrte Gegenstände wie Pfeifen und Musikinstrumente geeignet.	Die bekannten Früchte werden frisch, als Konserven, Saft, alkoholische Getränke oder Liköre wie Maraschino, ratafia, Kirschwasser, Cherry Brandy genossen. Die Rinde liefert eine gelbe Farbe. Aus den Fruchtstielen wird ein Tonicum hergestellt. Sirup aus den Früchten von *Prunus serotina* gegen Husten.	Hoher Zierwert, besonders zur Blütezeit und im Herbst. Viele Zierarten und Zierformen sind in Gärten anzutreffen; viele davon sind relativ rauchhart. Bienenfutter.
Kork-Eiche	Holz schwer, wirft sich leicht, für größere Konstruktionen ungeeignet, jedoch für Schreinerarbeiten verwendet. Gutes Brennholz.	Der Kork wird etwa alle 10 Jahre gewonnen, wobei das Kambium erhalten bleibt und weiter Kork bildet. Luftdichte Stücke, z. B. Pfropfen werden parallel zur Stammoberfläche aus dem Kork geschnitten. Kork z. B. für Schuhsohlen, Bodenbeläge, Schwimmwesten und Isolierplatten.	Kork-Eichen werden in lichten Wäldern angepflanzt, mit oder ohne Strauchwerk.
Lärche	Holz rötlich-braun, hart, grobfaserig; für Telegrafenmasten, Pfähle, Eisenbahnschwellen, Stempel für Bergwerke; auch zum Bootsbau, für Gatter und Zäune, allgemein bei Verwendung im Freien sehr dauerhaft. In C.-Europa für die Herstellung von Kübeln, Butterfässern und anderen bäuerlichen Gebrauchsgegenständen verwendet. Gutes Brennholz, liefert gute Holzkohle.	Rinde reich an Tanninen, zum Gerben und Färben. »Venezianisches Terpentin«, in der Tiermedizin verwendet, wird durch Anzapfen der Bäume gewonnen. Ein Balsam, im Sommer aus den Nadeln gewonnen, wurde früher in der Medizin verwendet. Aus dem Holz wird Äthylalkohol destilliert.	Schnellwüchsig; wächst bevorzugt in Gebirgen; benötigt gut durchlüftete Böden. Schöner, kegelförmiger Habitus; reizvolle Frühjahrs- und Herbstfärbung. Im Forst oft mit anderen Holzarten gemischt angebaut.
Linden	Holz weiß, ziemlich weich, aber von sehr gleichmäßiger Beschaffenheit. Hervorragend geeignet für Schnitz- und Drechselarbeiten, für Klangkörper von Klavier und Orgel, für Schneideblöcke, Hutformen und Zellstoff. Die Fasern der inneren Rinde wurde früher für Matten, Netze und Taue verwendet; »Bast«.	Aufguß von getrockneten Blüten wirkt schweißtreibend, krampflösend und wird bei Katarrh angewendet. Lindenblütenhonig ist einer der aromatischsten Honigsorten.	Als Zier- und Schattenbaum an Straßen und in Parks angepflanzt. Im Sommer kann sie jedoch durch »Honigtau« (= Ausscheidungen von Blattläusen) und Schößlingen verunstaltet werden. Sommer-Linde bildet weniger Schößlinge; *T. x euchlora* wird am wenigsten in ihrem Aussehen beeinträchtigt und ist relativ rauchtolerant. Winter-Linde häufig in Städten; läßt sich noch als größerer Baum verpflanzen.

	Holz, Verwendungszweck	Nahrungs- und Arzneimittel, Farben usw.	Bedeutung für Landschaft und Umwelt
Lorbeer	Holz mit süßem Duft; für Einlegearbeiten verwendet.	Blätter als Küchengewürz; liefert ein Öl, das früher gegen Rheuma angewandt wurde. In der Veterinärmedizin, bisweilen in der Parfümindustrie verwendet. Die Blätter sind als Siegeszeichen bekannt.	Dichter, immergrüner, auffallender, kegelförmiger Baum. Erträgt Schnitt, ist jedoch empfindlich gegen Frühfröste.
Mandelbaum	Holz hart, rötlich; für Furniere verwendet.	Reife Samen eßbar, bedeutender Handelsartikel; finden in der Küche und bei der Parfümherstellung Verwendung. Bittermandelöl wird, nachdem die giftige Blausäure entfernt ist, zur Parfümherstellung verwendet. Mandelöl ist reich an Vitamin E und wird für Hautcremes verwendet.	Besonders während der Blüte im zeitigen Frühjahr vor den meisten anderen Bäumen ein attraktiver Baum. In Südeuropa in Plantagen angebaut.
Mastixbaum		Durch Einschneiden der Rinde wird Mastix, ein aromatischer, adstringierender Saft, gewonnen. Als Firnis in der Malerei; für Parfüm, Pharmazeutika und in der Zahnmedizin; auch als Kaugummi und als Duftstoff.	
Mehlbeere	Holz hart, zäh, gelblich; für Drechsel- und Schnitzarbeiten, Werkzeugstiele, Löffel usw.; auch für Sperrholz.	Aus den reifen Früchten wird ein Gelee hergestellt, das besonders zu Wild gegessen wird.	Gedeiht besonders auf leichten, durchlässigen, lehmigen bzw. kalkhaltigen Böden; erträgt Luftverunreinigung und exponierte Standorte an der Küste. Bisweilen als Straßenbaum gepflanzt.
Myrte	Holz hart, astig und gemasert; für Drechselarbeiten geschätzt.	Blätter, Blüten und Früchte liefern »Eau d'Anges« für die Parfümherstellung. Früchte werden auch als Gewürz und zur Herstellung alkoholischer Getränke verwendet. Rinde und Wurzeln zum Gerben des feinsten Türkischen und Russischen Leders; vermitteln auch den charakteristischen Geruch.	Immergrüner aromatischer Zierstrauch; frostempfindlich; im Norden nur an geschützten, sonnigen Stellen.
Olive Ölbaum	Holz sehr hart, stark gemasert, gut polierbar. Wird für Schnitzarbeiten, Möbel, Spielzeug usw. verwendet; gutes Brennholz, liefert gute Holzkohle.	Weltolivenproduktion beträgt etwa 1 Million Tonnen. Olivenhaine können mehrere hundert Jahre Erträge liefern. Frucht mit wertvollem Öl für Speisezwecke und zur Seifenherstellung. In der Medizin als schwaches Abführmittel, in Salben, zur Hautpflege und bei Rheuma. Rückstände dienen als Viehfutter.	Zierbaum in den heißeren Gebieten des Südens; Charakterbaum in Gebieten mit Mittelmeerklima. Gewöhnlich in Plantagen (Olivenhaine), oft auf Terrassen; auch in Gärten als Schattenspender und wegen der Früchte.
Pappeln	Holz weich, hell und leicht, leicht spaltbar, mit ähnlichen Verwendungsmöglichkeiten wie Weiden; für Spankörbe, Furniere, Holzschuhe. Brennt langsam, daher für Streichhölzer geeignet.	Rinde wurde in früheren Zeiten zum Gerben verwendet.	Sehr raschwüchsig; Hybriden können bis 2 m pro Jahr wachsen, oft zur Bepflanzung von Fabrikgeländen; rauchtolerant. Pappeln bevorzugen feuchte Standorte, die Wurzeln breiten sich auf der Suche nach Wasser sehr weit aus. Pappeln sollten daher nicht in der Nähe von Gebäuden und Abflußrohren gepflanzt werden.

	Holz, Verwendungszweck	Nahrungs- und Arzneimittel, Farben usw.	Bedeutung für Landschaft und Umwelt
Pfaffenhütchen	Holz hell, porös, aber hart, läßt sich leicht in feine Späne spalten; für Stricknadeln, Dübel, Zahnstocher, Maniküreständchen, Fleischspießchen und Spindeln verwendbar. Für Einlege- und kleine Drechselarbeiten; liefert hervorragende Holzkohle.	Holzpflanze mit insektiziden Eigenschaften. Früchte sauer, giftig und abführend. Sie wurden äußerlich gegen Ungeziefer und Räude bei Tieren verwendet. Früchte liefern orange und rote Farben.	Besonders auf kreide- und kalkhaltigen Böden. Wirtspflanze, auf der Blattläuse überwintern.
Pflaumen	Holz rötlich gemasert, hart, dicht und fest, gut polierbar. Sehr geschätzt für Möbel, Drechsel- und Schreinerarbeiten.	Pflaumen, Zwetschen, Reineclauden usw. werden frisch oder getrocknet gegessen und zu Marmelade, Konserven und alkoholischen Getränken verarbeitet. Gummi aus dem Stamm als Ersatz für Gummiarabicum; zur Geschmacksverbesserung von Apfelwein. Samen liefern Bittermandel-Essenz. Früchte ergeben blaue, die Rinde rötlich-braune Farbe.	Wegen der Früchte in Obstplantagen und Gärten fast ganz Europas.
Pinie	Holz harzärmer als das anderer Kiefern; für Möbel und als Bauholz.	Samen werden roh und geröstet gegessen und finden in der Küche Verwendung.	Malerischer, schattenspendender Baum mit schirmförmiger Krone. Erträgt exponierte Standorte an Küsten. Im Mittelmeergebiet oft in Beständen, in Meeresnähe.
Pistacia terebinthus	Holz dunkel, hart, dicht, gut polierbar; für Möbel und Einlegearbeiten.	Liefert einen süßen Gummi, der an der Luft erstarrt und medizinisch genutzt wird. Aus den Früchten wird ein Öl gewonnen. Blattgallen werden zum Gerben verwendet; sie liefern eine rötliche Farbe. Rinde reich an Tanninen.	
Platanen	Holz hell, oft sehr schön gemasert. Furniere sind für Möbel sehr gefragt.		*P. hybrida* ist ein wertvoller Großstadtbaum, da er Luftverunreinigungen und begrenzten Standraum gut verträgt; läßt sich beschneiden und gut verpflanzen; wirft einen relativ lichten Schatten. *P. orientalis* wächst langsamer, ist empfindlicher und wird eher in kleineren Städten und Dörfern S.-Europas als Schattenspender angetroffen; kann stattliche Größe erreichen.
Rhamnus	Der Kreuzdorn hat hartes, dichtes, rötlich-braunes Holz, das keinem speziellen Zweck dient. Der Faulbaum liefert hochwertige Holzkohle, die bis vor nicht allzulanger Zeit zur Herstellung von Schießpulver verwendet wurde. (»Pulverholz«).	Die Früchte des Kreuzdorns sind abführend; früher in der Medizin verwendet. Sirup aus den Früchten wird in der Tiermedizin verwendet. Die Früchte liefern grünen Farbstoff. Früchte und Rinde des Faulbaums wirken im frischen Zustand als Brechmittel; getrocknete Rinde wirkt abführend und wird medizinisch genutzt. Früchte ergeben eine blaugraue, die Rinde eine gelbe oder braune Farbe. »Persische Beeren« sind die Früchte anderer *Rhamnus*-Arten; sie liefern eine grüne Farbe.	Kreuzdorn bevorzugt basische Standorte. Der Faulbaum wächst vornehmlich auf armen, nassen, sauren Standorten.

	Holz, Verwendungszweck	Nahrungs- und Arzneimittel, Farben usw.	Bedeutung für Landschaft und Umwelt
Roß-Kastanie	Holz weich, feinfaserig, springt und reißt nicht; für Schreinerarbeiten, Möbel, Drechslerarbeiten, Kisten usw.	Samen nicht eßbar; in Osteuropa als Rinder- und Pferdefutter. Samen enthalten Saponine. Aescin wird extrahiert und in der Medizin bei Venenerkrankungen verwendet. Die Rinde liefert einen guten schwarzen Farbstoff für Seide und Baumwolle.	Schnellwüchsig; guter Schattenspender, mit hohem Zierwert; besonders während der Blüte und der Herbstfärbung. Widerstandsfähig gegen Luftverunreinigungen; für Einzelpflanzung geeignet; bevorzugt feuchten, aber nicht staunassen Boden.
Rot-Erle	Holz weich, unter Wasser dauerhaft; für Pfähle, Fässer, Holzschuhe, Spielzeug, Hutformen usw. Ihre Holzkohle wurde in der Vergangenheit zur Schießpulverherstellung verwendet.	Rinde adstringierend; Dekokte gegen Halsweh. Mit verschiedenen Beizen zum Färben für braune, schwarze, rote, grüne und gelbe Farbtöne. Die Rinde wurde zum Gerben und zur Behandlung von Fischernetzen verwendet.	Bevorzugt Wassernähe; oft zur Befestigung von Fluß- und Seeufern verwendet. Kann regelmäßig genutzt werden; aus jedem Stock treiben mehrere kräftige Sprosse. Relativ rauchfest; als Windschutz und Hecke angepflanzt. Die Wurzeln besitzen Wurzelknöllchen zur Stickstoffbindung.
Schlehe	Holz hart, zäh, stark gemasert, gut polierbar; bisweilen für Einlegearbeiten verwendet; Spazierstöcke, Stiele.	Früchte sehr adstringierend; nur vollreif eßbar; zur Marmeladeherstellung und Geschmacksverbesserung von Gin; können auch vergoren werden. Blätter und Rinde zusammenziehend; erstere wurden als Tee-Ersatz verwendet.	Meist in Mischung mit Weißdorn zum Einzäunen von Viehweiden. Schutzgehölz für Tiere (Vögel usw.).
Schwarz-Kiefern	Von den Schwarz-Kiefern ist das Holz der ssp. *laricio* am wertvollsten. Es ist hart, fest, harzreich und wird im Mittelmeergebiet als Bauholz für viele Zwecke verwendet.	Harzlieferant	Ssp. *nigra* ist widerstandsfähig gegen Wind und die Verhältnisse an Küsten; für Windschutzstreifen, zur Dünenbefestigung; relativ rauchtolerant. Ssp. *laricio* mit größerem Zierwert, jedoch an der Küste weniger widerstandsfähig.
Stechpalme	Holz weißlich, hart, schwer, feinfaserig. Für kleinere Tischler-, Drechsler- und Einlegearbeiten sehr gesucht. Wird, damit die helle Farbe erhalten bleibt, im Winter geschlagen und vor dem Sommer verarbeitet. Wird auch für Druckstöcke, Zeichengeräte, Schnitzereien und Peitschenstiele verwendet.	Die Früchte sind giftig. Junge Blätter wurden früher gegen Fieber und Rheuma verwendet. Aus der Rinde kann Vogelleim gewonnen werden, Laub und Früchte als Weihnachtsdekoration.	Als Hecken- und Schutzpflanze geschätzt; erträgt Schnitt und Kappen. Relativ rauchhart, daher in der Nähe von Industrieanlagen, an der Küste, in Städten und in Parkanlagen angepflanzt. Viele Zierformen.
Stein-Eiche	Holz hart und dauerhaft, für Schreiner- und Stellmacherarbeiten und als Pfähle für Weinstöcke. Gutes Brennholz, liefert gute Holzkohle.	Rinde sehr tanninreich; zum Gerben und Färben. Die Fruchtbecher von *Q. macrolepis* werden zum Gerben und Färben exportiert.	Schöner, immergrüner Baum, der auch im Westen häufig als Zierbaum angepflanzt wird. Wiederstandsfähig gegen Seewind und Luftverunreinigungen; Schutzgehölz an exponierten Stellen im Landesinnern.
Stiel-Eiche	Holz schwer, braun, hart, fest, zäh, widerstandsfähig gegen Zersetzung. Vielseitig verwendbar: Haus- und Schiffsbau, Schwellen, Möbel, Fässer, Kisten usw. Auch für Fachwerk, Vertäfelungen, Furniere, Pfosten; hervorragendes Brennholz.	Rinde reich an Tanninen, zum Gerben; liefert auch schwarze, braune oder gelbe Farben. Früchte als Schweinefutter; Gallen wurden zur Tintengewinnung verwendet; ebenso in der Medizin bei Durchfall.	Langlebige, langsamwüchsige Bäume; in Parks, im Einzelstand oft mit gewaltigen Ausmaßen. Hinsichtlich der Bodenansprüche recht tolerant. Oft auch als Niederwald bewirtschaftet; hoher Schutzwert für Tiere, besonders Insekten.

	Holz, Verwendungszweck	Nahrungs- und Arzneimittel, Farben usw.	Bedeutung für Landschaft und Umwelt
Strand-Kiefer	Holz als Bauholz, Eisenbahnschwellen, Telegrafenmasten, Grubenholz, Pfosten und zur Papierherstellung; unbehandelt im Freien nicht sehr dauerhaft.	Harzlieferant für Terpentin usw. Terpentin wird als Lösungsmittel für Farben und zur Papierbehandlung in Druckereien verwendet, verhindert das Auslaufen von Farben; Terpentinöl für Farben, Firnis und Seife. Harzprodukte werden durch Destillation auch aus dem Holz gewonnen.	Wertvoller Baum zur Dünen- und Sandbefestigung. Bevorzugt leichte, gut durchlüftete Böden.
Ulmen	Holz zäh, schwer, kaum spaltbar, wirft sich und ist sehr schwer zu bearbeiten. Unter Wasser sehr dauerhaft, demzufolge zum Bootsbau, für Brükken, Pfähle, Buhnen, beim Gewässerverbau, für Särge und Zimmermannsarbeiten; auch für Drechselarbeiten. Sehr belastbar, für Winden, Flaschenzüge, Wasserpumpen usw.	In der Vergangenheit in der Medizin verwendet. Innere Rinde enthält Tannine und Pflanzenschleime; homöopathisch.	Feld-Ulmen und pyramidenförmige Varietäten werden als Straßen- und Alleebäume verwendet, da sie relativ rauchfest und widerstandsfähig gegen salzhaltige Meeresluft sind. Berg-Ulme eignet sich für exponierte Standorte und bei Luftverunreinigungen. Das Ulmensterben bedroht alle Ulmen.
Vogelbeere, Eberesche	Holz hart und dicht, dunkelbräunlich; für Werkzeugstiele, Drechsel- und Schnitzarbeiten; Zweige bisweilen zur Korbherstellung.	Aus den Früchten kann Gelee oder ein alkoholisches Getränk hergestellt werden; reich an Vitamin C; ihr Zukker, hauptsächlich Sorbose, ist für Diabetiker geeignet. Früchte als Hausmittel, harntreibend; Blätter adstringierend. Rinde wurde zum Gerben verwendet.	Kleiner, kurzlebiger Zierbaum, standortstolerant und widerstandsfähig gegen Luftverunreinigungen. Besonders während der Blüte und im Herbst wegen der roten Früchte und der Herbstfärbung attraktiver Baum, hauptsächlich im Norden. Wirft nur schwachen Schatten, kann in unmittelbarer Nähe von Gebäuden gepflanzt werden.
Wacholder	Holz dauerhaft und mit feinem bleibendem Geruch. Zur Herstellung kleinerer Artikel geeignet.	Früchte zur Gin-Herstellung und als Gewürz. Aus den Früchten kann ein Öl gewonnen werden. Die ganze Pflanze mit harntreibender Wirkung, homöopathisch verwendet. Öle von *J. sabina* und *J. oxycedrus* werden in der Medizin und Tiermedizin verwendet. Der Sadebaum ist giftig.	Gewöhnlich kleine Zierbäume mit hübschem, kegelförmigem Habitus und dichter Benadelung. Oft als Kontrast zu sommergrünen Bäumen und Sträuchern angepflanzt.
Walnuß	Holz gleichmäßig, stark gemasert, dunkel, für Möbel sehr geschätzt. Auch für Drechsel-, Schnitzarbeiten, Gewehrschäfte und Furniere.	Die Samen werden frisch gegessen oder beim Kochen und Backen verwendet. Unreife Früchte können in Essig eingelegt werden. Die Samen enthalten ein Öl, was auch für Farben und Seifen verwendet wird. Blätter anregend und adstringierend. Blattaufgüsse wurden früher bei Hautkrankheiten angewandt. Früchte, Schalen und andere Teile der Pflanze liefern eine haltbare braune Farbe, auch für Fußböden. Fruchtschale reich an Vitamin C.	Stattlicher, langsamwüchsiger Baum, der tiefgründige, leichte Lehme oder kalkhaltige Böden liebt. Am besten im Einzelstand gepflanzt; benötigt etwa 100 Jahre bis zur Reife.

	Holz, Verwendungszweck	Nahrungs- und Arzneimittel, Farben usw.	Bedeutung für Landschaft und Umwelt
Weiden	Holz leicht, fest, leicht spaltbar, jedoch druckfest; für Dielen, Böden, Prothesen usw. geeignet. Die rutenförmigen Zweige einiger Arten sind sehr biegsam und werden zur Herstellung von Korbwaren, Fischreusen usw. verwendet. Auf den Stock gesetzte Weiden liefern regelmäßig Holz für Geflechte verschiedener Art. Weiden liefern eine gute Holzkohle.	Enthalten Salicin, eine Droge mit ähnlichen Eigenschaften wie Chinin; als Tonikum, jedoch hauptsächlich gegen Malaria und bei Rheumatismus angewandt. Weidenwurzeln ergeben bläulich-rote Farben. Rinde wird zum Gerben verwendet.	Wertvoll zur Befestigung von Fluß-, Bach- und Seeufern; relativ rauchtolerant und widerstandsfähig gegen Seewind; durch Stecklinge leicht zu vermehren, schnellwüchsig, sollten nicht in der Nähe von Abwasserrohren und Hausfundamenten gepflanzt werden. Hoher Schutzwert, besonders für Insekten.
Weinstock	Holz feinfaserig und sehr widerstandsfähig; für Pfosten und Pfähle	Früchte werden frisch oder getrocknet als Rosinen, Sultaninen oder Korinthen gegessen. Zur Wein-, Weinbrand- und Weinessigherstellung verwendet. Aus den Samen wird ein rasch trocknendes Öl gewonnen. Weinblätter finden in der Küche Verwendung; Ranken und Saft als Hausmittel.	Im Süden oft als Schattenspender und Schutz in Gärten und Höfen. Gewöhnlich in ebenen Weingärten und terrassierten Weinbergen.
Weiß-Tanne	Holz weiß oder gelblich, weich, leicht und nicht sehr fest; geradfaserig, läßt sich leicht spalten und gut bearbeiten. Hauptsächlich für Innenarbeiten, Dielen, Tischlerarbeiten, Klangkörper von Musikinstrumenten, Schnitzarbeiten, Kisten und Papier. Im Freien nicht dauerhaft.	Rinde liefert »Straßburger Terpentin« für Farben und Firnis. Terpentinöl wird aus Nadeln und Holz destilliert, bei Verstauchungen und Quetschungen in der Medizin und Tiermedizin verwendet.	Wichtiger Baum C.-Europas. Die Weiß-Tanne bildet im Gebirge oft Reinbestände.
Weißdorn	Das Holz ist hart, feinfaserig, gut polierbar und wird für kleinere Gegenstände wie Spazierstöcke, Rechenzähne und Werkzeugstiele verwendet. Gutes Brennholz; liefert gute Holzkohle.	Früchte und Blüten vieler Arten werden zu alkoholischen Getränken verarbeitet. *C. azarolus* wird in S.-Europa wegen seiner eßbaren Früchte, für Konserven und Gelee angepflanzt. Blüten als Herztonikum.	Der Gemeine Weißdorn ist eine wertvolle Pflanze für Hecken, als Windfang, Feldbegrenzungen. Erträgt regelmäßigen Schnitt, Luftverunreinigungen und salzhaltige Luft. Hoher Wert als Schutzgehölz für Vögel usw.
Zirbel-Kiefer	Holz harzig, hell, geradfaserig, glatt, weich und leicht zu bearbeiten. In C.-Europa regional begrenzt für Möbel, Spielzeug, Drechselarbeiten und Schindeln.	Die eßbaren Samen werden in der Schweiz und in Rußland gesammelt; sie werden frisch gegessen oder weiter verarbeitet. Die Schalen liefern ein »Zedernöl«.	
Zitter-Pappel	Holz leicht, porös, leicht spaltbar, splittert nicht; sehr beanspruchbar; für Böden von Wagen; auch für leichte Kisten, Spankörbe und Möbel. Besonders für Streichhölzer, da es relativ langsam verbrennt. Gutes Papierholz.	Die Rinde wurde früher zum Gerben verwendet; die Zweige für Korbwaren.	Schöner Baum mit sehr beweglichen Blättern und dekorativer Herbstfärbung. Gegen Seewind und Luftverunreinigungen relativ unempfindlich. Wächst langsamer als die meisten Pappeln; bildet leicht Schößlinge; reiche Insektenfauna.
Zypresse	Holz sehr hart, dauerhaft, aromatisch, sehr widerstandsfähig gegen Zersetzung. Für Möbel und Schnitzarbeiten sehr gefragt; auch für Zäune und Pfähle für Weinstöcke verwendet.	Zerriebene Blätter und Samen wurden in der Medizin verwendet.	Baum mit großem Zierwert, besonders die schlanke Säulenform; oft das Wahrzeichen mediterraner Landschaften. Gewöhnlich auf Friedhöfen, als Grenzmarkierung und in der Nähe von Siedlungen angepflanzt.

Register

SYMBOLE UND ABKÜRZUNGEN

Blattform

Immergrün

- schmale Blätter
- ganzrandige breite Blätter
- gezähnte breite Blätter
- schuppenförmige Blätter

Sommergrün

- ganzrandige schmale Blätter
- ganzrandige breite Blätter
- gezähnte schmale Blätter
- gezähnte breite Blätter

Sommergrün oder immergrün

- handförmig gelappte Blätter
- fiederteilige Blätter
- dreizählige Blätter
- handförmig zusammengesetzte Blätter
- gefiederte Blätter
- doppelt gefiederte Blätter
- blattlose rutenförmige oder sukkulente Pflanzen mit grünen Sprossen

Verbreitung in Europa

- Norden (N.-Europa)
- Norden und mittleres Europa
- mittleres Europa (C.-Europa)
- Westen und Südwesten
- Osten und Südosten
- Süden und Mittelmeergebiet
- Süden und mittleres Europa
- in ganz Europa weit verbreitet

Abkürzungen im Text

B.	Blatt, Blätter
Bl.	Blüte, Blüten
N.	Nadel, Nadeln
♀	weiblich
♂	männlich